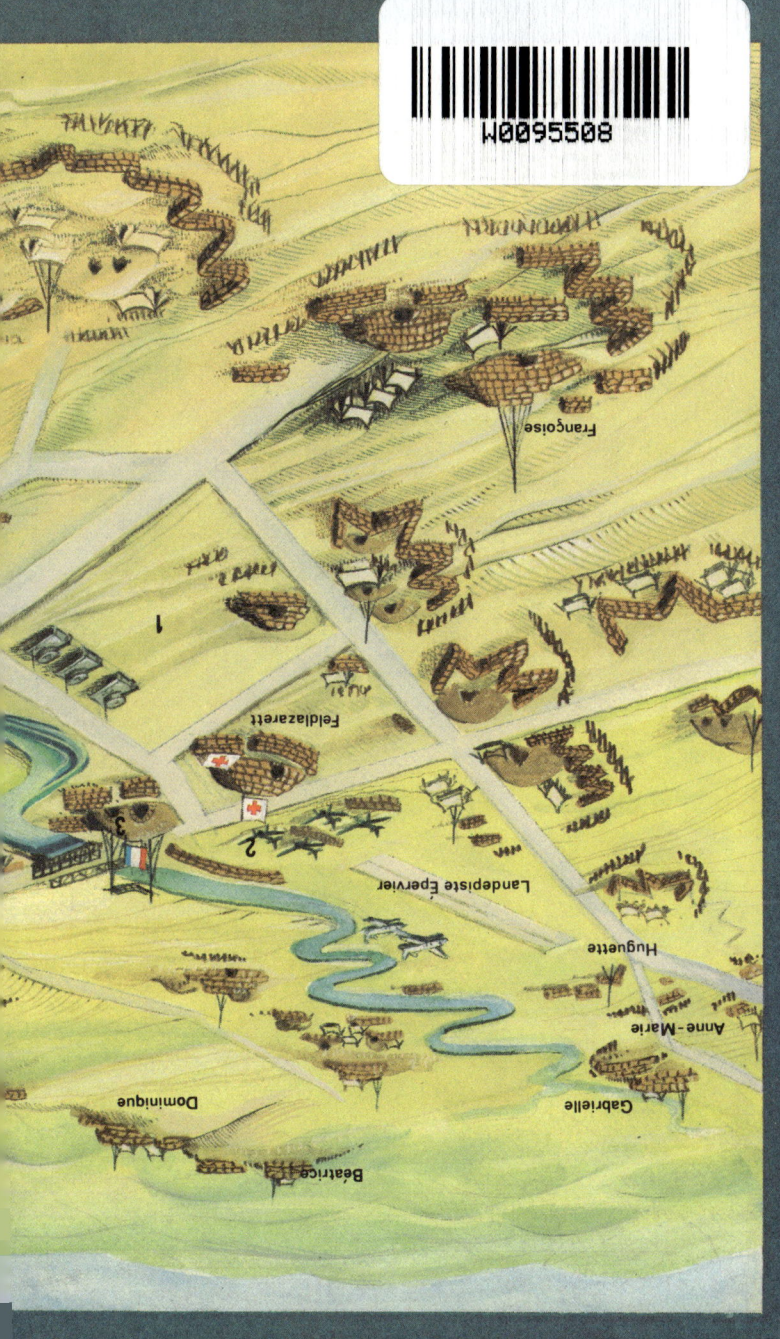

Françoise

Feldlazarett

Landepiste Épervier

Huguette

Anne-Marie

Gabrielle

Dominique

Béatrice

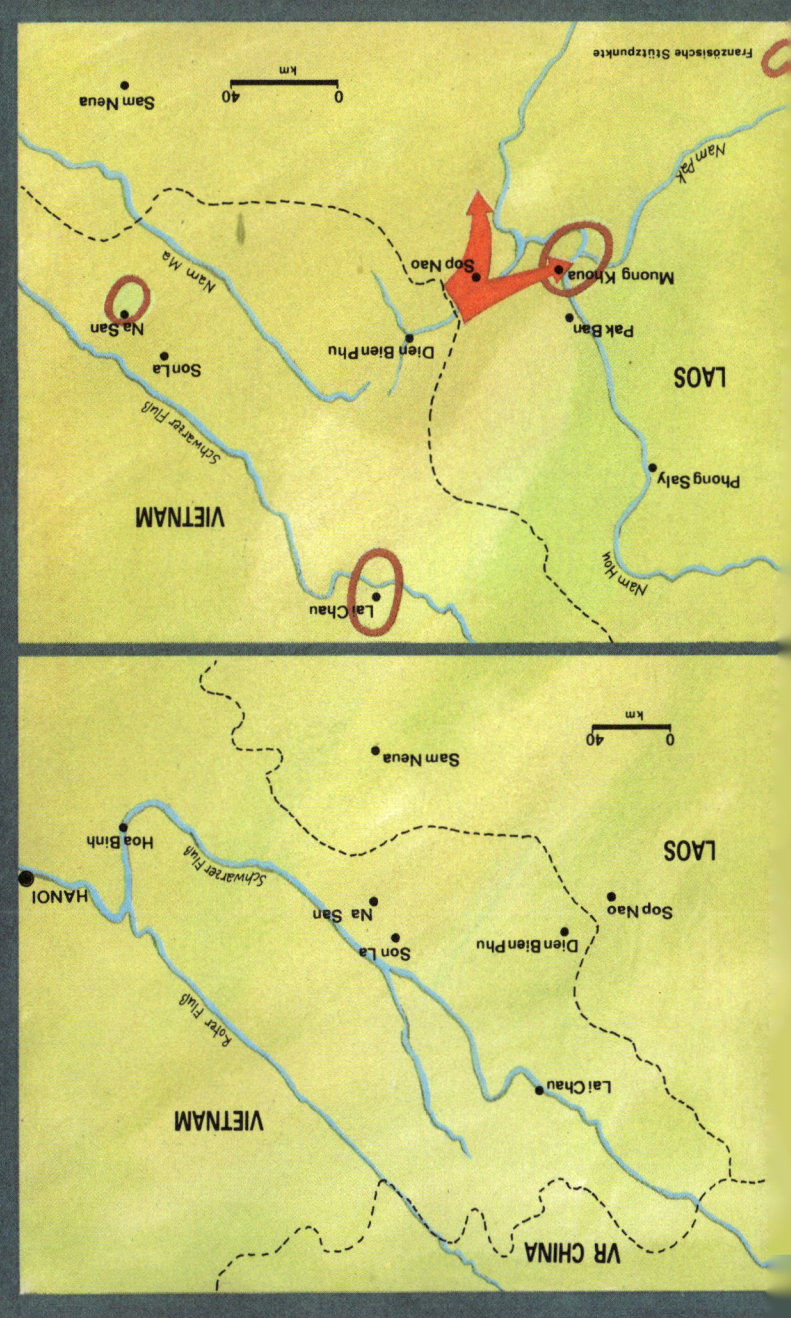

Sam Neua

km
0   40

Na San

Son La

Schwarzer Fluß

Nam Ma

VIETNAM

Lai Chau

Dien Bien Phu

Sop Nao

Muong Khoua

Pak Ban

Nam Pak

LAOS

Phong Saly

Nam Hou

Französische Stützpunkte

Sam Neua

km
0   40

Hoa Binh

HANOI

Roter Fluß

Schwarzer Fluß

Na San

Son La

VIETNAM

Lai Chau

Dien Bien Phu

Sop Nao

LAOS

VR CHINA

Harry Thürk · Dien Bien Phu

Ereignisse
Tatsachen
Zusammenhänge

DIEN BIEN PHU

Die Schlacht, die einen Kolonialkrieg beendete

Harry Thürk

Brandenburgisches
Verlagshaus

Im Interesse besserer Verständlichkeit wurde bei den vietnamesischen Eigennamen die herkömmliche Schreibweise verwendet.

ISBN 3-327-00643-1

2. Auflage, 1990
© Brandenburgisches Verlagshaus, Berlin 1990
1. Auflage Militärverlag der Deutschen Demokratischen Republik
(VEB) – Berlin, 1988
Lizenz-Nr. 5
Printed in the German Democratic Republic
Gesamtherstellung: Karl-Marx-Werk Pößneck V 15/30
Lektor: Dr. Gertraud Golme
Typografie: Ingeburg Zoschke
Schutzumschlag und Einbandgestaltung: Wolfgang Ritter
Kartenzeichnung: Karl-Heinz Döring
Bildnachweis: Archiv des Autors, ADN-Archiv (4)
LSV: 0239
Bestellnummer: 747 108 8
DDR 9,90 M

Vorher ...

Nach Jahrhunderten, die erfüllt waren von Stammesfehden und feudalen Auseinandersetzungen, hatte Vietnams Kaiser Gia Long es zu Beginn des 19. Jahrhunderts geschafft, das von der südchinesischen Grenze bis zum Delta des Mekong reichende Land mit einem funktionierenden Staatsapparat zu versehen. Wirtschaft, Handel und Handwerk entwickelten sich, und die aus vielen Nationalitäten bestehende Völkerfamilie des Landes formierte sich zu einer Nation.

Frankreich erkannte den ökonomischen und strategischen Wert von Besitzungen in dem aufblühenden indochinesischen Land sehr bald. Es nahm die angebliche Gefährdung von dort arbeitenden christlichen Missionaren zum Vorwand, um im Herbst 1858 Teile seiner Kriegsflotte vor Da Nang auffahren zu lassen und die Übergabe der Hafenstadt zu erzwingen. Das war der Startschuß für eine in den nächsten fünfundzwanzig Jahren — Schritt für Schritt mit Schwert, Betrug, Erpressung, Täuschung und Bestechung durchgeführte Kolonialisierung ganz Vietnams.

Später wurden noch Laos und Kambodscha unterworfen, und von da an flossen Milliardeneinkünfte nach Frankreich, obgleich es in der einträglichen Kolonie niemals ruhig wurde: Bauernaufstände, Erhebungen nationaler Minderheiten, Demonstrationen und Arbeiterrevolten rissen nicht ab.

Überhaupt war es die sich im neuen, dem 20. Jahrhundert zur gesellschaftlichen Kraft formierende Arbeiterbewegung, die schließlich die voneinander unabhängig um Freiheit und Gerechtigkeit kämpfenden Kräfte im Lande vereinigte und damit größere Erfolge möglich machte. Ho Chi Minh, ein junger Patriot aus Zentralvietnam, der um diese Zeit in Frankreich arbeitete, begründete dort 1922 die «Liga der Völker der französischen Kolonien». Französischen Kommunisten war er damals schon ein Bruder im gemeinsamen Kampf. 1930, nach den ersten großen Streikkämpfen illegaler indochinesischer Gewerkschaften, entstand folgerichtig die Kommunistische Partei Indochinas, die am Vorabend des zweiten Weltkrieges, 1937, den Zusammenschluß aller antifaschistischen, patriotischen und antikolonialistischen Kräfte der Nation zu einer gemeinsamen Front begann.

«Viet-nam doc lap dong minh» hieß die große Organisation, «Liga für den Kampf um die Unabhängigkeit Vietnams». Sie erstarkte schnell im Widerstand gegen die japanischen Okkupanten, die mit den in der Kolonie verbliebenen französischen Militärkräften ein Stillhalteabkommen hatten, das von den hitlerfreundlichen Vichy-Kollaborateuren inspiriert war.

So blieben die Partisanen der Unabhängigkeitsliga, «Vietminh» abgekürzt, die einzigen ernsthaften Gegner der Japaner in Vietnam während des zweiten Weltkrieges. Kurz vor dem Zusammenbruch und der Kapitulation Japans waren im Norden Vietnams bereits sechs Provinzen völlig befreit, und diese Zone «Viet-Bac» wurde das Zentrum des bewaffneten Aufstands, der nun im ganzen Land losbrach.

Im August 1945 kapitulierte Japan. Die «Vietminh» schlugen überall gleichzeitig los. Sie entwaffneten die noch im Lande befindlichen Japaner und siegten binnen weniger Tage. Am 2. September bereits proklamierte Ho Chi Minh in Hanoi die Unabhängigkeit Vietnams.

An der ersten Provisorischen Regierung der Demokratischen Republik Vietnam, die sofort ein Programm des Aufbaus und der Reformen in die Wege leitete, waren Vertreter aller nationalen Gruppierungen beteiligt. Es schien so, als hätte die vietnamesische Bevölkerung endlich, nach fast hundert Jahren, Freiheit und Eigenstaatlichkeit errungen.

Frankreich jedoch gab seine mündig gewordene Kolonie nicht frei. Noch im September 1945 landeten zusammen mit britischen «Ordnungstruppen» die ersten französischen Soldaten in Saigon. Ein französisches Expeditionskorps unter General Leclerc folgte. Der Angriff auf die Volksmacht begann. Aber er traf auf stärkeren, bewaffneten Widerstand, als die Franzosen erwartet hatten.

Überall in der Welt, vor allem aber in Frankreich selbst, stieß das Vorgehen gegen Vietnam auf eindeutige Ablehnung. 1946 sah sich daher die französische Regierung genötigt, mit der Demokratischen Republik Vietnam zu verhandeln, die im Handstreich nicht auszulöschen gewesen war. Ho Chi Minh reiste nach Paris.

Im März 1946 anerkannte die französische Regierung in einer Konvention, deren Detailfragen später geregelt werden sollten, grundsätzlich Vietnam als «freien Staat mit eigener Regierung, eigenem Parlament, eigenen Streitkräften und Finanzen». Allerdings hatte sie dabei vorerst nur den Norden und die Mitte des Landes im Auge. Der Süden sollte später durch eine Volksabstimmung über seine Zugehörigkeit zur DRV entscheiden. Dennoch – Frankreich akzeptierte, Vietnam bis April 1951 völlig zu räumen.

Für die DRV waren die Konvention wie auch der im September vereinbarte «modus vivendi» nicht voll zufriedenstellend. Aber Ho Chi Minh unterzeichnete es trotzdem. Er wollte Franzosen wie Vietnamesen einen vielleicht jahrelangen, verlustreichen Kolonialkrieg ersparen.

Seine Friedensbereitschaft wurde nicht belohnt. Während in Hanoi eine Kommission der DRV-Nationalversammlung am Entwurf der ersten Verfassung arbeitete, provozierte die französische Flotte in Haiphong schwerwiegende Auseinandersetzungen. Einige tausend vietnamesische Opfer waren zu beklagen. Und Frankreichs Kommandeure erhielten aus Paris den Befehl, die Situation auszunutzen und mit jedem nur verfügbaren Mittel die Regierung der DRV zu entmachten. Der nächste Akt war ein französischer Angriff auf den Sitz des Präsidenten Ho Chi Minh, und danach die Aufforderung an die Streitkräfte der DRV, die Waffen niederzulegen.

Damit begann der französische Kolonialkrieg gegen den neuen Staat. Er sollte siebeneinhalb Jahre dauern. Dann war Frankreichs Expeditionskorps strategisch am Ende. Nur die Generale und die hinter ihnen verborgenen Interessengruppen aus Wirtschaft und Politik, für die Indochina unverzichtbar schien, wollten das Handtuch nicht werfen. Sie schickten Henri Navarre als neuen Chef des Expeditionskorps nach Vietnam. Er sollte die noch junge, in vieler Hinsicht schlecht ausgerüstete Volksarmee der DRV in eine sogenannte offene Feldschlacht locken, in der die Franzosen letztlich doch noch den Sieg zu erringen hofften.

General Navarre, mit dessen Dienstantritt in Vietnam dieses Buch beginnt, wählte als Platz für die Entscheidungsschlacht Dien Bien Phu aus: Er wußte genau, daß er die Entscheidung dort in sehr kurzer Zeit erringen mußte: Die Forderung vieler Staaten an die Großmächte zur Abhaltung einer internationalen Konferenz zur Beendigung der Kriege in Korea und Indochina gewann mehr und mehr an Gewicht . . .

Ho Chi Minh

Truong Chinh

Vo Nguyen Giap

Pham Van Dong

Ho Chi Minh

Jahrgang 1890, die herausragendste Persönlichkeit der vietnamesischen Revolution, wuchs in einer Familie auf, in der die Gedanken an Freiheit und Unabhängigkeit stets wach gewesen waren. Günstige Umstände erlaubten es ihm, sich Schulbildung zu erwerben, und der wißbegierige Nguyen Van Thanh, wie er eigentlich hieß, übte später sogar den Beruf eines Lehrers in einer Schule aus, die von einer Fabrik in Huê unterhalten wurde.

Bald erkannte der junge Revolutionär jedoch, daß er zuwenig von der Welt wußte, um der Befreiungsbewegung im Vaterland eigene Impulse zu geben, und weil es ihn dazu drängte, heuerte er kurzerhand als Hilfskoch auf einem französischen Dampfer an: ein erster Schritt zur entscheidenden Erweiterung seines Horizontes.

Er wechselte, um die Spur zu verwischen, seinen Namen, und er sah nicht nur Frankreich, sondern auch Spanien, Portugal, England, die afrikanischen Länder am Mittelmeer und Irland.

Während des ersten Weltkrieges arbeitete (als Fotograf) und studierte er in Frankreich, später in den USA. Bei Kriegsende, eng verbunden mit der Sozialistischen Partei Frankreichs, übergab er der Versailler Konferenz eine Denkschrift über sein unterdrücktes Volk.

Seine politische Arbeit wurde immer zielstrebiger. So gehörte er zu den Gründungsmitgliedern der KP Frankreichs und war der erste vietnamesische Kommunist, der fortan im Kolonialland Frankreich für die Unabhängigkeit kämpfte. Er verfaßte eine Vielzahl politischer Schriften und gab eine in seinem Land viel beachtete

Zeitschrift heraus. Sein politischer Weg führte ihn weiter: in die Sowjetunion zur Kommunistischen Internationale, nach China, Deutschland, der Schweiz und wieder zurück nach Asien, wo er 1930 mit anderen Revolutionären die KP Indochinas gründete.

Von da an war er der kluge, welterfahrene, am Internationalismus orientierte Führer der vietnamesischen Befreiungsbewegung, die zuerst gegen die japanische Besatzung bewaffneten Widerstand leistete, die Okkupanten besiegte und die Republik proklamierte.

Damit aber begann ein neuer Kampf gegen den alten Feind, den französischen Kolonialismus. Er führte nach Siegen und Niederlagen schließlich zu der letzten Schlacht, um Dien Bien Phu, die endlich die Unabhängigkeit Vietnams von Frankreich zur Tatsache machte.

Truong Chinh

Der 1907 in der Provinz Nam Dinh geborene Lehrerssohn gehörte seit seinem 18. Lebensjahr zur revolutionären Bewegung in Vietnam. Drei Jahre später verhafteten ihn die Franzosen, und er mußte sechs Jahre im Gefängnis verbringen. Nach Beginn des zweiten Weltkrieges kämpfte er als Partisan zuerst gegen die japanischen Okkupanten und später wieder gegen die Franzosen, die ihn in Abwesenheit zum Tode verurteilten. Truong Chinh leitete das oberste Gremium des Volksaufstandes gegen die zurückgekehrten Franzosen.

Seit 1941 war er Generalsekretär des ZK der Partei. Mit Ho Chi Minh, Pham Van Dong und Vo Nguyen Giap zusammen war er an der Planung und Leitung der Schlacht um Dien Bien Phu beteiligt.

Pham Van Dong

1906 geboren, gehörte er schon als Student zur revolutionären Bewegung in Vietnam. 1929 wurde er von den französischen Kolonialtruppen gefangengenommen und auf die berüchtigte Gefängnisinsel Poulo Condor geschafft.

1936 konnte er freikommen. Von da an arbeitete er mit anderen führenden Revolutionären, vor allem mit Ho Chi Minh, an der Befreiung, lange Zeit im Süden des Landes. Er wurde Außenminister der Volksregierung. 1954 nahm er als Vertreter der DRV an der Genfer Konferenz über die Beendigung des Indochina-Krieges teil.

Vo Nguyen Giap

Er wurde 1912 in Vinh (Zentralvietnam) geboren und reihte sich bereits als junger Mann in den antikolonialistischen Kampf seines Landes ein. Während er später an der Universität Hanoi Geschichte und Geographie lehrte, gehörte er schon zum Zentrum der kommunistischen Bewegung und arbeitete illegal mit Ho Chi Minh zusammen.

1940 entzog er sich der drohenden Verhaftung durch Emigration nach China. Doch bereits zwei Jahre später war er wieder in seiner Heimat, wo er im bewaffneten Widerstand gegen die ins Land eingedrungenen Japaner aus den ersten, verstreut operierenden Partisanengruppen den Kern der späteren Volksarmee formierte.

Ho Chi Minh hatte schon in den Anfängen des antikolonialistischen Aufbegehrens die großen Fähigkeiten des Historikers Giap erkannt und arbeitete eng mit ihm zusammen. In der ersten Provisorischen Regierung der mit der Augustrevolution 1945 ausgerufenen Republik Vietnam bekleidete Giap das Amt des Innenministers. Mit Einsetzen der französischen Intervention und der Verstärkung des Befreiungskrieges widmete er sich mehr und mehr militärischen Aufgaben und entwickelte sich zu einem umsichtigen mutigen Feldherrn. 1953/54 leitete er die Operationen der Volksarmee bei Dien Bien Phu, die das Ende des französischen Kolonialregimes herbeiführten.

Bis ins hohe Alter blieb Giap an der Seite des Präsidenten Ho Chi Minh Verteidigungsminister.

Gaston le Fou

«Alle Huren versammelt?» fragte der Capitaine in streng militärischem Ton, als sich am Eingang der Maison de France, dem Sitz des französischen Hochkommissars von Vietnam, der Wachführer, ein Lieutenant, vor ihm aufbaute.

«Geh nach Hause, Gaston», riet der Lieutenant dem Capitaine mit gedämpfter Stimme. «Du weißt, es gibt Ärger ...»

Der Capitaine ließ sich nicht so einfach abweisen. Für heute, den 21. Mai 1953, hatte Hochkommissar Jean Letourneau, den manche Leute den biblischen Fürsten von Tongking nannten, zu einem großen Abendempfang eingeladen. Hanoi war um diese Zeit schon ein ziemlich heißer Ort, es gab keinen Regen. Wie immer unterschieden sich hier im Delta des Roten Flusses die Tagestemperaturen kaum von denen, die abends und nachts herrschten. Altgediente Kolonialoffiziere allerdings meinten, dieser auslaufende Frühling gliche einem angenehmen europäischen Hochsommer.

«Ich muß die Ärsche aller Huren sehen!» beharrte Capitaine Gaston Janville. «Nur wenn ich die Ärsche kontrolliere, kann ich Dung wiedererkennen. Im Gesicht unterscheidet sie sich kaum von tausend anderen Gelben, besonders wenn sie sich schminkt. Aber ihr Arsch – er ist unvorstellbar. Und unverwechselbar, seit damals nämlich ...»

Der Wachführer zog ihn behutsam von der Freitreppe fort, zur Seite, wo er versuchen wollte, ihm das Eindringen in die feine Abendgesellschaft des Hochkommissars auszureden. Jeden anderen hätte der Lieutenant sofort abführen lassen – Gaston war ein Sonderfall. Man nannte ihn nicht umsonst Gaston le Fou, Gaston der Narr. Und so hörte er sich geduldig wieder einmal die alte

Geschichte an, die er längst kannte: Dung, eine vietnamesische Prostituierte, war die große Liebe des Capitaine gewesen, bevor man ihn mit einer kleinen Truppe nach dem östlichen Laos geschickt hatte, auf Fernpatrouille. Oberbefehlshaber Salan hatte sich eine nachhaltige Störung der laotischen Befreiungsaktionen von solchen schlagkräftigen Einheiten versprochen. Von versteckten Stützpunkten aus sollten sie das Hinterland des Gegners verunsichern. Gaston Janville war auf dem Hügel 743 gelandet, mit zwölf Soldaten, mitten im ewig grünen, verfilzten Regenwald des nördlichen Laos, wo es zwischen Hügeln und Flüssen keine Straßen mehr gab, nur noch schwer zu entdeckende Pfade und Wildwechsel.

«Sie ist als Kind von einem Affen gebissen worden. Eine schreckliche Wunde, deren Narbe heute noch zu erkennen ist. Wenn ich nur die Ärsche kontrollieren kann ...»

Er wollte wieder zum Eingang, aber der Chef der Wache hielt ihn mit sanfter Gewalt zurück und redete beruhigend auf ihn ein: «Sie ist nicht unter den Weibern hier, Gaston. Ich habe sie selbst in Saigon gesehen; sie lebt jetzt dort!»

Janville schüttelte den Kopf. «Das würde sie nie tun, lieber Freund! Sie ist mir treu. Sie wartet auf mich, sie erkennt mich nur nicht. Es war dunkel, damals. Und ich muß ihren ...»

«Ja, ja», fiel der andere ihm ins Wort. «Wenn du die Narbe siehst, klar. Nur – Dung lebt tatsächlich in Saigon. Findest sie im ‹Arc-en-Ciel›; Das Lokal gehört ihr. Ehrlich, Gaston, du kannst mir das glauben, sie hat mich nämlich nach dir gefragt. Und jetzt geh, bevor es Ärger gibt. Saigon, ‹Arc-en-Ciel›. Flieg mit der nächsten Maschine 'runter, mach sie glücklich!»

Es war dem Lieutenant gelungen, den anderen zumindest nachdenklich zu machen. Jedenfalls empfand er es so. Janville versuchte nicht mehr, sich aus dem Griff des Wachführers zu befreien.

Gaston war alles andere als bösartig, obwohl er gut einen Meter neunzig maß, ein Hüne mit kohlschwarzem Haar unter dem hohen Képi der Armee. Dunkle Augen, die hilflos blickten, wenn er nachzudenken versuchte, wie jetzt. Eines der unzähligen tragischen und von den meisten belächelten Schicksale, die es in dieser Kolonialarmee der Franzosen gab. Dort, auf dem obskuren Hügel 743, war er mit seinen Soldaten in einen Hinterhalt geraten. Wie alles verlaufen war, blieb ungeklärt, weil Gaston Janville der einzige war, der es überlebte. Seine Leute fielen unter den Schüssen der Pathet-Lao-Soldaten, die vor und hinter dem gepanzerten Mannschaftswagen, der die Truppe beförderte, je einen Baum so gefällt hatten, daß die Straße blockiert wurde. Janville war, wie er selbst sich nach und nach erinnerte, vor dem Fahrzeug im Schrittempo marschiert, um nach vorn zu sichern. Ihn hatte der vordere Baum voll getroffen, am Kopf. Viel später, als sich weitum nichts mehr regte, war Janville aus seiner Betäubung erwacht. Er hatte Mühe gehabt, sich zurechtzufinden, und war dann, nachdem er sich von jedem seiner toten Männer verabschiedet hatte, zwei Monate lang durch Busch und Savanne getrampt; allein mit seinem Kompaß und dem lächerlichen Dienstrevolver, den die Pathet-Lao-Soldaten übersehen hatten.

Als er beim ersten französischen Außenposten am Schwarzen Fluß ankam, war er nicht nur total erschöpft und halb verhungert gewesen, seine Haut war von Dschungelgeschwüren bedeckt, und widerliche Egel hatten sich an vielen Stellen festgesaugt – Janville konnte sich nur schlecht darauf besinnen, was überhaupt geschehen war. Er gab an, er käme von einer Beerdigung und hätte sich verlaufen.

Einige Wochen vergingen, ehe sich bei ihm Spuren von Erinnerung zeigten, doch auch was Janville dann erzählte, war konfus. Er blieb im Lazarett stationiert, ein Objekt besonderen beruflichen Interesses für die Ärzte dort, die außerdem der Meinung waren, der Mann sei in einem Lazarett der Armee am besten aufgehoben. Im zivilen Leben Frankreichs würde er nur als willkommenes Beispiel für die Verderbnis des Kolonialkrieges benutzt werden. Außerdem hätte er keine Chance, sich durchzubringen. Die nicht gegen den Kolonialkrieg opponierende Hälfte der Franzosen liebte den Helden, nicht den Krüppel.

So galt der ehemals fähige Capitaine als harmloser Idiot, dem jedermann alles verzieh, was er in seinem geistigen Dämmerzustand anstellte. Die Ärzte beobachteten gelegentlich Phasen, in denen er für kurze Zeit ein klares Bewußtsein zu haben schien, aber sie hielten nicht an, wurden auch nicht häufiger.

«Du bist sicher, sie ist in Saigon?» wandte er sich jetzt an den

Wachführer. Der atmete erleichtert auf. Es schien, als besänne sich Gaston, als habe sich da just in diesem Augenblick eine Kette klarer Gedanken angekündigt. Am besten, ich schicke ihn schnell weg, solange die Einsicht anhält, dachte er. Deshalb nickte er zustimmend. «Saigon, da mußt du hin, wenn du sie sehen willst. Laß dir von den Kerlen im Lazarett einen Flug besorgen. Wo das ‹Arc-en-Ciel› ist, sagt dir jedes Kind in Saigon.»

Er schob Janville an der Freitreppe vorbei dem Ausgang des Grundstücks zu. Auf der anderen Straßenseite lag das «Metropole», Hanois größtes Hotel, bewirtschaftet von Monsieur Louis Blouet, der als vorsichtiger Mann in Paris ebenfalls noch ein Hotel betrieb. Aus dem «Metropole» kamen mehrere hohe Offiziere, vor denen der Wachführer am Fuße der Treppe zu salutieren hatte.

«Geh jetzt!» flüsterte er Gaston zu, der sich auf die Straße zubewegte. Dann stellte er sich, wie es die Wachordnung vorsah, an der ersten Treppenstufe auf und kommandierte:

«Achtung!»

Salan, der elegante Oberbefehlshaber mit den blankgeputzten Generalssternen, dessen Ablösung bevorstand, kam federnd heran, in den Augen das starre Blinken, von dem der Wachführer wußte, daß es vom Opiumgenuß herrührte. Er würde hier auf seinen Nachfolger treffen, den General de Corps d'Armée Henri Navarre, Vierstarnereter Indochinas, wie die Witzbolde ihn jetzt schon nannten, obwohl man eigentlich Respekt vor ihm haben mußte. Er war ein Mann mit dem Ruf von Besonnenheit und nüchterner Berechnung. Ob er diese Eigenschaften auch hier unter der sengenden Tropensonne angesichts eines Gegners behielt, der keine der in den französischen Kriegsschulen gelehrten Prinzipien von Strategie und Taktik befolgte?

Brigadier Cogny schob sich leicht hinkend heran, der breitschultrige Zweimetermann, dessen Division die wichtigsten strategischen Punkte im Delta des Roten Flusses besetzt hielt. Dickfellig und jovial, ein Fuchs mit der Gestalt eines Ochsen. Um den neuen Oberkommandierenden gleich an seine Wesensart zu gewöhnen, trug er nicht Gala, sondern den gescheckten Kampfanzug: Dies hier, Hanoi, war ebenso Kriegsgebiet wie jede Straßenkreuzung im Umkreis von hundert Kilometern, also war er, der

17

sich nicht ungern «Chef des Deltas» nennen ließ, im Dienst. Immer, auch auf Empfängen. Er tippte an sein Képi und nickte dem Wachführer zu, als er die Treppe hinaufstieg. Niemand hätte vermutet, daß er den Grad eines Doktors der Rechtswissenschaften besaß.

Im Unterschied zu ihm erschien General Gonzales de Linarès eher zierlich. Er war der militärische Chef aller in Tongking, dem Nordteil Vietnams, operierenden französischen Truppen. Unter der vorgehaltenen Hand wurde er allerdings «Bürgermeister von Gia Lam» genannt, weil er sich jenseits des schlammigen Flusses, am anderen Ende der Daumer-Brücke, das Töchterchen eines chinesischen Beamten zur Geliebten genommen hatte. Deren Vater beteiligte den Galan der Tochter, wie es hieß, an den Einkünften, die er aus schwer zu ermittelnden Quellen kassierte, hauptsächlich aus dem Baugeschäft um den französischen Militärflugplatz, in dem Linarès unauffällig vermittelte. Die kleine, zierliche, stark geschminkte Chinesin brachte den General nur bis zum Eingang des Gouverneurspalastes, weil sie da drinnen nicht erwünscht war. Französische Generale hatten Statusprobleme, wenn es um einheimische Geliebte ging. Das Chinesenmädchen ärgerte sich darüber nicht sonderlich. Für sie war Gonzales de Linarès ein nicht mehr sehr appetitlicher Kolonialfranzose, mit dessen Hilfe die Familie Reichtum erwerben konnte. Sobald sich dieser Reichtum in fünfstelligen Ziffern darstellte, wurde er jeweils umgehend nach Paris transferiert, auf eine sichere Bank. Liebe war hier ein Geschäft, nicht mehr. Der eine gab, der andere zahlte. Freundinnen wußten von der Geliebten des Oberbefehlshabers der Tongking-Truppen, daß er ungeschliffen war, ständig aus dem Mund roch, zu viel soff und während des Geschlechtsverkehrs laut zu furzen pflegte. Nun ja, er würde bald nach Frankreich zurückkehren, aber bis dahin konnte man die mit seiner Bekanntschaft verbundenen Vorteile noch nutzen.

Gerade war Linarès am Wachführer vorbei und in die Halle getreten, da zog Gaston le Fou draußen am eisernen Gittertor, wo die Geliebte des Generals noch neben dem Wagen stand, der sie nach Gia Lam zurückfahren würde, erneut seine Glanznummer ab. Er baute sich vor der Dame auf, die ihm knapp bis zur Brust reichte, und tippte an sein Képi. «Madame, darf ich Sie höflichst bitten, Ihren werten Arsch frei zu machen, damit ich mich überzeugen kann, ob Sie Dung sind?»

Er sagte das in nahezu perfektem Vietnamesisch, und er brachte seinen absurden Wunsch mit einem Ernst vor, der unweigerlich zum Lachen reizte. Auch die Chinesin empfand das so. Sie prustete los, hielt sich dann aber sofort die kleine, manikürte Hand vor den Mund und besann sich.

«Was wollen Sie?» fragte sie drohend zurück, in leidlichem Französisch, obwohl sie sehr gut verstanden hatte.

Gaston Janville wiederholte sein Anliegen, ernst, in gemessenen Worten, aber so laut, daß es jeder, der sich auf dem Weg zum Palast befand, hörte und sogleich schallend auflachte. Janville schien das nicht zu merken; sein Gesicht blieb unverändert ernst. Die Puppenzüge der Chinesin hingegen verzerrten sich von einer Sekunde auf die andere zu einer haßvollen Maske. Und ihre Stimme kreischte los, daß der Wachführer wie von einer Sumpfschlange gebissen herumfuhr und zum Tor hinaussprintete.

«Aber Madame», beklagte sich Gaston gerade, «Sie müssen nicht böse mit mir sein. Ich kontrolliere die Ärsche aller Huren in Hanoi, nicht nur den Ihrigen! Es geht um mein Lebensglück! Nur an der Narbe des Affenbisses werde ich Dung wiedererkennen. Sie müssen wissen, wir taten es stets so, daß ich eben diese Narbe die ganze Zeit vor Augen hatte. Sie genoß es am meisten so, Ihr Gesicht – nun, man schminkt es …»

Weiter kam er nicht. Der Lieutenant nahm ihn am Arm und zog ihn resolut beiseite, während er sich zugleich durch eine Handbewegung mit dem Türsteher vor dem «Metropole» verständigte: einen Wagen!

«Gaston!» fuhr er Janville an, «du machst mir Ärger!» Er wußte aus mehrfacher Erfahrung, daß es sinnlos war, dem Capitaine Vorhaltungen zu machen. Nein, lediglich geduldiges Zureden half. Deshalb versicherte er ihm: «Das war sie doch auch nicht, Junge! Die da kenne ich, sie hat einen ganz glatten Hintern, blank wie ein gewienerter Gewehrkolben. Du irrst dich. Und nun mußt du unweigerlich heim, ins Lazarett. Du erregst hier Ärgernis, und du bist doch ein französischer Offizier, oder?»

Die Chinesin schüttelte noch einmal ihre kleine Faust, während sie, zur Erleichterung des Wachführers, in den Wagen ihres Liebhabers stieg, der sofort anfuhr. Und dann erkundigte sich Gaston Janville bei dem Lieutenant plötzlich ganz erstaunt: «Ich habe Ärger erregt? Das wollte ich nicht! Wie kam es? Ich kann mich an gar nichts erinnern …»

«Siehst du all die grinsenden Leute da?»

«Willst du sagen, sie grinsen über mich?» Janville wirkte ernüchtert.

Der Wachführer hatte den Verdacht, daß in diesem Augenblick wieder einmal eine Phase klaren Denkvermögens bei Gaston dem Narren eintrat. Deshalb flüsterte er: «Ja, über dich grinsen die, weil du den Arsch der Matratze von Linarès sehen wolltest! Mensch, reiß dich zusammen, verschwinde!»

«Jesus», murmelte Janville, «er wird mich in den Arrest werfen lassen!»

«Das wird er nicht. Du bist ein Held, und außerdem blessiert. Da kommt der Wagen, der bringt dich zum Lazarett. Tu mir den Gefallen und bleib dort!»

Es war ein Sanitätsfahrzeug, das der Türsteher des «Metropole» herbeigerufen hatte. Die Besatzung kannte Gaston. Sie nahm ihn ohne weiteres Aufsehen in Empfang, verfrachtete ihn in den Wagen. Dabei redete der Fahrer ihm zu, im Lazarett wartet sein alter Kamerad, der Commandant Prunelle, auf den Partner für das tägliche Vingt-et-un; die Karten seien schon gemischt.

Das half. Gaston drängte zur Eile, als er an den Commandant erinnert wurde. In der Tat schien sein Kopf jetzt ziemlich klar zu sein, und er erinnerte sich im Beisein der Sanitäter weder an Dung noch an die kleine Chinesin, sondern lediglich an Prunelle, den alten, ebenso klugen wie fatalistischen Commandant mit dem amputierten Bein.

Drinnen im Gouverneurspalast, der diesen hochtrabenden Namen gar nicht verdiente, denn das Haus war nicht viel mehr als ein mit geringem Aufwand geschaffenes Verwaltungsgebäude im Kolonialstil, standen die Gäste mit ihren Champagnergläsern in Grüppchen beisammen und tratschten. Niemand hatte bei einer Zusammenkunft dieser Art jemals etwas anderes erlebt: Man ließ sich sehen und klatschte mit ebenfalls Gesehenen über jene, die nicht zu sehen waren.

20

General Navarre, der zukünftige Oberkommandierende, bekam von Salan, den er ablöste, die höheren Offiziere vorgestellt, die er noch nicht kannte. Sie würden fast ausnahmslos in einigen Wochen ebenfalls ihre Koffer packen. Navarre wußte das, und er begrüßte sie mit jener höflich-zurückhaltenden Freundlichkeit, die überall auf der Welt benützt wird, um Desinteresse zu verschleiern. Die Mannschaft Salans, die schon zur Zeit von dessen Vorgänger De Lattre de Tassigny nach Indochina gekommen war, hatte ihre dreißig Monate Kolonialdienst abgeleistet, und damit war die wichtigste Voraussetzung für spätere Beförderungen, aber auch für die Pension erfüllt. Außerdem hatte Salan es geschickt verstanden, die Tatsache bekanntzumachen, daß Navarre nie in Übersee gedient hatte. Was konnte ein kolonialerfahrener Offizier schon unter einem so unbedarften Mann an Meriten erwerben?

Cogny, der Brigadegeneral mit der Herkulesfigur, war der einzige höhere Offizier, der bleiben würde. Er tat es nicht wegen Navarre; er kannte ihn kaum. Aber er liebte die Art, in der er hier Dienst machen konnte. Dies war ein Krieg, bei dem zwar nichts weiter herauskam, aber er erhob einen Offizier in die Position eines Paschas, dessen Macht am Stationierungsort so gut wie unbegrenzt war. Alles stand ihm zur Verfügung, von den besten, in Korea erprobten US-amerikanischen Waffen, über reichlichen Sold, bequeme Lebensbedingungen bis zu den Weibern, die man sich hier buchstäblich kaufen konnte: Was man in Paris fürs tägliche Schuheputzen bezahlte, reichte in Vietnam aus, um eine Gespielin einen ganzen Monat zu unterhalten.

Cogny ahnte nicht, daß Navarre sich bereits in Saigon bei Vertrauten sehr genau über die personellen Veränderungen in seinem Kommando informiert hatte, die für die nächste Zeit anstanden. Er hatte nicht nur einen Ersatzmann für Linarès parat, auch die Anwärter auf den Posten des Stabschefs in Saigon und des Chefs der Luftstreitkräfte standen bereits fest.

Für Cogny hatte Navarre den Oberbefehl über die Truppen in Tongking vorgesehen. Er hielt ihn für einen erfahrenen Mann, der ihm zur Hand gehen würde, vorausgesetzt, man ermunterte ihn. Navarre war klug genug, auf einen erfahrenen Mann wie Cogny nicht zu verzichten. Er kannte die Grenzen seiner eigenen Erfahrungen über diesen Kriegsschauplatz, der aus unermeßlichen Dschungeln, rauhen Gebirgen, Sümpfen und schlammigen Reisebenen bestand, aus wenigen Städten und einer Unzahl von winzigen, stets feindlichen Dörfern, aus brütender Hitze und sintflutartigem Monsunregen, aus Moskitos und Schlangen, Handgranaten werfenden Bäuerinnen und exakt schießenden Kindern.

In Paris war er durch Ministerpräsident Mayer von seinem Posten beim Oberkommando der alliierten Streitkräfte in Westeuropa zurückberufen worden. Der Zivilist Mayer war dem General ziemlich ratlos erschienen, als er ihm die Lage in Indochina schilderte: Rote, von den Truppen der Vietminh beherrschte Gebiete, die einen großen Teil Vietnams ausmachten, Unruhe in Kambodscha und die Gefährdung des gesamten nördlichen Laos durch die Pathet-Lao-Truppen, die mit denen des vietnamesischen Kommunistenführers Ho Chi Minh verbündet seien, koordiniert handelten, mit dem Ziel, die von Frankreich erneut angestrebte Herrschaft über die Länder Indochinas zu vereiteln. Beinahe ein Jahrzehnt schlug man sich damit herum. Ein Erfolg Frankreichs wurde nicht einmal mehr von Optimisten für möglich gehalten.

«Es ist ein harter Auftrag, mon Gènèral», sagte Mayer. «Die Front ist keine Linie, wie man es in St. Cyr lehrt oder auf anderen Kriegsschulen. Jedes Gebüsch ist Front, jede Straße, jede Hotelterrasse. Und jeder zerlumpte Kuli ist ein potentieller Feind. Schweiß und Blut, das ist es, was ich Ihnen biete. Wir werden diese Kerle dort nicht ausrotten können. Es wird nie mehr so werden, wie es einmal war. Aber wir brauchen einen Erfolg. Der muß so aussehen, daß Ho Chi Minh gezwungen wird, unsere Bedingungen für die Bindung Vietnams an Frankreich anzunehmen. Damit wäre eine Integration Vietnams in die Französische Union möglich, und wir hätten wenigstens etwas gewonnen, wenngleich nicht viel. Mehr ist aber nicht möglich, mon Général, deshalb sollen Sie das Wenige erkämpfen. Und – es darf nicht mehr lange dauern. Wir sind am Ende unserer Mittel angelangt. Schon heute stützen wir uns in einer Weise auf die USA, die nicht nur bei mir persönlich Bedenken hervorruft ...»

Wie wahr das alles war und wie ernst, hatte General Navarre

schnell begriffen, nachdem er sich zunächst in Saigon allgemein orientiert hatte: Zwei Milliarden alter Francs kostete das Abenteuer täglich, das von den meisten Franzosen inzwischen zornig als «schmutziger Krieg» bezeichnet wurde. 125 000 Mann regulärer französischer Truppen bestritten ihn, abgesehen von den Legionärseinheiten, zusammen mit etwa 300 000 einheimischen Söldnern und Zwangsrekrutierten. 25 000 Franzosen und Angehörige der Fremdenlegion waren seit 1945 in Indochina gefallen, weitere 20 000 vermißte man. Die Ausfallziffern der einheimischen Hilfstruppen erreichten etwa die gleiche Höhe. Zu Hause gab es Massenproteste gegen die Verlegung von Truppen nach Indochina; Streiks rissen nicht ab; in regelmäßigen Abständen waren die Straßen der Städte angefüllt mit Demonstranten, die ein Ende forderten. Verlaß, so schien es jedenfalls, war vorläufig noch auf die USA. Sie hatten sich von 1950 an immer stärker engagiert, um, wie sie es darstellten, Frankreich zu helfen, seinen antikommunistischen Feldzug in Indochina zu gewinnen.

General Navarre wußte, daß seine Chancen hier hochgradig von amerikanischer Hilfe abhingen. Aber er hatte wie viele andere Franzosen längst erkannt, daß die USA im Grunde versuchten, Frankreich vermittels ihrer «Hilfe» Indochina auf mehr oder weniger sanfte Art abzunehmen und es sich selbst anzueignen. Das war der eigentliche Hintergrund des Programms für die Unterstützung Frankreichs in Indochina, das sie 1950 mit dem finanzschwachen Frankreich vereinbart hatten. Seitdem residierte eine sogenannte US-Beraterkommission in Saigon, die eifrig ihre eigene Politik mit einheimischen Kollaborateuren machte. Immerhin aber trafen monatlich mindestens 6 000 Tonnen amerikanisches Kriegsmaterial in Vietnam ein; bisher waren das mehr als dreihundert Flugzeuge gewesen, über tausend Panzer und andere Fahrzeuge sowie dringend benötigte Munition und Schnellfeuerwaffen. Genaue Zahlen waren nicht zu erfahren, aber hinter vorgehaltener Hand hörte man, daß die USA bislang etwa 2 Milliarden Dollar investiert hatten und bereits zwei Drittel der Gesamtkosten des Krieges trugen. Die Rechnung, so befürchtete Navarre, würde Frankreich zu gegebener Zeit präsentiert werden.

«Verteidigung der freien Welt» war das Schlagwort der Amerikaner. Die weitreichende Spekulation, die sich hinter dieser Phrase verbarg, erwähnte anstandshalber niemand öffentlich, und doch gab es keinen französischen Kommandeur in Indochina, der sie nicht kannte.

Navarre hatte ein gutes Maß Ehrgeiz auf seinen neuen Posten mitgebracht. Schließlich konnte er hier beweisen, daß er an taktischem Geschick seine in der Militärhierarchie Frankreichs nicht gerade unbedeutenden Vorgänger zu übertreffen imstande war.

Er blickte auf, als Hochkommissar Letourneau ihm ein soeben aus Paris eingetroffenes Fernschreiben überreichte. Der Inhalt überraschte den General nicht. Was da bestätigt wurde, hatte er selbst von Saigon aus, wo er noch vor Tagen gewesen war, veranlaßt.

«Rufen Sie Cogny!» trug er einem Adjutanten auf.

Der Brigadier baute sich vor ihm auf, eine eindrucksvolle Figur, sichtlich um militärische Straffheit bemüht. Sein Tarnanzug hob ihn um einiges von den festlich aufgeputzten Gästen ab, deren Hemden durchgeschwitzt waren, unter deren Achseln sich dunkle, feuchte Flecken bildeten. Navarre lächelte. Er besann sich aber sogleich, daß jedes Lächeln sein Gesicht zur Visage eines Fauns werden ließ, und wurde wieder ernst, als er ihn ansprach: «Brigadier Cogny, ich ernenne Sie im Auftrag der Regierung der Republik zum Général de Division!»

Er übergab ihm das Fernschreiben, weil die für den Beförderungsakt fällige Urkunde noch nicht eingetroffen war. Dann nahm er aus der Hand des Adjutanten mehrere Exemplare des dritten Sterns und gab sie dem Beförderten.

Cogny bedauerte es, daß er sein Képi abgenommen hatte und deshalb nicht die Hand zum militärischen Gruß heben konnte. Er liebte Fotos, die ihn bei der Flaggenparade zeigten, mit der Hand am Mützenrand, alle anderen in seiner Größe überragend. Ein Hauch von Bedeutsamkeit! Jetzt mußte er es dabei belassen, das breite Kinn an die Brust zu drücken und Navarre laut und deutlich zu versichern, er werde sich des Vertrauens, das in ihn gesetzt werde, würdig erweisen.

Es fiel nicht auf, daß er sich nicht ausdrücklich bedankte. Das wäre nicht Cognys Stil gewesen. Er hatte lange auf Beförderung gewartet, und wenn ihn etwas daran beeindruckte, dann war es der Umstand, daß seine Ernennung zum Divisionsgeneral eine der ersten Amtshandlungen Navarres war. Dazu kam die nüchterne Rechnung, daß nun, nachdem die Garnitur der «Alten» heimfuhr, er, Cogny, der erfahrenste Kommandeur auf dem Kriegsschauplatz sein würde, mithin zwangsläufig der engste Berater Navarres in allen entscheidenden Fragen. Navarre sollte einen zuverlässigen Vertrauten in ihm haben!

Wie zügig Navarre über berechnete Präliminarien zum Kern der Sache vorzustoßen gedachte, zeigte sich wenige Minunten später. Die Kapelle schweißtriefender Militärmusiker auf der Empore im Hintergrund hatte sich durch eine Serie von Märschen gequält und griff nach den Biergläsern. Navarre machte Cogny ein Zeichen. «Ich habe noch mit Ihnen zu reden.»

Der Adjutant achtete darauf, daß sie sich an einem Tisch, abseits des Gedränges, ungestört unterhalten konnten.

«Übrigens werde ich Sie zum Oberbefehlshaber unserer in Tongking operierenden Truppen ernennen», begann Navarre. Er winkte ab, als Cogny seine Freude darüber ausdrücken wollte. «Sprechen wir über unsere Aufgabe hier. Etwas unübersichtlich geworden, der Krieg, wie?»

Cogny erklärte, das Delta des Roten Flusses, die am dichtesten besiedelte, an Reis reichste und für den Verkehr wichtigste Gegend, sei einigermaßen gesichert durch die überall errichteten Bunker, aus denen heraus das Umfeld überwacht werden könnte. Er drückte sich vorsichtig aus, sagte «einigermaßen». Dieser neue Oberkommandierende war kein Narr; er sah selbst, wie die Dinge standen.

«Immer schon habe ich überlegt», fuhr Navarre fort, «ob wir uns hier nicht auf eine für uns nachteilige Defensivtaktik eingelassen haben. Wir sind eine mobile Armee, beweglich, auf den Angriff trainiert. Warum müssen wir unsere Leute in diese Betonklötze stecken und dort langsam faul und fett werden lassen? Glauben Sie nicht, daß wir zum Angriff zurückfinden müssen, Cogny?»

Der neuernannte Divisionsgeneral machte eine Kopfbewegung, die Zweifel andeutete. «Ich weiß nicht, mon Général, vielleicht sollten wir das. Aber dies ist kein normales Land, und die Vietminh sind keine normale Armee, die sich so einfach zur

Schlacht stellt. Wie oft haben wir in der Vergangenheit irgendwo eine Ortschaft, eine Gegend durchkämmt, von Gegnern gesäubert – mit dem Ergebnis, daß nach ein paar Wochen alles wieder beim alten war! Im Delta tun wir alles, damit unsere Übersicht nicht total zusammenbricht ...»

«Ich meine nicht tausend kleine Angriffe, Cogny», unterbrach ihn Navarre. «Für mich geht es um die strategische Offensive, die Umkehr der Lage. Anstatt uns andauernd vor den Vietminh zu verteidigen, müssen wir dafür sorgen, daß sie dort, wo sie sich ungefährdet dünken, wo sie ihre Reserven haben, in ihrem Hinterland, unsere Operationen fürchten lernen.»

«Haben Sie entsprechende Vorschläge?»

«Vorerst nur diesen Vorsatz», gab Navarre zurück. «Aber ich werde mir in den nächsten Tagen durch Erkundungsflüge einen Überblick verschaffen, wie die Dinge tatsächlich stehen. Hier ist, wie mir scheint, zu lange geschlafen worden.»

«Eins ist jedenfalls sicher», erklärte ihm Cogny mit Überzeugung, «einen Angriff auf das Delta, auf Hanoi und Haiphong können die Roten nicht wagen. Weder jetzt noch später. Hier kommt uns das Gelände zu Hilfe, hier können wir unsere Materialüberlegenheit voll ausspielen. Das Delta ist sicher!»

Navarre nickte bedächtig. «Ich glaube, die Vietminh sind gar nicht am Delta interessiert, jedenfalls im Augenblick nicht. Sie bevorzugen die gebirgigen Regionen des Nordens, die Urwaldlandschaften, wo sie jeden beliebigen Unterschlupf finden. Dort können sie ihre Streitkräfte in aller Ruhe trainieren, auf Angriffe vorbereiten; dort verlaufen ihre logistischen Linien bis nach China hinein. Müssen wir nicht diese Ruhe stören?»

Cogny mußte zugeben, daß dies der Kern der Sache war. Und Navarre fügte seinen Überlegungen hinzu: «Betrachten Sie, wie sich die Lage in Laos entwickelt. Dort oben, in dem Gebiet, das an das Hinterland der Vietminh grenzt, herrschen in zwei entscheidenden Provinzen ebenfalls bereits Rote. Nennen sich Pathet Lao. Werden von den Vietminh unterstützt. Haben Sie die Landkarte im Kopf? Vergegenwärtigen Sie sich das militärische Potential, das sich da aufbaut! Der ganze Norden – ein massiver roter Block ...»

«Nun», wandte Cogny ein, «wir haben ja auch weiter im Süden, im zentralen Hochland und um Saigon beträchtliche Viet-minh-Konzentrationen …»

Das bestätigte Navarre. Man war bei der Sache.

«Mir ist davon berichtet worden. Diesen roten Kräften im Süden sollte unser nächster Schlag gelten. Wir müssen uns den Rücken freihalten, wenn wir hier im Norden offensiv werden wollen. Das heißt, den Süden mit Entschlossenheit säubern.»

Cogny vermeinte zu spüren, daß Navarre auf eine Art frontaler Bereinigung hinauswollte, auf ein Aufrollen des Gegners von Süden nach Norden. Das schien ihm so unsinnig, daß er sich vorsichtig erkundigte, wie er die Bemerkung verstehen solle, im Norden offensiv zu werden. Navarre versicherte ihm, es handele sich bei seinen Gedankengängen nicht um eine Aufrolltaktik. Er wisse sehr genau, der Charakter dieses Landes lasse das einfach nicht zu.

«Es wird keine endgültig gesicherten Gebiete geben, Cogny», sagte er. «Nie werden wir das erreichen. Aber wir sind mobil. Wir können schnell irgendwo Schwerpunkte schaffen und dem Gegner Schlachten aufzwingen. Was Sie da im Delta machen, ist im Ansatz schon richtig, nur muß man es konsequent zu Ende führen: feste Punkte schaffen, ein System von Bunkern, Befestigungen, Forts in strategischer Verbindung miteinander, ja. Aber – dann darf man nicht darauf warten, daß ein paar Vietminh erscheinen, die man abknallt. Nein, man muß aus diesen festen Punkten heraus offensiv werden! In den Gegner hineinstoßen! Seine Linien durcheinanderbringen, seine Logistik zerschlagen. Verwirrung bei ihm erzeugen, ihn letztlich durch ein System bewaffneter Vorstöße in dem von ihm als sicher betrachteten Gebiet in die Defensive treiben. Das wird meine Strategie sein. Wissen Sie, warum?»

Cogny zog es vor, beifällig zu nicken. Diese Strategie war zu schön, um in Vietnam realisiert werden zu können. Ob dieser Neuling aus Mitteleuropa eine Ahnung hat, was es eine Patrouille unserer besten Leute an Toten, Verwundeten, Kranken, Erschöpften sowie an Material aller Art kostet, um zwanzig Kilometer tief ins Gebiet der Vietminh einzudringen? Und ob er sich denken kann, wie schnell die Überlebenden wieder zurück in ihren Stützpunkt möchten?

Als Cogny nichts sagte, klärte Navarre ihn auf: «Der Grund ist: Wenn wir die Vietminh auf ihrem eigenen Territorium schlagen, wenn wir sie so lange durch Vorstöße zermürben, bis sie nicht mehr an ihren Sieg glauben, dann ist der Augenblick da, in dem sie den Kampf zu Bedingungen aufgeben werden, die wir diktieren.»

«Welche?» wollte Cogny wissen.

«Wir werden großmütig sein», gab Navarre zurück. «Wir werden sie nicht vernichten, nicht ihre Auflösung fordern. Nur daß sie sich der von uns gesteuerten Zentralregierung in Saigon unterordnen, und diese wird beschließen, daß Vietnam ebenso wie Laos und Kambodscha zwar unabhängig ist, jedoch zur Französischen Union gehört.»

«Aber», wandte Cogny ein, «Sihanouk, der schlaue Fuchs, versucht doch gerade, sich aus der Union herauszuwinden?»

«Mit Sihanouk werden sich wohl ganz andere Leute als wir beschäftigen.»

«Und der Nachtklubkaiser, wie die Einheimischen ihn nennen, dieser Bao Dai in Saigon hat doch wieder angekündigt, daß Vietnam auch aus der Union herausmöchte, oder?»

Navarre winkte ab. «Er wird zustimmen, sobald wir die Verhältnisse militärisch klären. Sobald wir ihm Sicherheit garantieren können, was jetzt nicht der Fall ist. Er wird dann nur die Wahl haben, zuzustimmen oder abzudanken.»

«Da gibt es immer noch das Problem Laos», warf Cogny ein. «Sie haben selbst gesagt, daß ist ein schweres Potential, das sich da im Norden aufbaut und im Nordwesten. Wenn ich daran erinnern darf, daß in dieses Aufmarschgebiet zunehmend unkontrollierbar chinesische Waffenlieferungen fließen ...»

«Ich weiß! Deshalb wird das Gebiet von Nordvietnam, das an Laos grenzt, meine besondere Aufmerksamkeit erhalten. Was haben wir dort an Kräften?»

«Lai Chau», antwortete Cogny. «Befestigter Punkt. So gut wie ständig eingeschlossen. Und ein paar verstreut liegende Außenposten. Meist Holzbunker mit geringer Besatzung.»

«Vorstöße?»

«Mon Général, dafür sind alle diese Posten zu schwach. Wir stehen immer vor der Gefahr, daß, während wir einen Vorstoß unternehmen, der Gegner die Chance nutzt, unseren dann noch schwächer besetzten Posten zu überrennen.»

«Dagegen hilft nur die Verstärkung der Posten!»

«Sehr richtig», stimmte Cogny ihm zu, ohne sich über die Möglichkeiten für eine solche Verstärkung zu äußern.

Navarre überlegte. «Es ist ein untragbarer Zustand, daß wir von Son Tay bis Luang Prabang weiter nichts mehr stehen haben als ein paar gefährdete Außenposten. Lächerlich!»

Cogny bemerkte mit leichter Ironie: «Immerhin sitzt in Luang Prabang nicht bloß der verkalkte laotische König Sisowath, sondern auch der tausendjährige Buddha, und der beschützt das Land!»

Navarre war kein Mann, der Scherze liebte. Er stellte Cogny die sachliche Frage: «Hat jemand im April ernstlich geglaubt, dieser Buddha könnte die Pathet Lao und die Vietminh aufhalten, als sie ein Dutzend Meilen vor der Residenz eine Pause einlegten?»

«Niemand», mußte Cogny zugeben.

«Wie sind die Kerle eigentlich so schnell bis kurz vor den Mekong gekommen? Immerhin sind das mehr als hundert Kilometer Luftlinie von ihren Basen gewesen!»

Cogny gab gelassen Auskunft: «Sie drangen in drei Gruppen vor, jeweils in einem Flußtal. Keine schlechte Taktik. Sie benutzten den Ou, den Seng und den Khan, alle drei fließen in Richtung Luang Prabang.»

«Und wir? Ich denke, wir haben etwas südlich davon, in dieser sogenannten Ebene der Tonkrüge, eine ganze Division stationiert?»

«Der Oberkommandierende unserer Streitkräfte in Laos setzte sie nicht in Marsch. Sie waren bereits von drei Seiten her umzingelt; es hätte einen verlustreichen Kampf gegeben.»

«Was hätten Sie an seiner Stelle befohlen?»

Mit dieser direkten Frage überraschte Navarre Cogny zwar, aber dieser faßte sich schnell und gab zurück: «Ich hätte angegriffen. Mit allem, was ich hätte mobilisieren können. Wenn die Pathet Lao noch einen Tag weiter vorgedrungen wären, hätten sie nicht nur Luang Prabang erobert, sie wären am Mekong gewesen, mon Général, und damit hätten sie eine ideale Nachschublinie in den Süden in ihren Besitz gebracht. Sie könnten dann heute ihre Kräfte im Süden so versorgen, daß unsere Probleme unübersehbar wären.»

«Warum haben sie aber haltgemacht, einen Steinwurf vor dem Ziel?»

Cogny zuckte die Schultern. «War es das Ziel? Sie plagen sich nur ungern mit größeren Städten ab. Sind schwer zu halten für sie. Die Vietminh, auch die Pathet Lao führen ihren Krieg nicht nach den Regeln, die in St. Cyr gelehrt werden. Vieles erscheint auf Anhieb unerklärlich, dabei ist es von der Gegenseite her gesehen ganz logisch. Ich persönlich glaube, sie wollten die von ihnen beherrschten Gebiete in Nordlaos ausdehnen, auf eine achtbare Größe bringen, aber nicht so weit, daß sie von uns oder den Königstruppen gefährdet werden können. Sie stoßen weit vor und ziehen sich dann auf eine sichere Linie zurück, die sie ohne Schwierigkeiten halten können. Die Vietminh, wahrscheinlich auch die Pathet Lao, sind in der Einschätzung ihrer Mittel äußerst realistisch. Sie vermeiden jedes unnötige Risiko. Der Name einer großen Stadt bedeutet für sie nichts.»

«Können Sie sich vorstellen, was geschehen wäre, wenn wir nur aus zwei oder drei stark besetzten Stützpunkten mit schweren Fernpatrouillen diese drei Marschsäulen der Pathet Lao angegriffen hätten? Sie wären so durcheinandergeraten, daß sie Monate zum Erholen gebraucht hätten!»

«Die Voraussetzung wären eben starke Stützpunkte gewesen», meinte Cogny. «Aber es gibt noch einen anderen Aspekt. Wir merken, daß Bewaffnung und Ausrüstung der Roten sich schnell verbessern.»

«Rotchina?»

«Ja. Unsere Aufklärung ist der Meinung, Lang Son ist die Drehscheibe dieser Logistik. Dort verläuft die Indochina-Bahn. Straßen gibt es auch. Mancher von uns vergißt, daß die Vietminh inzwischen nicht mehr isoliert sind. Sie haben den Rücken an einem befreundeten Land.»

Eine Weile schwieg Navarre. Es schien, als höre er der Musik zu, die wieder eingesetzt hatte. Salan erschien am Tisch, aufgeräumt, ein bißchen belustigt über die ernsten Gesichter der beiden Generale, die hier Probleme wälzten. Er überbrachte Navarre die Mitteilung, ein paar Damen würden sich glücklich schätzen, ihm vorgestellt zu werden. Frauen von Kolonialbeamten, die den größten Teil ihrer Zeit in Hanoi damit verbrachten, ihr vietnamesisches Dienstpersonal zu schikanieren und in den Gassen um die Markthalle Antiquitäten zu kaufen. Navarre erhob sich. «Ich komme.»

Salan bemerkte spöttisch zu Cogny: «Nun, Coco, ich gratuliere dir. Zum Stern, aber auch zu deinem neuen Aufgabengebiet. Tongking ist der größte Exerzierplatz Frankreichs. Und – der neue Oberkommandierende wird ihn zu einem vorbildlichen Platz machen. Trinken wir einen Pernod darauf!»

Das Lazarett lag am Hoan-Kiem-See, mitten in Hanoi, ein großes weißes Gebäude mit luftigen Balkonen und einem ausgedehnten Park. Gehfähige Verwundete wurden hier endgültig ausgeheilt. Entweder kehrten sie danach wieder zu ihrer Truppe zurück, oder sie wurden – wenn es sich um Ausmusterungsfälle handelte – nach Frankreich verschifft, sobald die Ärzte entschieden hatten, daß der Anblick der betreffenden Verwundeten jetzt den Leuten daheim zuzumuten sei.

Die Ärzte waren mit Ausnahme von zwei Amerikanern, die hier Studien über bestimmte, nicht sehr häufige Verletzungen betrieben, Franzosen, ebenso das mittlere Pflegepersonal. Lediglich niedere Dienste wurden von Einheimischen versehen. Sie stellten auch, außer dem Chefkoch, das Küchenpersonal. Bevorzugt handelte es sich dabei um Frauen von Soldaten, die entweder in den Streitkräften Bao Dais oder direkt unter französischem Kommando dienten.

Gaston Janville kannte jeder im Haus, ob es der Chefarzt war oder der Toilettenklempner. Als er jetzt vom Sanitätswagen zurückgebracht wurde, empfing ihn am Eingang bereits ein dienstfreier Küchengehilfe und teilte ihm mit, Monsieur le Commandant wäre ungehalten, weil Gaston zur vereinbarten Kartenpartie nicht erschienen sei, er warte im Spielzimmer.

Commandant Prunelle, der stämmige, rotgesichtige Bretone, der einen Pyjama trug, saß an einem der kleinen Tische und war dabei, die Prothese abzuschnallen, die man ihm hier für sein linkes Bein verpaßt hatte. Sie saß nicht gut, überdies war der Stumpf noch sehr empfindlich, und so legte der Commandant das hölzerne Ding ab, wann immer er nicht unbedingt gehen mußte. Diesmal allerdings hatte er Schwierigkeiten mit der Befestigungsschiene, und er wurde so ungehalten, daß er die Prothese wütend zur Seite schleuderte, als er sie endlich losbekommen hatte. Gerade in dem Augenblick betrat Gaston Janville forsch und heiter den Raum. Er bekam die Prothese in den Bauch, riß verblüfft die Augen auf und erkundigte sich, nähertretend: «He, Paul, willst du mich entmannen?»

Der Commandant knurrte nur: «Werde ich wohl kaum schaffen! Du wirst noch mit einem halben Hoden der König der Rue Blondel sein. Hast du wieder dein Spiel mit dem Affenbiß abgezogen?»

«Pst!» machte Gaston Janville erschrocken. Er blickte sich um, aber die Tür war geschlossen, niemand außer ihnen war im Zimmer.

«Ich wundere mich immer wieder, daß sie dir die Vorstellung abnehmen. Selbst die Ärzte! Der Chef hat mir erst vorhin, als der Anruf kam, aufgetragen, dich beim Spiel zu beruhigen.»

«Tu das!» Janville grinste vergnügt. Er griff sich das bereitliegende Kartenpack, hob ab und teilte aus, bis sein Gegenüber bei der zweiten Karte die Hand hob, das vereinbarte Zeichen. Während einer solchen Kartenpartie sprachen die beiden sonst selten. Heute sollte es anders sein. Als der Commandant seine beiden Zehner aufdeckte, überraschte ihn Janville mit zwei Assen. Der Commandant machte den fälligen Strich auf den Zettel, dann meinte er kopfschüttelnd: «Dein Glück möchte ich haben! Aber – wehe, wenn es dich einmal verläßt!»

Er zielte mit dieser Bemerkung weniger auf das Kartenspiel als auf das, was Janville in Hanoi aufführte, seitdem er als Genesender galt, für den es nur geringe Hoffnung auf völlige Wiederherstellung gab.

Die beiden waren sich in Algerien zum ersten Mal begegnet, dann hatte der beginnende Indochinakrieg sie zunächst nach Saigon verschlagen. Zu jener Zeit war Gaston Janville noch dem Commandant unterstellt gewesen, und damals war es auch zu dem Gefecht gekommen, in dessen Verlauf der Commandant erstmals verwundet worden war, durch einen Schuß in die Schulter. Die Wunde hatte sehr stark geblutet. Janville, selbst leicht angekratzt, hatte ihn aus der Feuerzone gebracht und verbunden, hatte aufgepaßt, daß die Sanitäter ihn so schnell wie möglich zum Verbandplatz transportierten. Der Commandant betrachtete ihn seitdem als seinen Lebensretter, und er hatte es sehr bedauert, als Gaston damals auf den Posten in Laos versetzt wurde. Wiedergesehen hatten sich die beiden hier in Hanoi, im Lazarett, als man Gaston Janville neben den Commandant in das noch freie Bett legte und den älteren Offizier bat, er möge etwas aufpassen. Der Mann sei völlig durcheinander, eigentlich müßte man ihn anbinden, aber man wolle das gern vermeiden.

Der Commandant, der den Vorzug genoß, in einem Zweibettzimmer zu liegen, weil der Chefarzt gelegentlich mit ihm Karten zu spielen pflegte, erkannte Gaston sofort, aber der Capitaine war bewußtlos, von einer halbwegs überstandenen Gelbsucht geschwächt, psychisch offenbar angeschlagen. So dauerte es einige Tage, bis die vietnamesische Schwester eines Morgens an sein Bett trat, um ihm den Puls zu fühlen. Da sprach Janville zum ersten Mal. Er forderte das Mädchen auf: «Zeig mir deinen Arsch, du, damit ich erkenne, ob du Dung bist!»

Der Commandant fuhr hoch und sah das ausdruckslose Gesicht Janvilles. War der Bursche übergeschnappt? Die Schwester floh erschrocken. Nach einer Weile sprach der Commandant seinen Bettnachbarn an: «He, Gaston, warum erschreckst du das Mädchen so? Hast du was an der Klingel?»

Es war das erste, wohl auch das einzige Mal, daß Janville die Beherrschung verlor. Er besah sich den Nebenmann, erkannte ihn und flüsterte betroffen: «Paul, du! Haben sie dich wieder erwischt? Wo diesmal?» Der Commandant schlug wortlos die Decke zurück, und Janville konnte sehen, daß ihm ein Bein fehlte. Und dann staunte der Commandant darüber, daß Janville, den er als einen mutigen Soldaten kennengelernt hatte, plötzlich weinte.

«Was ist?» erkundigte er sich mißtrauisch. «Bist du nun wirklich gaga, oder?»

«Sie hat aber ... den Affenbiß in der Arschbacke!» versuchte es Janville nochmals. Doch der Commandant ließ sich nicht so leicht von seinem Mißtrauen abbringen. Er sagte gedämpft, obwohl niemand sonst im Zimmer war: «Spar dir den Zirkus, mein Junge. Kein Übergeschnappter flennt, wenn er neben sich einen Freund entdeckt, dem ein Bein abgeschossen wurde. Also – was ist? Schnauze voll?»

Nach einer langen Pause antwortete Janville endlich: «Paul, ich bin am Ende. Ich kann nicht mehr.»

«Laos?»

«Nicht nur. Alles.»

Nun erfuhr der einbeinige Commandant, daß Gaston auf seinem langen, einsamen Marsch, als er sich bereits kurz vor der ehemaligen Befestigungslinie der Franzosen um Hoa Binh, am Schwarzen Fluß, befand, vom Fieber gepackt worden war. Er verkroch sich im Unterholz, zwischen Trümmern von Panzern und Geschützen, die hier ein Jahr zuvor bei den Kämpfen zerstört worden waren, und wollte sterben. Als er wieder zu sich kam, lag er auf einer Bambusmatte, in einem Pfahlhaus. Nach einiger Zeit erschien eine uralte Frau vom Stamme der Muong, die hier lebten, und brachte ihm einen Sud, der bitter schmeckte. Er sei in Sicherheit, sagte sie, er solle trinken, und die Krankheit werde vergehen. Ein Menschenleben, so vertraute sie ihm an, sei kostbar, und aus einem Feind könne ein Freund werden. Seltsam.

«Die Gelbsucht verging», berichtete Janville. «Ich kam auf die Beine. Die Leute in der Siedlung waren zu gut zu mir. Sie sagten, ich könnte bei ihnen bleiben. Ich solle nicht mehr zu den fremden Kriegern zurückgehen. Ich half ihnen bei verschiedenen Arbeiten, denn es gab kaum noch Männer im Dorf. Die Großmutter, die mich gepflegt hatte, wollte mich mit ihrer Enkeltochter verheiraten, das spürte ich. Sie war naiv, aber gutmütig, wie ich es nicht für möglich gehalten hätte. Die Enkeltochter gehörte zur Miliz der Vietminh. Sie dachte, ich wäre desertiert und bot mir an, im Dorf zu bleiben. Ich bin dann lange dort gewesen. Es sind friedliche Leute, und sie haben mich behandelt wie den eigenen Sohn. Aber als ich wieder ganz bei Kräften war, bin ich gegangen. Sie haben mich nicht einmal aufgehalten, sie sagten mir nur, wenn ich Frieden halten wollte, könnte ich jederzeit zurückkommen. Ein Leben wie aus einer anderen Welt, Paul ...»

«Und das Mädchen? Hübsch?»

«Gefallen hat sie mir schon. Ich glaube, es war eher ihr Charakter. Sie war nicht freundlich zu mir, wie man es zu Gästen ist, sie war einfach gut.»

«Warum bist du dann abgehauen? Dieser Krieg hier läuft aus, das kann man riechen. Auch daß wir ihn verlieren, riecht ein kluger Mann. Wenn sie dich in dem Dorf behalten, bis der Tod nicht mehr nach dir greift, Junge, dann hättest du gut daran getan, dort zu bleiben. Ich wäre geblieben an deiner Stelle. Wie heißt das Nest?»

«Xom Dong.»

«Nie gehört. Und was willst du jetzt hier?»

Janville überlegte lange, bevor er antwortete. Es kam ihm vor, als müsse er während eines laufenden Spiels die Karten aufdecken. Aber der Commandant war ein Freund.

«Ich will ordnungsgemäß entlassen werden», erklärte er. «Das Verfahren läuft bereits. Der Chefarzt hat mich untersucht; er hat nicht vermutet, daß ich alles verstand, was er zu seiner Assistentin sagte. Er wies sie an, für mich einen Antrag auf ehrenhafte Entlassung aus der Armee zu stellen. Pensionsanspruch und Schiffskarte nach Hause.»

«Deshalb also ziehst du die Nummer mit dem Affenbiß ab?»

«Ich kann nicht mehr weitermachen wie vorher», gestand ihm Janville ernst. «Wir haben immer gewußt, daß es ein gemeiner Krieg ist. Der gemeinste, den man führen kann: Technik gegen Hungerleider. Nur weil Frankreich nicht genug kriegt. Du mußt verstehen, Paul, es ist ein Unglück, wenn man auf diese Weise wie ich seine Gegner erlebt ...»

«Oder ein Glück», murmelte der Commandant.

«Ich habe geglaubt, ich müßte hier die Ehre der Trikolore verteidigen. Statt dessen mußte ich Hilfsdienste bei einem überdimensionalen Diebstahl leisten. Alles vorbei. Von Xom Dong an würde ich bei jedem Schuß, den ich abgebe, das Gesicht der Großmutter aus dem Pfahlhaus vor mir sehen. Mit einem Loch in der Stirn. Könntest du das ertragen?»

Der Commandant dachte lange nach, bevor er antwortete:

«Ich sehe kein solches Gesicht vor mir, Junge. Aber ich verstehe schon. Wenn die Sache so ist, wird es am besten sein, du läßt dich demobilisieren. Gedanken von der Art, wie du sie hast,

Paris 1946. Ho Chi Minh ist gekommen, um mit der ehemaligen Kolonialmacht Frankreich vernünftige Bedingungen für die Schaffung eines unabhängigen Vietnams zu besprechen. Aber seine Bemühungen bleiben ohne Erfolg. Auf dem Bild ist bereits der künftige Oberkommandierende der französischen Interventionstruppen in Indochina zu sehen: General Jean de Lattre de Tassigny (3. v. links)

lähmen einen Soldaten im entscheidenden Augenblick. Das Resultat ist dann meist ein toter Soldat. Zieh deine Nummer weiter ab, du hast mein Wort, daß ich dich nicht verrate. Ich werde nämlich auch bald zu Hause sein, und dann kann ich lange überlegen, ob das alles hier mein Bein wert war ...»

Ein Arzt erschien. Im Hintergrund war die verschreckte Krankenschwester zu sehen. Janville schloß die Augen.

«Er hat getobt, höre ich?»

«Quatsch», knurrte der Commandant. «Er hat die Gedanken nicht beieinander. Ausgehakt eben. Ich habe viele von seiner Art gesehen. Unbrauchbar geworden. Aber nicht gefährlich. Er würde niemandem etwas tun.»

«Es ist, weil wir ihn sonst sichern müßten», meinte der Arzt.

Aber der Commandant schüttelte den Kopf. «Harmloser Narr. Ich passe schon auf, daß er nicht aus dem Fenster springt. Die Schwester soll sich beruhigen.»

Wenig später war Janville wieder auf den Beinen gewesen. Gaston der Narr, wie ihn bald jeder im Lazarett nannte. Er strich in der Stadt umher, wurde auch bei den Posten bekannt. Gaston le Fou war eine der tausend Erscheinungen des Vietnamkrieges; man begann, sich an ihn zu gewöhnen.

Der Commandant deckte ein As und eine Zehn auf und schrieb einen Strich auf seine Liste. Dann sagte er gedehnt: «Der Chefarzt will dich sehen. Entlassung. Die Schwester hat es mir verraten. Die Papiere sind schon da. Der Dampfer geht von Haiphong ab.»

Als Janville ihn freudig überrascht ansah, fügte der andere hinzu: «Ich werde dich vermissen, Junge. Grüß mir die Bistros, in denen es anständigeren Roten gibt als hier!»

Janville warf die Karten hin. An der Tür hob er die Prothese des Commandanten auf und warf sie ihm zu.

Im Vorzimmer des Chefarztes grinste er wieder dümmlich und verriet der Sekretärin: «Ich habe Dung noch nicht gefunden. Aber ich werde mir heute abend noch im Haus der fünfhundert Mädchen von allen die Ärsche zeigen ...»

«Ja, ja!» unterbrach ihn die Sekretärin unwillig. Sie schob ihm ein Formular hin, auf das er seinen Namen zu schreiben hatte, dann übergab sie ihm den Marschbefehl nach Haiphong. «Der Chef kann Sie leider nicht noch einmal sehen. Er mußte zum Oberkommando Tongking. Gute Reise!»

Gaston Janville kam nie in Haiphong an. Um die Zeit, als der Dampfer von dort nach Saigon abfuhr, befand er sich bereits fünfzig Kilometer westlich von Hanoi. Noch fünfundzwanzig Kilometer mehr, und er würde in Xom Dong sein, dem Dorf, das aus Pfahlhäusern bestand, ähnlich wie jene in Laos, wo Janville noch Soldat gewesen war. Das Mädchen Ba, das stets einen uralten französischen Karabiner bei sich hatte, würde da sein. Er würde ihr erklären, jetzt sei er frei, keiner Fahne mehr untertan und entschlossen, sich nie wieder dazu verpflichten zu lassen, arme Leute in entlegenen Dörfern zu töten. Er sah die Großmutter vor sich mit ihren vom Betelkauen schwarz gefärbten Zähnen, und er war glücklich, daß kein Einschußloch in ihrer Stirn seine Gedanken peinigte.

Navarre holt aus

Das Hauptquartier der regulären Streitkräfte der Demokratischen Republik Vietnam lag in einer gebirgigen Region des befreiten Nordens. Es war sicher, denn der Gegner konnte mit seinen Kräften keine wirkungsvolle Aufklärung betreiben. Wer hier arbeitete, war in Felsgrotten untergebracht, die zudem noch Schutz bei einem eventuellen Luftangriff bieten konnten. Außerdem war das Gebiet im weiten Umkreis durch ein Netz von Posten gesichert, die es an Aufmerksamkeit nicht fehlen ließen.

Anh Chu war einer dieser in der neuen Volksarmee ausgebildeten Soldaten. Er kam aus einer lokalen Selbstverteidigungseinheit in Hanoi; inzwischen galt er als erfahrener Postenführer. Vor seiner Zeit als Soldat hatte er in einer Klempnerei gearbeitet. Er verstand etwas von Wasserrohren und defekten Gullys, konnte Metall löten und Gewinde schneiden. Überhaupt hatte er immer alles an Kenntnissen und Fertigkeiten begierig eingesogen. Wann immer es in der Einheit, zu der er gehörte, einen Vortrag gab, eine Abendveranstaltung, war er mit Sicherheit dabei zu finden. Erst kürzlich hatte ein von der Armeeführung Beauftragter eine Serie von Vorträgen über die Entstehung der Republik gehalten und Anh Chu deshalb mehrmals den Dienst getauscht, um nicht einen Satz zu verpassen. In seinem Notizbuch, das er einem toten Gegner abgenommen hatte, bevor er ihn begrub, standen viele Aufzeichnungen – Anh Chu konnte schreiben und lesen. Er war in eine der heimlich betriebenen Schulen gegangen, zu jener Zeit, als die Japaner Vietnam besetzt hielten. Bei Gründung der Republik, im September 1945, war er dreizehn Jahre alt gewesen. Mit sechzehn stand er seinen Mann bei den Selbstverteidigungskräften. Wenn er die jungen Soldaten sah, die heute zu den neuen Divisionen gehörten, kam er sich beinahe schon wie ein Veteran vor. Er hatte so viele Kämpfe mitgemacht, daß er sich an manche Einzelheiten nicht mehr genau erinnerte.

«Postenführer!» wurde er angerufen. Er duckte sich noch tiefer in den Schatten des riesigen Banyanbaumes, dessen Luftwurzeln so dicht erdwärts wuchsen, daß sie ein vorzügliches Versteck boten. Nach einer Weile konnte er sehen, es handelte sich um einen der Kuriere, die zwischen dem Hauptquartier und Hanoi eine ständige Verbindung aufrechterhielten. Ein Posten brachte ihn heran.

Hanoi war nach wie vor ein Zentrum der Parteiarbeit und ein Schwerpunkt der Aufklärung. Es war die Hauptstadt der Demokratischen Republik Vietnam, selbst wenn jetzt dort der Feind residierte. Der Kurier schien müde zu sein; er lehnte sich an einen Stamm und wartete. Sein Gesicht war vom Mondlicht blaß erhellt. Der Mann war nicht mehr jung.

Der Posten trat ab. Anh Chu prüfte den Kurier: «Parole?»

Der antwortete: «Viet-Bac».

Daraufhin trat Anh Chu aus dem Dunkel und begrüßte ihn. Er hatte ihn zum diensthabenden Offizier des Hauptquartiers zu bringen, so lautete sein Befehl. Also erkundigte er sich nur kurz, ob alles in Ordnung sei, und als der Kurier ihm versicherte, er werde nicht verfolgt, führte er ihn auf verschlungenen Pfaden durch das unübersichtliche Gelände bis an die Grotte, in der er den Diensthabenden wußte.

Der Offizier ließ sich Bericht erstatten, dabei sorgte er dafür, daß der Kurier warmes Trinkwasser erhielt, und legte ihm Zigaretten hin. Alle Nachrichten wurden mündlich überbracht. Dadurch konnte es dem Gegner nicht gelingen, ein Dokument in die Hände zu bekommen, das von Nutzen für ihn war.

Es war Frühsommer. Die Temperaturen kletterten tags schon über dreißig Grad, nachts hingegen fielen sie hier im Gebirge stark, so daß besonders die Leute aus dem Tiefland, aus dem Delta des Roten Flusses, der Gegend um Hanoi, froren. Anh Chu brachte dem Kurier eine Decke, die er über die Schultern hängen konnte. Auch er selbst hatte sich immer noch nicht ganz an die kalten Nächte im Gebirge gewöhnt. Er zog alle

Kleidungsstücke an, die ihm gehörten, wenn er nachts auf Posten ging.

Anh Chu wußte, daß der Kurier in Hanoi einen Laden betrieb. Schon bevor die Japaner Indochina okkupiert hatten, war dieser unscheinbare Mann im Widerstand gegen die Franzosen tätig gewesen. Sein Laden gab ihm eine vortreffliche Tarnung. Ob er es noch erlebt, wie wir die Franzosen endgültig verjagen? fragte sich Anh Chu, während er wieder unter die Luftwurzeln des Banyan kroch. Er erinnerte sich, wie er als Dreizehnjähriger auf dem Platz in Hanoi gestanden hatte, damals, am 2. September des Jahres 1945, als Ho Chi Minh das Ende der Kolonialzeit und die Gründung der unabhängigen Demokratischen Republik verkündete. Ganz Hanoi war auf den Beinen gewesen. Anh Chu trug ein Pappschild mit der Aufschrift «Doc Lap» (Unabhängigkeit), andere hatten den Namen Ho Chi Minhs auf Plakate gepinselt.

«Unsere Republik geht ihrem achten Geburtstag entgegen», hatte der Vortragsredner neulich gesagt. «Acht Jahre Kampf. Und dieser Kampf hat eine lange Tradition. Vietnam ist das erste Kolonialgebiet der Welt, in dem das Volk sich selbst befreit und seinen eigenen Staat gegründet hat. Das ist ein weltgeschichtliches Ereignis! Wir werden vielen anderen Kolonialländern damit ein ermunterndes Beispiel geben!»

Geschichte. Anh Chu, wenn er heute noch einmal zu wählen hätte, wäre Geschichtslehrer geworden. In der Geschichte eines Volkes konnte man seinen wahren Charakter entdecken, seine Stärken und Schwächen, man konnte sogar Schlüsse auf die Zukunft ziehen, wenn man tief genug in die Vergangenheit eindrang.

Deshalb enthielt Anh Chus Notizbuch auch kaum Aufzeichnungen über ihn selbst und seine Alltagserlebnisse. Er vermerkte darin, was er aus der Entwicklung Vietnams gleichsam nach und nach ausgrub. Erkenntnisse, die von Seite zu Seite immer mehr Zusammenhänge erhellten, Kausalitäten aufdeckten, in die sich Anh Chu versenkte, wenn er Zeit dazu hatte.

Als er Soldat geworden war, hatte er nur gewußt, es galt, die Heimat vor den mit ihrer Rückkehr drohenden Franzosen zu schützen. Heute wußte er vieles, das ihn seinen eigenen Einsatz als Mitwirken bei einer historischen Anstrengung erscheinen ließ, die weit über Vietnam, über Indochina hinaus Bedeutung erlangen würde.

1940, als der achtjährige Anh Chu barfuß durch entlegene Gassen dorthin trottete, wo heimlich Unterricht abgehalten wurde – oft müde von der Arbeit in der Markthalle, in der er sich eine Handvoll Reis verdiente –, war das Heimatland der Kolonialisten von Hitlers Truppen überrannt worden. Bis auf einen kleinen Flecken im Süden, wo der General Pétain eine faschistenfreundliche Regierung bildete. Die Verwaltung der indochinesischen Kolonie tendierte zu dieser Clique, und der von Pétains Gnaden eingesetzte Generalgouverneur gestattete den mit Hitler verbündeten Japanern stillschweigend und Schritt für Schritt die Inbesitznahme Vietnams als Aufmarschgebiet für ihren ein Jahr später südwärts erfolgenden Angriff.

Doch noch vorher kam es in Frankreichs verratener Kolonie zu den ersten bewaffneten Aktionen von Vietnamesen gegen Japans Besatzer, in Bac Son, My Tho und anderswo. Es waren die ersten Flammenzeichen. Aus den Überlebenden der ungleichen Kämpfe wurden Kader einer illegalen Armee, die entschlossen war, Vietnam für das vietnamesische Volk zu erobern.

Politische Parteien und Gruppen folgten dem Ruf der Kommunistischen Partei Indochinas, sich in einer Einheitsfront zusammenzuschließen. An der Spitze der Vietminh standen neben dem welterfahrenen Kommunisten Ho Chi Minh, der von den Franzosen sieben Jahre eingekerkert gewesene Pham Van Dong sowie der Geschichtslehrer und Philosoph Vo Nguyen Giap, der wesentlich die militärischen Voraussetzungen für den weiteren Unabhängigkeitskampf schuf.

1942 begann er mit der Formierung der ersten bewaffneten Widerstandsgruppen, die sich feindfreie Räume erkämpften, in denen sie militärische Basen aufbauten. Im Winter 1944 existierte bereits die erste Einheit einer vietnamesischen Volksarmee, ein ernst zu nehmender Gegner für die japanischen Okkupanten.

Diese versuchten die Vietminh auszuschalten, indem sie Bao Dai, den letzten Sprößling der ehemaligen Kaiserdynastie, ausgruben und als Staatsoberhaupt eines Gebildes einsetzten, das sie

Das französische Expeditionskorps trifft in Saigon ein. Reguläre Soldaten Frankreichs, aber auch angeworbene Fremdenlegionäre aus aller Herren Länder sind im Herbst 1945, als sie in Saigon an Land gehen, noch siegessicher

«Unabhängiges Vietnam» nannten. Die Farce verfehlte ihre Wirkung: Der bewaffnete Widerstand nahm zu.

Der 16. August des Jahres 1945 markierte eine geschichtliche Wende – es war eine Provisorische Regierung der Republik Vietnam gegründet worden, ihr Präsident Ho Chi Minh rief das Volk zum allumfassenden Kampf für die Unabhängigkeit auf und verlangte von den japanischen Okkupanten die Kapitulation. Drei Tage später wurde Hanoi befreit. Bao Dai unterstellte sich erschrocken der Provisorischen Volksregierung. Eine Woche danach wehte auch über Huê und Saigon die Vietminh-Flagge: rotes Tuch mit gelbem Stern.

«Vietnam hat das Recht, frei und unabhängig zu sein und ist tatsächlich frei und unabhängig geworden!» Diesen Satz aus der Rede Ho Chi Minhs in Hanoi hatte sich Anh Chu in seinem Büchlein nachträglich notiert, obwohl er ihn ohnehin nie vergessen würde, ebenso wie alles, was die neue Republik im Leben der Leute schon in ihren Anfängen veränderte: das System der feudalen Mandarine wurde abgeschafft; es gab keine willkürlich auferlegten Steuern mehr; jeder erhielt das Recht auf Arbeit, durfte Bildung erwerben und sich an der Lösung öffentlicher Fragen beteiligen.

Wiedergekehrt waren die Franzosen im September 1945, nachdem in Paris ein neuer «Hochkommissar» ernannt worden war, für eine Kolonie, die es juristisch gar nicht mehr gab. Frankreich verfolgte die inzwischen gebräuchlich gewordene Politik der Nichtanerkennung. Truppentransporter spuckten von nun an Zehntausende Soldaten an den Küsten Vietnams aus.

Die Republik war gezwungen, die Befreiung zu wiederholen. Ho Chi Minh selbst rief dazu auf, der schmächtige Mann, dem die Entbehrungen des langen illegalen Kampfes noch zu schaffen machten, gab der Nation ein Beispiel, indem er sich selbst keine Schonung gönnte.

«Erhebt euch zum Kampf!» forderte er seine Landsleute auf. «Jeder Bürger Vietnams, ob Mann oder Frau, alt oder jung, muß sich ungeachtet seiner religiösen, parteipolitischen und nationalen Zugehörigkeit um der Rettung der Heimat willen zum Kampf gegen die französischen Kolonialisten erheben. Wer ein Gewehr hat, bewaffne sich mit diesem Gewehr. Wer ein Schwert hat, bewaffne sich mit dem Schwert. Wenn ihr auch keine Schwerter habt, bewaffnet euch mit Spaten, Hacken und Stöcken ...»

Bald erwies sich der Norden Vietnams, vor allem seine Gebirgsregionen, als das Herzland des Widerstandes. Aber auch in Zentral- und Südvietnam gab es befreite Zonen. Die Kampftaktik der Volksarmee bestand darin, daß kleine, nach Partisanenart operierende Einheiten den Gegner überall dort verunsicherten, wo Erfolg möglich war. Die regulären, oft noch in der Ausbildung begriffenen Einheiten der Volksarmee hingegen wichen den Vorstößen des Gegners aus und schlugen ihrerseits dort zu, wo französische Truppen die Verbindung verloren oder sich in ungünstigen Stellungen befanden.

Das änderte sich auch nicht, als die Franzosen zu einer neuen taktischen Variante griffen: Wo sie nur konnten, errichteten sie Bunker und befestigte Punkte, die wie ein Netz über dem Land wirken sollten. Man versprach sich davon die Paralysierung des

Widerstandes. Das Gegenteil trat ein, weil sich die Vietminh unter der flexiblen Führung von Ho Chi Minh, Truong Chinh, Pham Van Dong und Vo Nguyen Giap schnell auf mobile Taktik verlegten und ihrerseits nun die befestigten Punkte isolierten, sie zu unsicheren Inseln für den Gegner machten.

1951/52, als die Vietminh bereits über straff organisierte Divisionen verfügten, die von gesicherten Stützpunkten im Norden aus größere Operationen führen konnten, kam es zum Kampf um die Stadt Hoa Binh am Schwarzen Fluß. (Dort kreuzte sich die Straße von Hanoi westwärts in Richtung Laos mit der wichtigen Verkehrsader, die südwärts führte.) Die Serie von Gefechten, bei denen die Franzosen schwere Artillerie, Panzer und Fluzgzeuge einsetzten, endete mit einer peinlichen Niederlage des Kolonialheeres. Fortan hieß Hoa Binh bei den französischen Soldaten der «Fleischwolf».

Nun verfügte Frankreich im gesamten Norden nur noch über ein so gut wie eingeschlossenes Stützpunktsystem in Nordlaos sowie über das Delta des Roten Flusses, mit Hanoi und Haiphong. Außerdem gab es im Nordwesten den Dschungelstützpunkt Lai Chau, und an der Grenze zur laotischen Provinz Sam Neua lag ein ebensolches Urwaldfort, Na San. Erst in der zentralvietnamesischen Küstenregion gab es wieder fest in französischer Hand befindliche Gebiete. Zwischen diesen befestigten Punkten, auf die sich Frankreichs Kriegsführung stützte, lagen Hunderte von Kilometern unsicherer Straßen und befreiten, von der Volksrarmee beherrschten Territoriums.

Die Bedingungen, unter denen die Armee des vietnamesischen Staates kämpfte, hatten sich entscheidend verändert: Die offensive Verteidigung war möglich geworden, und die Voraussetzungen für einen umfassenden Gegenangriff begannen sich abzuzeichnen.

Einen Tag nachdem der Kurier aus Hanoi im Hauptquartier angekommen war, versammelten sich die Stabsoffiziere sowie eine Anzahl Truppenkommandeure an dem langen Holztisch in der Felsgrotte. An den rissigen Wänden waren Karten befestigt. General Giap begrüßte alte Kampfgefährten, die über weite Entfernungen angereist waren. Es war eine lockere, beinahe heitere

Atmosphäre, die noch zusätzlichen Schwung erhielt, als Ho Chi Minh und Truong Chinh eintrafen. Bei einer Hochzeit könnte es kaum lärmender zugehen, fand Anh Chu, der einen Blick in die Grotte warf, als er die Posten kontrollierte. Doch dann wurde es plötzlich still. Truong Chinh eröffnete die Besprechung: «Genossen, wir sind zusammengekommen, um über die Weiterführung des Kampfes im Herbst/Winter 1953/54 zu beraten ...»

Er informierte die Anwesenden über Veränderungen in der weltpolitischen Lage, hauptsächlich über die Bemühungen der sowjetischen Diplomatie, die westlichen Mächte endlich zu einer Konferenz zu bewegen, auf der nicht nur über Korea, sondern vor allem über die Beendigung des Indochina-Krieges Beschlüsse gefaßt werden sollten. Truong Chinh faßte sich kurz. Er sagte: «Trotzdem liegen Monate des Kampfes vor uns. Der Gegner will bis zu dieser Konferenz eine Entscheidung, er will uns auf den Knien sehen, wenn die Konferenz beginnt. Diesen Plan haben wir zu durchkreuzen. Genosse General Giap wird uns seine Vorschläge zur Strategie und Taktik in der nächsten Etappe unterbreiten ...»

Giap war sofort auf den Füßen. Er machte ein paar Schritte, als wolle er seinem Körper endlich Bewegung verschaffen, dann überflog sein Blick die Anwesenden, und er begann, in nüchterne Zahlen gekleidet, die gegenwärtigen Kräfteverhältnisse auf dem Kriegsschauplatz darzustellen. Er versprühte förmlich Energie. Was er vortrug war wohlgeordnet, und er wirkte dabei bedächtig, als überlege er immer noch. Vo Nguyen Giap war ein Mann, der durch seine Haltung andere zum Nachdenken anregte.

Er begann mit dem Delta des Roten Flusses. «Genossen, wir dürfen den Gegner in diesem Raum nicht zur Ruhe kommen lassen. Ich schlage vor, die Tätigkeit beweglicher Kräfte zu verstärken, so daß er es nicht wagen kann, von dort nennenswerte Truppen in andere Gebiete abzuziehen ...»

Nachdem sich einige Kommandeure über Möglichkeiten geäußert hatten, den Partisanenkrieg im Delta zu intensivieren, fuhr Giap fort: «Sehen wir uns die Karten an. Wenn wir es schaffen, trotz der verstärkten Kämpfe im Delta von dort eigene reguläre Truppen abzuziehen, auch aus anderen Gebieten, können wir sie auf Lai Chau ansetzen, die letzte Bastion des Gegners im Nordwesten, im Fleisch unseres befreiten Nordens sozusagen ...»

Raunen ging durch die Versammelten. Ein Ziel war genannt worden! Der Vorschlag war kühn. Aber Giap sprach schon weiter: «Greifen wir diesen isolierten Stützpunkt an, schaffen wir es, ihn zu nehmen, dann können wir unseren laotischen Kampfgefährten, die dann die Flanke frei haben, vorschlagen, gemeinsam mit vietnamesischen Freiwilligen aus ihren Basen südwärts vorzustoßen, Richtung Zentrallaos. Damit würde sich das Gesamtgewicht des befreiten nördlichen Indochinas enorm erhöhen ...»

Er ging zu einer der Landkarten an der Felswand und bezeichnete die Richtung möglicher Vorstöße. Dann drehte er sich um. Seine Augen blitzten, als er rief: «Und nun – die Karten, die der Gegner spielen könnte: Er kann unseren Schritt hinnehmen, dann haben wir viel gewonnen. Läßt er sich aber verleiten, in Richtung auf unsere nördlichen und nordwestlichen Gebiete vorzudringen, um uns zu kontern oder um unsere Verbindung mit Laos zu brechen, dann ... könnten wir noch viel mehr gewinnen!»

Wieder wandte er sich zur Landkarte. Sein Zeigestock bezeichnete Konzentrationen der Befreiungstruppen. Dabei erläuterte er: «Hier, hier und hier ... können wir genügend reguläre Truppen schnell verfügbar machen, und die würden einen Gegner angreifen, dessen logistische Linien so weit ausgedehnt sind, daß seine Materialüberlegenheit nur noch sehr bedingt zum Tragen kommt. Genossen, darin könnte eine wichtige Vorentscheidung für unseren Kampf liegen!»

Eine Pause trat ein. Jeder hatte zuerst einmal darüber nachzudenken, was Giap da vorschlug. Dann wurden Fragen gestellt, nach Bewaffnung und Transportmöglichkeiten, nach Routen für die schnelle Verlegung von Einheiten, und immer wieder wurden die an den Wänden aufgehängten Karten konsultiert.

Ho Chi Minh, das dunkelbraune Bauernhemd weit aufgeknöpft, lauschte den Gesprächen. Er war stolz darauf, daß es diese Offiziere gab, Giap, Van Tien Dung, all die anderen, die von der Volksrevolution hervorgebracht worden waren und die im Kampf lernten, wie das Kriegshandwerk, von dem die Franzosen meinten, nur sie beherrschten es, gehandhabt wurde.

Hier, in den Bergen des Nordens, wuchsen die Männer heran, die nicht nur die gegenwärtigen Aufgaben lösen sollten – sie würden in einer Zukunft, die noch weit entfernt war, das Land endgültig zur gesicherten Unabhängigkeit und Freiheit führen.

«Fliegeralarm!» rief Anh Chu in die Felsgrotte, in der die Beratung stattfand. Gleichzeitig schlug einer seiner Posten an eine im Freien aufgehängte Kartusche, was einen glockenähnlichen Ton weithin hallen ließ. Überall erstarben die Bewegungen. Schützen krochen unter ihr Tarnzeug, langsam wurden die Läufe der Fla-MGs hochgekurbelt – es gab den Befehl, nur dann zu schießen, wenn der gegnerische Flieger das Hauptquartier direkt angriff.

General Giap legte den Bleistift, mit dem er sich Notizen machte, nicht aus der Hand. Er zeichnete Pfeile in die Karte, die nach Lai Chau wiesen. Fünf reguläre Divisionen sind verfügbar, überlegte er, ein beachtliches Potential: die 304., 308., 312., 316. und die 320. Dazu kam die «Schwere», das war die 351., mit zwei Artillerieregimentern, einem Pionierregiment, Panzern und anderem Gerät. Es galt, sie klug einzusetzen, diese Truppen, die aus Partisanengruppen hervorgegangen waren. Und man mußte ihren Nachschub sichern. Die Volksarmee verfügte nur über wenige Lastwagen. Doch auch sie würden höchstens nachts fahren können, weil der Gegner Aufklärer in der Luft hatte und die vollbeladenen Fahrzeuge ein willkommenes Ziel für Schlachtflieger sein würden. Alles, was eine kämpfende Einheit brauchte, mußte deshalb von freiwilligen Trägern, den Dan Cong, herangeschafft werden. Viele waren Frauen; manche trugen neben der Last noch einen Säugling. In letzter Zeit hatte man mehr Fahrräder einsetzen können. Damit konnte man bis zu sechs Zentner Last befördern, so geschickt hatte man die Konstruktion verstärkt. Aber noch waren Fahrräder knapp, wenngleich in den befreiten Gebieten fieberhaft am Bau dieser einfachen Transportmittel gearbeitet wurde.

Der Vierzigjährige mit der hohen Stirn, der die Streitkräfte der Republik befehligte, drehte den Stift zwischen den Fingern. Er hatte erst am Nachmittag eine Kolonne weiblicher Träger vorbeiziehen sehen, und er war dabei, wie oft, an das Schicksal seiner Frau erinnert worden. Sie hatte wie er die Landsleute zur Erringung der Unabhängigkeit ermutigt. Ein französisches Gericht, das in Hanoi residierte, verurteilte sie zu lebenslänglicher Haft. Sie war im Gefängnis gestorben, während ihr Mann in den Bergen kämpfte. Seitdem suchte der Oberbefehlshaber zuweilen in den Gesichtern weiblicher Soldaten ihre Züge; er blickte Kindern nach, als wären es die eigenen.

Vo Nguyen Giap hatte als junger Mann mit der ihm eigenen Beharrlichkeit an der Hanoier Universität Philosophie und Jura studiert, später hatte er an einer Schule jungen Menschen vietnamesische Geschichte gelehrt. Es war seine Überzeugung, daß tiefes Verständnis für die eigene Geschichte Patrioten erzog. Und die brauchte Vietnam, wenn es leben wollte. Wie weit lag diese Tätigkeit schon zurück!

Als der General dahinterkam, daß der Postenführer des Hauptquartiers ein Tagebuch schrieb, ließ er es sich zeigen. Eigentlich wollte er dem Soldaten Anh Chu eine Belehrung erteilen: Man trug als Kämpfer kein Tagebuch bei sich. Wenn der Feind es erbeutete, könnte er Schlüsse daraus ziehen, unter denen andere Kameraden zu leiden hätten. Doch als Giap las, daß es sich bei den Notizen um historische Reminiszenzen handelte, Zeugnisse eines Studiums der Geschichte Vietnams, das die Franzosen so gern als geschichtslos hinstellten, lobte er Anh Chu und ermunterte ihn weiterzumachen.

Giap widmete sich wieder der Karte. Sollte der Teufel das Flugzeug da oben holen. Es beunruhigte ihn nicht. Selbst wenn er den Passagier gekannt hätte, wäre er nur schwerlich nervös geworden.

General Navarre saß neben dem Piloten der von den Amerikanern gelieferten «Dakota» und starrte mit seinem Fernglas nach unten. Durch das verschmutzte Kanzelfenster verschleiert, erkannte er unermeßliche blaugrüne Waldgebiete. Dazwischen lagen verkarstete Höhenzüge, faltige Erdaufwürfe mit ausgetrocknetem, rostrotem Elefantengras. Hin und wieder öffneten sich Täler, in denen Siedlungen zu erkennen waren; an den Hängen schimmerten schlammige Reisterrassen. Und Flußläufe gab es. Sie blinkten im Sonnenlicht auf wie Silberfäden. Kleine Streifen gelber Erde markierten Fahrwege, so schmal wie ein Büffelkarren. Land ohne Maßstäbe, dachte Navarre, der Kavallerist, dem die mechanisierte Kriegführung vorschwebte, die alles hinwegfegende Offensive mit der stählernen Faust der Panzer und Haubitzen.

Wo soll man hier Panzer einsetzen? Es ist nicht das Gelände dafür. Artillerie? Eine Hundearbeit, Geschütze zu transportieren! Er begann sich vorzustellen, wie einem Infanteristen zumute sein mußte, der in diesem Gewirr von uralten Bäumen, Lianen, Gebüsch und fauligem Unterholz ein Deckungsloch grub. Und was tat er, um nicht nur persönlichen Schutz zu haben, sondern auch noch ein Schußfeld? Selbst Motorsägen würden Schwierigkeiten haben …

«Da unten sitzen sie», machte der Pilot ihn aufmerksam, «irgendwo. Sogar unsere besten Aufklärer bringen nur selten brauchbare Aufnahmen mit nach Hause.»

«Meister der Tarnung. Ich habe davon gehört!»

«Nicht nur das. Sie haben ein System entwickelt, selbst größere Truppenteile so zu verstecken, daß man nicht einmal ein paar Reifenspuren sieht.»

«Was haben sie denn mit Reifen?» erkundigte sich Navarre ironisch. «Büffelkarren?»

«Fahrräder», antwortete der Pilot. Er flog, weil der General es so wollte, in etwa sechshundert Meter Höhe, und ihm war nicht sehr wohl dabei. «Neben den Fahrrädern haben sie so ziemlich alles, was die Amerikaner in Korea liegenlassen mußten. Die Chinesen haben es zusammengelesen und den Vietminh gespendet: 105-mm-Haubitzen, 81-mm-Granatwerfer, rückstoßfreie Geschütze, Bazookas, und Unmengen von Munition für jeden Zweck.»

«Flugzeuge?»

«Keine. Aber 37-mm-Flak. Unangenehm.»

Der General wurde auf ein schmales bräunliches Band aufmerksam, das westwärts verlief. Der Pilot erklärte ihm, es sei die Straße nach Lai Chau. Befahrbar zwar, aber von Vietminh-Kommandos beherrscht, die jedem Konvoi verlustreiche Hinterhalte zu legen pflegten. Lai Chau war der letzte größere französische Stützpunkt im Nordwesten. Als der Ort zu sehen war, die Erdaufwürfe der Befestigungen, das Zickzackgewirr der Verbindungsgräben, die MG-Nester, ließ Navarre die Maschine ein paar Runden fliegen und sah immer wieder unschlüssig auf die Karte, die er auf den Knien ausgebreitet hatte. Schließlich bemerkte er zu dem Piloten, der den Krieg aus jahrelanger Erfahrung kannte: «Wer mit stärkeren Kräften nach Laos will, muß Lai Chau überwinden, soviel steht fest!»

«Er kann auch achtzig Kilometer weiter südlich operieren. Bei Dien Bien Phu. Gehörte mal uns. Außenposten. Habe gehört, jetzt soll dort ein Vietminh-Regiment liegen.»

«Dien Bien Phu?» Der General suchte auf seiner Karte, bis er den Ort gefunden hatte.

Der Pilot klärte ihn auf: «Heißt wörtlich übersetzt ‹Große Kreisstadt an der Landesgrenze›. Weniger eine Stadt. Eben so eine Häufung von Siedlungen in einem ziemlich geräumigen Tal. Die Straße, die Sie jetzt sehen, mon Général, da unten, dieser lächerliche Wanderweg, den man stellenweise nicht sieht, weil er zugewachsen ist, das ist die sogenannte Pavie-Piste. Beginnt bei Lai Chau und führt über Dien Bien Phu nach Laos. Wurde von einem gewissen Monsieur Pavie abgesteckt, der hier oben residierte, als die Thai das Gebiet besetzten. Lange her. Der Pfad endet irgendwo in der Nähe von Muong Khoua. Laos. Da haben wir einen Stützpunkt, wie den in Lai Chau. Muong Khoua fiel am 18. Mai den Pathet Lao in die Hände, aber inzwischen gehört es wieder uns …»

«Einen Tag, bevor ich in Saigon eintraf», sinnierte Navarre.

Der Pilot zeigte ihm Muong Khoua auf der Karte, dann tippte er auf Lai Chau, und zuletzt auf einen etwa 150 Kilometer weiter östlich gelegenen Punkt, bei dem der Name Na San stand. «Das wären die drei wichtigsten Bollwerke, um den Vietminh den Weg nach Laos zu verlegen. Wenn wir das Gebiet zwischen ihnen kontrollieren könnten, kämen nur noch Einzelreisende mit leichtem Gepäck nach Laos durch. Allerdings ist Muong Khoua so gut wie völlig abgeschnürt.»

«Wir können nur noch mit Lai Chau und Na San ernsthaft rechnen, wie?»

«So ist es. Fliegen wir Na San an, mon Général?»

«Ich möchte es sehen, ja.» Navarre dachte daran, daß er erst vor einigen Tagen wieder aus Paris die Order erhalten hatte,

Laos unbedingt zu sichern, egal, wie er es anfing. Muong Khoua werden wir nicht mehr lange halten können. Es zu versorgen, überfordert unsere Nachschubdienste. Lai Chau müssen wir halten. Das ist ein Eckpfeiler des Tores nach Laos sozusagen. Wenn wir dazu, und außer diesem Na San, im Westen noch einen Stützpunkt hätten, wären wir in der Lage, aus einem strategischen Dreieck Fernpatrouillen zwischen den einzelnen Punkten auszuschicken. Dien Bien Phu. Warum haben wir das verloren? Ein großer Platz. Wie konnte man den aufgeben? Genug Raum für Truppen, schwere Waffen, einen Flugplatz, der die Versorgung garantiert, wenn die Landwege verschlossen sind. Hätten wir heute Dien Bien Phu, dann wäre das strategische Dreieck wieder vollständig, und es ergäbe sich hier für die Vietminh eine tödliche Falle! Er blickte aus der Kanzel. Die Maschine stieg.

«Warum gehen wir höher?» fuhr er den Piloten an. «Ich entsinne mich nicht, das befohlen zu haben!»

Gehorsam ging der Pilot wieder auf die vorherige Höhe zurück. Aber er sagte nicht sehr freundlich: «Da unten, mon Général, kommt Moc Chau. Dort haben die Vietminh Flak stehen.»

Navarre war entschlossen, die paar MG-Salven, die vielleicht irgendein barfüßiger Freischärler abfeuerte, nicht ernst zu nehmen. Vermutlich gab es sie gar nicht, es gab nur die Vorsicht des Piloten. Auch einer von denen, die nicht den Ehrgeiz hatten, zu kämpfen, sondern sich lediglich unbeschädigt über die Zeit bringen wollten. Noch während er über diese Mischung von Kleinmut und Spekulationsgeist innerlich grollte, schlugen von unten kommende Geschosse plötzlich Blechfetzen aus der linken Tragfläche.

Der Pilot trimmte die Maschine, die ins Torkeln geriet, aus und warf einen Blick auf Navarre. Der schwieg. Demonstrierte Desinteresse an jemandem, der vermutlich mit einem jahrzehntealten Maschinengewehr die «Dakota» beschoß. Erst als unter einer genauer sitzenden Garbe die Scheiben der Glaskanzel splitterten, nickte der General dem Piloten zu. «Höher!»

Als sie über Na San ankamen, dem in den Wald gehauenen Stützpunkt, der an die Forts in Indianerfilmen erinnerte, begnügte sich Navarre mit einer Runde. Dann akzeptierte er den

Vorschlag des Piloten, zwischenzulanden und die Maschine auf Beschädigungen untersuchen zu lassen.

Oberst Berteil, der Kommandant von Na San, ein Mann, der es verstand, seine Strebsamkeit hinter einer aufgetragenen Zurückhaltung zu verstecken, führte den General, während Mechaniker die «Dakota» abklopften, durch die Stellungen. Tiefe Gräben, Sandsackbarrikaden für MGs, holzgedeckte Unterstände, halb in die Erde getriebene Depots, in denen Munition und Material gelagert waren, ein paar flache Holzbauten, in denen die dienstfreie Besatzung hauste.

Berteil, der hier den Fallschirmjägerobersten Gilles abgelöst hatte, nachdem dieser Na San gegen verschiedene Angriffe zu verteidigen gezwungen gewesen war, führte ein straffes Kommando. Das konnte Navarre auf Anhieb erkennen. Er merkte sich diesen Mann für künftige Aufgaben vor.

Na San war arg mitgenommen, wenn man genauer hinsah. Zwar waren die Geschütze und Maschinengewehre, die Granatwerfer und MGs intakt, aber das Gelände erinnerte an einen Sturzacker. Immer wieder während der Besichtigung riet Berteil dem General, sich tief zu ducken, die bewaldeten Hänge rings um den Stützpunkt steckten voller Vietminh, die jede Bewegung beobachteten.

Im vergangenen Dezember hatte es hier die letzten schweren Kämpfe gegeben. Aber der Stützpunkt hatte sich halten können. Navarre empfand das als eine beachtliche Leistung. Berteil dämpfte seine Begeisterung, indem er ihn vorsichtig darauf hinwies: «Mon Général, ich übernahm das Kommando von Gilles. Er gestand mir, er sei sich wie ein Fuchs in seinem Loch vorgekommen, um das die Jäger lauern. Inzwischen habe ich dieses Gefühl ebenfalls.»

«Aber Sie haben ausgehalten!»

«Mit Verlaub», sagte Berteil, «wenn die Vietminh tatsächlich alles eingesetzt hätten, um uns auszuräuchern, dann hätten sie es geschafft. Sie haben statt dessen auf lang dauernde Zermürbung gesetzt, das ist zu erkennen. Wir sind isoliert. Haben keinen Einfluß auf den weiteren Fortgang des Krieges. Keine Patrouille kann sich über unsere Drahthindernisse hinauswagen. Meine

Männer sind Nervenbündel geworden. Vergangene Nacht habe ich wieder drei ins Lazarett schaffen lassen müssen. Tobsucht, tropische.»

«Wie das?» Navarre stieß unwirsch mit seinem Gehstock, der bei höheren Offizieren in Vietnam zu einer Art modischem Statuszeichen geworden war, in einen Erdaufwurf.

«Die Vietminh schleichen in der Dunkelheit bis auf ein paar Dutzend Meter an unsere Posten heran und rufen: ‹Komm heraus, Franzose, kämpfe! Wir wollen dich endlich töten!›»

Zu klein, dachte Navarre, als er den Stützpunkt überblickte. Schon aus der Luft war ihm die Ausdehnung zu gering vorgekommen. Der Eindruck festigte sich nun. So viele Männer, die so wenig Territorium beherrschten und dabei gegnerischem Feuer ausgesetzt waren – das sollte nicht die Art sein, in der wir kämpfen! Wir müssen aus der Bewegung heraus zuschlagen können, dann sind wir gut und überlegen. Doch hier ist keine Bewegung möglich, hier sind gewissermaßen die Ellbogen an den Körper gepreßt. Das Territorium unserer festen Punkte muß größer sein. Viele Quadratkilometer brauchen wir, in denen wir operieren können, ausholen zum Schlag. Na San ist dafür nicht geeignet. Es läßt sich auch nicht erweitern. Wir müßten ganze Urwälder niederlegen, Schußfeld schaffen. Unmöglich, hier.

Navarre sagte es Berteil nicht, aber er entschloß sich während dieser Besichtigung, Na San aufzugeben. Eine nutzlose Art, Truppen zu binden. Er erinnerte sich an die weiträumige Mulde von Dien Bien Phu, die er kurz zuvor aus der Luft hatte sehen können. Dort sollte man operieren können! Dien Bien Phu müssen wir haben. Der Gedanke setzte sich in Navarres Kopf fest. Dien Bien Phu und Lai Chau, dazwischen Fernpatrouillen, die den Vietminh den Weg nach Laos verlegten, an der entscheidenden Stelle. Das erschien ihm als Lösung, um den generellen Befehl aus Paris zu erfüllen und Laos, mit dessen König Frankreich einen «Beistandspakt» hatte, vor dem Einfluß der Vietminh zu sichern. Kein strategisches Dreieck, sondern zwei Eckpfeiler, zwischen denen kein Durchkommen sein durfte.

Tief in Gedanken versunken, flog Navarre nach Hanoi zurück. Cogny kündigte er an, man werde Na San in absehbarer Zeit blitzartig räumen. Der neuernannte Divisionsgeneral wiegte den

Kopf, als Navarre ihm seine Meinung über Dien Bien Phu schilderte. Er versuchte zu scherzen: «Wenn dieses verdammte Na San Räder hätte, könnten wir es einfach nach Dien Bien Phu rollen ...»

Navarre faßte es weniger als Scherz auf; er sah darin die Zustimmung Cognys zu seinem Plan. Und er beauftragte ihn, zwei Aufgaben ins Auge zu fassen: Na San zu räumen und dann noch einen überraschenden Schlag gegen das tiefe Hinterland der Vietminh hoch im Norden zu führen, um Durcheinander in ihren Materialnachschub zu bringen, sie zu beschäftigen, während das Fernziel anvisiert wurde: der Ausbau Dien Bien Phus zum beherrschenden Stützpunkt, an dem sich die Vietminh die Köpfe einrennen sollten.

Wenn sie so reagierten, würden sie dort Kräfte zu einer größeren Feldschlacht versammeln. Das war die Chance, alle Überlegenheitsfaktoren der französischen Armee auszuspielen und den Vietminh die vernichtende Niederlage beizubringen, die sie zum Einlenken zwang. Er, Navarre, würde demnächst nach Paris reisen, um dort sein Konzept vorzutragen und die nötigen Verstärkungen anzufordern. Inzwischen hatte Cogny zu handeln. Der Schlag gegen die Vietminh-Logistik hatte dabei Vorrang; die Nachricht davon würde in Paris unterstützend wirken.

Paris bot um die Frühsommerzeit des Jahres 1953 ein ziemliches Chaos, wenn man es aus der Perspektive der Politik betrachtete. Das Land war wirtschaftlich am Ende seiner Kräfte und dabei mit einem Krieg belastet. Ministerpräsident Mayer war gestürzt, der als Ersatz bestallte Joseph Laniel wurde selbst von sehr gutwilligen Leuten nur als Lückenbüßer betrachtet. Politische Entscheidungen zu fällen wurde immer komplizierter. Frankreich erlebte die tiefste Krise seit dem Neubeginn 1945.

Als General Navarre dem neuen Ministerpräsidenten von Saigon aus mitteilte, er bereite sich auf eine Reise nach Paris vor, um ihm seinen Plan für das weitere Vorgehen in Indochina darzulegen und zugleich notwendige Verstärkungen anzufordern, kam aus Laniels Sekretariat die Zurechtweisung, man halte es nicht für angebracht, daß der Oberkommandierende seinen neuen Posten schon vier Wochen nach Dienstantritt wieder verlasse. Als Navarre, der sich gerade für die Konferenz mit seinem Indochina-Generalstab in Saigon rüstete, auf der er seinen engsten Mitarbeitern die Planung für die nächsten Schritte im Feldzug unterbreiten wollte, das Fernschreiben aus Paris übergeben wurde, hielt er es hoch und fragte seinen Adjutanten: «Laniel? Wer ist Herr Laniel? Jemals von jemandem dieses Namens gehört?»

Der Adjutant wagte keine Antwort. Da legte Navarre das Papier, das er nur an einer Ecke mit zwei Fingern gefaßt hatte, als sei es schmutzig, betont lässig weg und erklärte: «Meine Reise nach Paris wird vorbereitet. Wo kämen wir hin, wenn irgendein Zivilist, der nun gerade einmal gewählt wurde, einem französischen General vorschreibt, was für seinen Kriegsschauplatz wichtig ist und was nicht. Wir werden diesmal aufpassen, daß nicht wieder solche Volksfrontsitten bei uns einreißen!»

Wenig später erläuterte er dem Indochina-Generalstab seine Entschlüsse. Sie wurden – obwohl noch nicht schriftlich fixiert – fortan als «Navarre-Plan» bezeichnet. Henri Navarre, nicht sehr groß von Wuchs, aber voller Energie, ein Mann, der Widerspruch nicht schätzte, legte auch wenig Wert auf eine Diskussion seiner Entscheidungen – er teilte sie seinen Generalstäblern als Weisungen mit.

«Ich bin zu der Auffassung gelangt, daß wir im Norden und Nordwesten eine möglichst bewegliche Barriere zwischen das Kerngebiet der Vietminh und deren laotische Verbündete legen müssen. Dadurch halten wir ihre Kräfte gespalten. Lai Chau muß zu diesem Zweck verstärkt werden. Das aufgegebene Becken von Dien Bien Phu müssen wir wieder besetzen und befestigen. Zwischen den beiden befestigten Punkten muß durch ständige Patrouillen gleichsam ein Riegel entstehen. Weitere Vorstöße sollten das Gelände bis weit nach Laos hinein für die Vietminh unsicher machen ...»

Er pausierte nur kurz, um die beiden Orte auf der Kriegskarte zu bezeichnen. Dann wandte er sich einer anderen Gegend des Landes zu, der engsten Stelle in Zentralvietnam, zwischen dem 17. und 18. Breitengrad.

«Hier, meine Herren, liegt ein neuralgischer Punkt. Wir müssen ihn beseitigen. Die Straße Nr. 1, die hier in Nord-Süd-Richtung verläuft, ist die einzige ernst zu nehmende Verkehrsader in diesem Flaschenhals. Gegenwärtig haben wir sie nicht im Besitz. Wir müssen sie den Vietminh entreißen, erstens, um sie wieder für französische Transporte zu nutzen, und zweitens, um sie für die Verschiebung von Vietminh-Verbänden zu sperren, etwa nordwärts, wenn wir dort mit der Dezimierung der Kerngebiete der Vietminh beginnen …»

Als nächstes widmete er sich der Lage im zentralen Hochland. Er erachtete es für möglich, größere Teile dieses Gebietes durch Einheiten einheimischer Söldner sichern zu lassen. Das Rückgrat sollten mobile französische Kampfgruppen liefern. Auf diese Weise könnten auch aus dem Hochland immer mehr französische Truppen abgezogen und für Kommandoaktionen und Offensiven gegen das nördliche Kerngebiet der Vietminh eingesetzt werden. Überhaupt, so betonte Navarre, sollten alle jene Gebiete des Landes, in denen die Vietminh nicht operativ wären, fortschreitend durch vietnamesische Söldner in französischen Diensten gesichert werden, damit sich die französischen Truppen einschließlich der Fremdenlegion fortan lediglich auf offensives Zuschlagen konzentrieren könnten, strategisch also in die Offensive kämen. Dies sei der Hauptpunkt seiner Überlegungen: den Krieg durch französische Angriffstätigkeit zu entscheiden, statt wie bisher, in der Verteidigung des gerade noch haltbaren Territoriums zu verharren.

«Zurück zum Nordwesten», sagte Navarre dann. Die Stimme des stets um schneidige Haltung bemühten Kavallerieoffiziers wurde scharf. «Es gibt Anzeichen dafür, daß die Kommunisten uns dort am heftigsten bekämpfen werden. Schließlich ist dieses Gebiet ihr wichtigstes Hinterland. Also – wir legen es bewußt darauf an, daß sie sich mit stärkeren Kräften, möglichst mit dem Kern ihrer Armee, bei Lai Chau oder bei Dien Bien Phu oder überhaupt in dieser Gegend zum Kampf stellen. Tun sie das, können wir unsere materielle Überlegenheit voll ausspielen und sie buchstäblich zum Verhandlungstisch prügeln. Dort haben sie dann zu unterschreiben, was wir ihnen vorlegen. Wir. Übrigens, sollten sie sich entschließen, uns eine Entscheidungsschlacht im Delta des Roten Flusses zu liefern, können wir auch dort durch schnelles Verlegen mobiler Kräfte mit Übermacht reagieren …»

Ein bebrillter Herr in der bescheidenen Uniform eines US-Colonels, der sich im Hintergrund hielt, war mit Navarres Darlegungen sehr einverstanden. Man hatte am Abend zuvor im Hauptquartier der US-MAAG (Militärische Hilfs- und Beratungsgruppe) schon über Einzelheiten gesprochen. Es gab Bedingungen, unter denen Amerika sein Engagement weiter steigern würde, und Navarre war bereit, sie zu erfüllen. So würden jetzt Träger der 7. US-Flotte auf den Golf von Tongking zulaufen, um bereitzustehen, wenn Lufttransportraum benötigt wurde.

Gleichzeitig hatte Navarre zugesagt, sich absolut taub zu stellen, wenn man in Paris etwa die Frage an ihn herantragen sollte, weshalb die Produktionskapazität der französischen Fabriken in Vietnam weiter sank, weshalb immer mehr Unternehmer ihre Betriebe verlegten, oder – was schlimmer war – sie an Strohmänner amerikanischer Konzerne verkauften, die sie zunächst stillegten, bis die Verhältnisse im Lande wieder Profit zuließen.

Die Bank von Indochina, eines der finanzkräftigsten Unternehmen Frankreichs in Asien, baute ab, verlegte ihren Kapitalbestand nach Madagaskar. Automatisch traten bisher unscheinbare andere Banken an ihre Stelle. Es war längst in eingeweihten Kreisen bekannt, daß hinter ihnen US-amerikanisches Kapital stand. Die Zukunft zeichnete sich ab: Frankreich sollte den Krieg mit dem Blut seiner Soldaten und dem Stahlblech, dem Napalm seiner US-Verbündeten zu einem Ende bringen. Daraufhin würde dann das ausgeruhte, geschäftlich bereits gut etablierte US-Amerika die Regie übernehmen.

Navarre kannte diese Zusammenhänge. Aber er redete sich ein, Militär zu sein, nicht Politiker, und er konnte seine Aufgaben nur mit Hilfe der USA erfüllen. Mochten sich die Politiker um die Konsequenzen kümmern, die gingen ihn nichts an. Als er die Stabsberatung beendete, wünschte ihm der Herr Chefberater der US-MAAG an der Tür, wo er auf ihn wartete, einen guten Flug nach Paris.

Cogny, mürrisch, weil er aus seinen Delta-Stellungen Truppen für die Aktion gegen den Vietminh-Nachschub würde abzweigen müssen, aber auch für die spätere Besetzung von Dien Bien Phu, versprach Navarre nochmals, daß er in spätestens zehn Tagen weit oben im Norden zuschlagen werde. Dann legte er die

Hand ans Képi, was er so gern tat, nur daß bei dieser Verabschiedung nach der Stabsbesprechung niemand fotografierte, weil das alles höchst geheim war.

Es waren auch keine Fotografen da, als General Navarre in Orly eintraf. Der General stieg auf dem Pariser Flughafen in einen Wagen des Generalstabs, wurde zu seiner Wohnung gefahren, und am nächsten Morgen von Laniel empfangen. Der hörte sich den Bericht über die Indochina-Kriegsplanung mit relativ geringem Interesse an. Er verstand nichts von Kriegsführung, aber er hatte wohl auch keine Lust, sich mit dem General anzulegen. Deshalb beschränkte er sich auf Kenntnisnahme der Absicht Navarres. Als der General ihm die Forderungen vorlegte, die er für die Weiterführung des Krieges hatte, verwies ihn Laniel an die Chefs der Streitkräfte.

Von da an begann Navarre seinen Bittgang, bei dem es ihm um eine entscheidende Aufstockung seines Potentials in Vietnam ging. Er beantragte an Verstärkungen:
12 Infanteriebataillone,
1 Fallschirmjägerabteilung,
3000 Offiziere und Unteroffiziere, zur Verstärkung der mittleren und unteren Kommandoebenen,
100 gepanzerte Transportfahrzeuge,
50 flußgängige Kanonenboote und
1 Flugzeugträger mit Schlachtflugzeugen.

Während Navarre in Paris von einem Stab zum anderen fuhr und seine Wünsche vortrug, die meist schweigend, mit einem bedauernden Lächeln entgegengenommen und dann als «zu hoch» bezeichnet wurden, ließ Cogny in Hanoi zwei Bataillone Fallschirmjäger in «Dakota»-Maschinen verfrachten und unter dem Kommando der Obersten Bigeard und Ducourneau in Richtung Lang Son fliegen, einer kleinen Stadt unweit der Grenze zur Volksrepublik China. Alle Agentenberichte besagten, daß über Lang Son Nachschub an Militärgütern zu den Vietminh floß. Zuletzt hatte eine kleine «Mouchard» – die von den Morane-Werken nachgebaute Fieseler «Storch» – Luftaufnahmen von einer zerklüfteten, dicht bewaldeten Berggegend mitgebracht, in der sich nach Meinung der Auswerter der Umschlagplatz für den

Nachschub befand. Gemäß dem Befehl Navarres, der aus Publicity-Gründen eine spektakuläre Kommandoaktion gegen das Kernland der Vietminh brauchte, während er sich in Paris aufhielt, hatte Cogny das Unternehmen anlaufen lassen. Es würde, selbst wenn es sonst nichts bewirkte, wenigstens Navarre als Argumentationshilfe dienen.

Die Maschinen setzten die Männer auf sehr engem Raum ab, um konzentrierte Vorstöße zu erleichtern. Als die Soldaten ihre Fallschirme eingerollt hatten und sich umsahen, entdeckten sie im dunstigen Morgenlicht des 18. Juli 1953, eines Tages, der heiß zu werden versprach, zunächst keinen einzigen Vietnamesen. Kein Schuß fiel. Erst als die Züge auf das von den Aufklärern bezeichnete Gebiet vorrückten, in dem es Felshöhlen und Schluchten gab, wurden vereinzelt Bauern auf den Reisfeldern gesichtet und ohne Anruf erschossen. Cogny hatte für die Aktion «Carte Blanche» angesagt, das hieß, es wurde keine Rücksicht auf Zivilpersonen genommen.

In den Höhlen fanden sich eine Anzahl reparaturbedürftiger US-amerikanischer Maschinengewehre, etwas Munition, ein paar Kisten mit Panzergranaten und einiges an Handfeuerwaffen. Die Höhlen wurden gesprengt. Weiteres Suchen ergab nichts. Auch zeigte sich selbst spät am Nachmittag noch kein Gegner.

Trotz strenger Geheimhaltung war die Vorbereitung dem Oberkommando der Volksarmee nicht unbekannt geblieben, und es war der Befehl ergangen, den französischen Stoß ins Leere laufen zu lassen. Man praktizierte den altbewährten Grundsatz, sich nicht auf jedes Gefecht einzulassen, das der Gegner anbot, sondern eigene Schläge dort zu konzentrieren, wo sie den größten Erfolg versprachen.

Cogny, durch die Umstände, die sich nach dem Absprung ergaben, mißtrauisch geworden, sah die Aufgabe als erfüllt an und befahl den Rückzug. Er ließ ein weiteres Bataillon Fallschirmjäger an der von Lang Son südwärts führenden Straße bei Loc Binh absetzen, das den Rückmarsch decken sollte. Es wäre nicht notwendig gewesen, denn die Kolonne wurde nicht angegriffen. In drückender Hitze brachte sie den langen Weg nach Hanoi hinter sich, ohne noch einen Schuß abgeben zu müssen. Cogny sprach in seinem Bericht an die Presse von einem «unheimlichen und unberechenbaren Gegner». Aber er ließ verlauten, sein Kommando habe unübersehbare Mengen Kriegsmaterial zerstört, unter anderem mehr als 8000 Maschinengewehre.

«Wissen Sie, was es bedeutet, achttausend Maschinengewehre eines solchen Gegners zu vernichten, meine Herren?» fragte General Navarre rhetorisch in Paris die Abgeordneten, vor denen er Vortrag zu halten hatte. Er bekam ein paar anerkennende Blicke als Antwort, keinen Beifall.

Navarre, der wegen seiner Anforderungen am 24. Juli vor den Nationalen Verteidigungsausschuß geladen war, machte aus der Aktion Lang Son eine großartige Erfolgsgeschichte. Die erhoffte Wirkung blieb allerdings aus: Niemand wandte zwar etwas gegen seinen Plan ein, aber der Verteidigungsminister bewilligte ihm – nachdem der Ausschuß beraten hatte – nur neun Bataillone Infanterie als Verstärkung. Keine Artillerie, kein Flugzeugträger. Ministerpräsident Laniel machte Navarre auf die katastrophale Wirtschafts- und Finanzlage Frankreichs aufmerksam und teilte ihm kurz angebunden mit, er neige zu der in Paris vorherrschenden Meinung, daß es Zeit sei, diesen Krieg zu beenden. Unabhängig davon, so ließ Laniel Navarre wissen, sei er selbstverständlich nicht nur für die Sicherheit der französischen Truppen in Indochina verantwortlich, sondern auch dafür, daß Laos vom weiteren Vordringen der Vietminh bewahrt würde.

Am Tage des Abflugs von Paris wurde Navarre von einem Generalskollegen, der lange Jahre in Indochina verbracht hatte, gewarnt: «Deine Idee mit Dien Bien Phu gefällt mir nicht, Henri. Abgesehen davon, daß du andere Landesteile entblößen mußt. Bei deinem Personalbestand könntest du dort in eine grausige Klemme geraten. Erinnere dich an unsere alte Erfahrung: Ein Stützpunkt, mag er noch so schön sein, ist nichts wert, wenn seine Logistik ausschließlich von der Transportkapazität einer unzureichenden Luftflotte abhängt und von Wetterbedingungen, die katastrophal sind …»

«Und Laos?» lautete Navarres Gegenfrage.

Sein Freund wiegte den Kopf. «Es stimmt, sie haben dir da eine Aufgabe gestellt, wie man sie nur stellen kann, wenn man

Indochina entweder nie gesehen hat oder es nicht mehr sehen will!»

In Saigon angekommen, ließ Navarre den Schlag gegen die enge Stelle des Küstengebietes zwischen Huê und Quang Tri anlaufen, wo die von vielen so genannte «Freudlose Straße», die Hauptader in Nord-Süd-Richtung, gesichert werden sollte. Das Unternehmen mit dem Decknamen «Camargue» warf unverhältnismäßig starke Kräfte an einen nur wenige Kilometer langen Küstenstreifen: etwa 30 Bataillone, 2 Panzerregimenter, 2 Artillerieregimenter, 2 Amphibieneinheiten, gepanzerte Landungsboote, über 30 Transportflugzeuge und 20 Jagdbomber.

Ihnen gegenüber lag in den schwer zugänglichen Sumpfgebieten hinter dem Strand bis hin zur Truong-Son-Bergkette eine einzige Vietminh-Einheit: das kampferprobte Regiment 95.

Der tagelange Kampf, in dem Haubitzen die Erde umwühlten, Panzer jede Hütte niederwalzten, Einwohner kurzerhand erschossen wurden, hatte ein ebenso mageres Ergebnis wie das Kommando Lang Son. Es gelang nicht, das 95. Regiment der Volksarmee entscheidend anzuschlagen. Der Stoß ging ins Leere.

Navarre hieb wütend mit seiner Reitgerte gegen die Stiefel. Er führte diese Gerte auf Flügen oft bei sich; das war unter Offizieren der Kavallerie üblich, wenngleich die Kavallerie sich inzwischen zur mechanisierten Truppe gewandelt hatte. Nichts lief so, wie er es gern gehabt hätte. Er hatte in Saigon Meldungen bekommen, die von einer Verstärkung der Vietminh-Truppen um den Dschungelstützpunkt Na San sprachen. Routiniers unter den Auswertern meinten allerdings, es handle sich dabei lediglich um eine Auswechslung der Truppenteile, die man zur Auffrischung zurückziehen wollte. Wie dem auch sein mochte, Navarre war entschlossen, Na San zu räumen. Es wäre unklug, dort weiter Soldaten zu binden. Sie sollten besser anderswo eingesetzt werden, wo der Gegner zu schlagen war. Man würde ihm seine entscheidende Niederlage bei Dien Bien Phu beibringen. Dieser Gedanke beherrschte immer stärker Navarres Vorstellungen.

Er dekorierte Cogny, die beiden Oberste und einen Oberstleutnant für ihre Leistung bei Lang Son mit dem Croix de Guerre Indochina, dankte den zur Parade angetretenen Soldaten und zog sich dann sogleich mit Cogny zurück.

«Na San», begann er. Sie saßen im Club der Piloten in Gia Lam. Über ihnen rotierten träge die Flügel des großen Deckenventilators. Sie verschafften keine Kühlung mehr; der Hochsommer verwandelte das Delta des Roten Flusses in einen mörderischen Brutofen. Unablässig rann den beiden Generalen der Schweiß über die Gesichter. Sie tranken lauwarmen Tee, aber er löschte den Durst auch nicht, bestenfalls regulierte er ein wenig den Wasserhaushalt im Körper, vorausgesetzt, man schluckte die vom Sanitäter verabreichten Salzpillen dazu.

Cogny widerstrebte es, einen Stützpunkt wie Na San kampflos aufzugeben. Für ihn zählten Schlachten und Siege. Aber er mußte sich letztlich den Erwägungen Navarres anschließen: Na San band Truppen, war aber strategisch im Grunde wertlos. Da es zu schwach war, Kommandos auszuschicken, bewegte sich der Verkehr der Vietminh nach Laos, in die Provinz Sam Neua, einfach am Stützpunkt vorbei. Außerdem bestand bei einem unverhofften gegnerischen Angriff die unangenehme Verpflichtung, auch noch weitere Truppen dorthin zur Verstärkung zu entsenden, um eine Katastrophe zu verhindern.

«Leiten Sie alles ein», befahl Navarre jetzt. Er hatte sich über seine Rücksprachen in Paris bisher nur vage geäußert, bis auf die hingeworfene Bemerkung, die Politiker dort seien allesamt Verräter. «In der ersten August-Dekade muß alles abgeschlossen werden. Wir müssen Zeit behalten, uns auf die Aktion Dien Bien Phu vorzubereiten. Paris läßt uns keine Wahl. Eben hat der laotische König dort einen Besuch abgestattet. Er erholt sich nämlich an der Côte d' Azur. Volle Integration von Laos in die Französische Union. Also ...»

Cogny ließ in Windeseile den Räumungsplan für Na San ausarbeiten. Er hatte nur noch fünf Tage Zeit. Aber der Oberbefehlshaber Tongking war ein trickreicher Mann. Zunächst beschloß er, die Funkaufklärung der Vietminh um den Dschungelstützpunkt zu täuschen. Er ließ den Kommandeur von Na San wegen eines angeblich bevorstehenden gegnerischen Angriffs Verstärkungen anfordern.

Als der Funker der Vietminh-Einheit, die Na San unter Kontrolle hielt, den aufgefangenen Spruch ins Hauptquartier durchgab, löste er bei General Giap ein Lächeln aus. Er erkannte ihn als Täuschungsmanöver. Die französische Luftaufklärung konnte nicht übersehen haben, daß die um Na San gruppierten Vietminh-Truppen für einen Großangriff auf den Stützpunkt zu schwach waren. Überdies hatte es dort keine Truppenverschiebungen gegeben, die den Gegner hätten irritieren können, sah man von der Ablösung einiger Züge ab, die anderswo gebraucht wurden.

«Sie räumen Na San», erklärte Giap überzeugt. «Wollen sich entweder im Delta oder bei Lai Chau verstärken und brauchen dafür die in Na San nutzlos festliegenden Truppen. Mit dem demonstrativen Funkspruch wollen sie uns davon abhalten, einen Angriff zu wagen, während sie räumen ...»

«Und?» Ho Chi Minh hielt sich im Beratungsraum auf. «Wir könnten angreifen, jetzt, da wir wissen, daß es sich um eine Täuschung handelt. Sie dort schlagen, wo sie uns den Rücken kehren wollen.»

Giap besah sich lange die Karte. Der Vorschlag des Präsidenten war nicht so einfach von der Hand zu weisen, er beruhte auf einer bewährten Taktik der Partisanenkriegführung. Und doch riet Giap schließlich davon ab. Der August war in dieser Gegend der Monat mit der höchsten Niederschlagsmenge des Jahres. Der Wald um den Stützpunkt triefte vor Nässe. Nachts und morgens lag Dunst stundenlang wie eine zähe Decke über der Erde. Jedes Vorankommen würde zur unsäglichen Mühe für die Infanteristen der Volksarmee werden. Der Gegner hingegen verfügte über eine blechbelegte Landepiste, über die er das Ausfliegen der Besatzung in wenigen Stunden abwickeln konnte. Außerdem – kam es jetzt wirklich darauf an, dem Feind Stärke an jeder beliebigen Stelle zu demonstrieren? Wir müssen ihn über unsere wahre Schlagkraft gerade jetzt möglichst im unklaren lassen, entschied sich Giap. Wie unsere Aufklärung meldet, hat der Gegner Lai Chau ins Auge gefaßt; er will einen Riegel gegen unsere Operationen in Richtung Laos setzen. Soll er doch in dieses Abenteuer hineinlaufen, mit der Meinung, wir wären nicht einmal in der Lage, bei Na San hinter ihm her zu schießen!

Kommandeursberatung beim Oberkommandierenden. General Vo Nguyen Giap leitet den Angriff auf Dien Bien Phu

Ho Chi Minh erkannte den Hintersinn von Giaps Vorgehen sofort. Lächelnd stimmte er zu. Mochten die Kerle aus Na San verschwinden. Danach wird es ohnehin uns gehören, und sie werden südlich des Schwarzen Flusses um einen Stützpunkt ärmer sein, der nur zwanzig Kilometer von der Grenze zu Laos liegt, hinter der unsere Verbündeten operieren.

«Aber», meinte der Präsident, «es wird gut sein, wenn wir um Lai Chau stärker werden, für den Fall, daß sie sich dort weiter ausbreiten wollen ...»

Giap schlug überraschend vor: «Warum nicht in absehbarer Zeit Lai Chau erobern? Wir könnten Kräfte dafür zusammenziehen. Dann würden sie mit ihrem Riegel auf die Nase fallen, und sie hätten hier oben so gut wie ausgespielt!»

Ho Chi Minh trat an die Karte. Giap zeigte ihm die Basen der eigenen Divisionen. Nach einer Weile äußerte sich Ho Chi Minh: «Ich finde den Vorschlag ausgezeichnet. Nur eine Frage – was tun wir, wenn die Propaganda für diesen Riegel auch nur Irreführung ist und sie im Delta losschlagen, sobald wir uns hier konzentrieren?»

Wenn Giap Vorschläge äußerte, waren sie bis ins letzte durchdacht. Er hatte in vielen Jahren des Befreiungskrieges gelernt, daß Flexibilität, schnelles Umstellen auf neue Situationen und blitzartiges Verändern der Taktik wesentlich für den Sieg waren. Jetzt vertraute er Ho Chi Minh, der die Fähigkeiten seines Oberkommandierenden hoch einschätzte, einen Gedanken an, mit dem er sich herumschlug: «Natürlich ist es möglich, daß sie das tun. Nur – wir werden unsere Positionen im Delta nicht schwächen, wenn wir hier oben mit ihnen zu kämpfen haben. Im Delta haben wir eine Partisanenarmee mit leichtem Gepäck, sehr mobil – heute hier, morgen dort. Sie ist stark genug, sich im Delta zu halten. Hier oben aber, wenn der Gegner seine Elitetruppen herwirft, werden wir unsere regulären Divisionen brauchen, Genosse Präsident. Meine Idee ist, den Gegner bei Lai Chau zu kitzeln. Auf das, was er dann tut, stellen wir uns ein. Schnell.»

Sie unterhielten sich noch lange. Inzwischen war in der Einheit, die um Na San gruppiert war, schon der Befehl eingetroffen, sich absolut ruhig zu verhalten, wenn der Gegner abzog.

Die ersten «Dakotas» erschienen über dem Dschungelstützpunkt, als die mit Lochblechen ausgelegte Piste gerade unter den Dunstschwaden des Morgennebels sichtbar wurde. Soldaten in getigerten Kampfanzügen sprangen heraus, stellten viel Lärm an, als ob sich ganze Bataillone einfänden. Eine Stunde später – die zuerst gelandeten Fallschirmjäger hatten inzwischen die Stellungen besetzt – begann der Abtransport: Menschen, Geschütze, zerlegbares Material.

Auf den Hügelketten ringsum fiel kein Schuß. Waren die Vietminh abgezogen? Hatten sie sich vor dem Regen verkrochen? Oder war gar eine Epidemie ausgebrochen, die sie lähmte?

Die CAT-Piloten, Angehörige der seit den dreißiger Jahren in China operierenden US-amerikanischen «Freiwilligen Fliegergruppe», die sich einst hochtrabend «Flying Tigers» genannt hatte, dann wieder schlicht und offen als 14. Luftflotte der USA deklariert wurde und gegenwärtig in Taiwan unter dem Namen «Civilian Air Transport» registriert war, hatten als erprobte Söldner vieler Kriege in Asien einen Instinkt für gefährliche Situationen. Man hatte sie mit ihren schnelleren, moderneren B-26-Maschinen für das Ausfliegen eingesetzt. Sie waren überhaupt eine der versteckten Trumpfkarten des französischen Oberkommandos – niemand registrierte sie, und die USA kamen für ihre Kosten auf. Nun, da sie in der gespenstischen Stille zwischen den von Vietminh-Truppen beherrschten Hügeln landeten, verließ sie ihr Instinkt. Sie fühlten sich von überallher beobachtet. Kurzerhand forderten sie bei ihrem Dispatcher in Gia Lam eine Staffel «Hellcat»-Schlachtflugzeuge an, die, sich ablösend, Tiefangriffe gegen die schweigsamen Höhen um Na San flogen. Aber sie erhielten nicht einmal Abwehrfeuer.

Am Abend des 11. August 1953 stürzte ein Tropengewitter auf Na San nieder. Das Krachen der Splitterbomben ging im Donner des Unwetters unter. Auf der Piste standen noch drei «Dakotas». Unter ihren Tragflächen drängten sich die letzten Soldaten der Sprengkommandos, die die Unterkünfte, Reste von Munitionslagern und ausrangiertes Material aller Art vermint hatten.

Die «Dakotas» konnten erst eine Stunde nach Einbruch der Dunkelheit starten, als der sintflutartige Regen endlich nachließ. In sechshundert Meter Höhe zündeten die Sprengleute über Funk die Ladungen, von denen ein großer Teil durch die Nässe inzwischen unbrauchbar geworden war und nicht hochging. Danach gab es den französischen Stützpunkt Na San nicht mehr.

Keng, der Unsichtbare

Die Thai, Angehörige einer nationalen Minderheit, die in Him Lam wohnten, einer der vielen Siedlungen, die zusammengenommen Dien Bien Phu ausmachten, nannten ihn den Unsichtbaren, weil sie des öfteren beobachtet hatten, wie er von seinem Quartier aufbrach, den Nam Youm durchwatete, der an dieser Stelle seicht war, und jenseits des Flusses plötzlich verschwand. Niemand konnte dann verfolgen, wohin er ging, keine Bewegung mehr, kein Blitzen seines Gewehrlaufs. Keng strebte den Hügeln zu, die hier an ihrem Fuße dicht bewachsen waren mit allerlei Unterholz, aber auch mit Arekapalmen und Bambus. Auf halber Höhe hatte Keng einen Beobachtungsstand. Niemand aus der Siedlung wußte, daß der kleine, schmächtige Bursche, der den Thai erzählte, er sei in Haiphong aufgewachsen, dort am Meer eine wichtige Aufgabe erfüllte.

Hätten die Thai, die die Ebene zwischen den Hügeln bewohnten, die Stelle gesehen, an der Keng verschwand, wären sie um so verwunderter gewesen, weil dieser «Meeresmensch» sich offenbar in den bewaldeten Höhen um Dien Bien Phu wie zu Hause fühlte. Er hatte in eine der unzähligen Kuppen ein Deckungsloch gegraben, in dem er verschwinden konnte. Wenn er es von innen mit Grasbatzen abdeckte, die auf einem Brett lagen, vermochte selbst ein unmittelbar daran Vorbeiziehender das Versteck kaum zu entdecken. Keng hingegen konnte aus seiner Deckung heraus mit einem Fernglas, das einmal einem französischen Capitaine gehört hatte, nahezu die gesamte Senke, in der sich an den Ufern des träge dahinfließenden Nam Youm das Siedlungsgebiet von Dien Bien Phu befand, überblicken.

Sein Kommandeur, der mit der Leitstelle weiter nordöstlich lag, hatte ihm den Auftrag erteilt, ein wachsames Auge auf die langgestreckte Ebene zu werfen. Es war bekanntgeworden, daß die Franzosen etwas mit diesem Dien Bien Phu im Sinne hatten. Man mußte genau beobachten, was da vorging. Gab es Meldungen an die Leitstelle der vorgeschobenen· Aufklärungseinheit, brauchte Keng nur zwei trockene Bambusstücke gegeneinander zu schlagen. Das klappernde Geräusch rief einen in einem ebenso sicheren Versteck postierten Melder herbei; er hatte sein Deckungsloch nur hundert Meter oberhalb von Kengs Beobachtungsstand. Der Melder kroch dann herbei, hörte sich an, was Keng ihm mitteilte, dann verschwand er im Unterholz und überbrachte die Nachricht mündlich an den Stab. Ab und zu löste er Keng ab, wenn der in die Siedlung stieg, um dort Essen zu kaufen oder um mit einem in Him Lam lebenden Vertrauensmann Erfahrungen auszutauschen.

Inzwischen war der November zur Hälfte vorbei. Ein unfreundlicher Monat hier im Bergland. Tagsüber brannte die Sonne erbarmungslos auf die Landschaft und heizte sie auf, nachts hingegen sanken die Temperaturen tief ab. Es bildeten sich zähe feuchte Nebelschwaden, die sich manchmal bis zum Mittag zwischen den Hügeln hielten. Dann fror Keng, und er kroch aus seiner Deckung, um sich Bewegung zu verschaffen.

An einem solchen Morgen, als die Sonne sich zwischen einzelnen Nebelbänken durchkämpfte und wie durch einen Zauber an manchen Stellen im Tal sonnige, freundlich wirkende Flecken schuf, hörte er zuerst das Brummen eines Flugzeugmotors, und wenig später entdeckte er die Maschine, die über der Ebene kreiste. Es war eines jener hochbeinigen Beobachtungsflugzeuge, die eine relativ geringe Geschwindigkeit erreichten, dadurch aber intensiv aufklären und mit einer eingebauten Kamera Aufnahmen machen konnten. Der «Storch» zog etwa eine halbe Stunde lang seine Kreise über dem Tal und an den Hängen entlang. Kein Schuß fiel; das war so angeordnet. Nur das an- und abschwellende Brummen des Motors hing in der Luft. Die Tragflächen blitzten in der Sonne auf, wenn die Maschine sich in eine Kurve legte.

Nachdem das Flugzeug sich wieder entfernt hatte, schickte

Keng seine Meldung ab. Aber noch bevor der Melder zurück war, kreiste die Maschine erneut über Dien Bien Phu. Sie ging tiefer, folgte dem Verlauf des Nam Youm, schwebte dann wieder an den Hängen entlang und kam von Him Lam her auch am Versteck Kengs vorbei. Der konnte den Kopf des Piloten sehen und den eines Beobachters, der mit einem Fernglas die Hänge absuchte. Es wäre einfach gewesen, die kleine Maschine abzuschießen. Einheiten der Volksarmee lagen in gut getarnten Stellungen zwischen den Hügeln. Aber das Oberkommando hatte befohlen: still verhalten; nicht gesehen werden!

So meldete Keng an diesem Tag allein drei Flüge der fanzösischen Aufklärungsmaschine, und in den nächsten Tagen setzte sich das fort. Es kamen andere, größere Flugzeuge. Selbst eine viermotorige «Privateer» zog in größerer Höhe mehrmals über Dien Bien Phu.

Sie kehrte nach Hanoi zurück, wo der Beobachter meldete, er habe in Dien Bien Phu keine gegnerischen Truppen entdeckt.

Die Ebene zwischen den ansteigenden Hügeln, die nach und nach in unwegsames Hochland übergingen, war in ihrer Ausdehnung von Norden nach Süden etwa siebzehn Kilometer lang, und an der breitesten Stelle maß die Entfernung der östlichen von der westlichen Hügelkette fünf Kilometer. Anderswo war sie enger; dort schoben sich die Hänge bis dicht an die Siedlungen heran. Wie eine Wanne sah das aus, mit hoch aufragenden Rändern, die in schroffe Zacken ausliefen. Das waren Felsspitzen, dazwischen gab es Kalksteinschluchten, die an manchen Stellen üppig bewachsen waren. Pfade schlängelten sich in die Berge; die Leute hatten sie bei der Jagd und beim Holzsammeln getrampelt. Aber auch die Handelswege der Meos, eines Volksstammes, der traditionell in größeren Höhen siedelte, verliefen unter dem Blätterdach der Arekapalmen, des Bambus und der Riesenfarne, der Wildbananen und Kasuarinen. Sie führten abwärts, nach Dien Bien Phu.

Die Meo-Frauen trugen dunkel gefärbte Trachten mit bunten Stickereien, und sie waren reich mit Silberschmuck behangen, den sie selbst herstellten. In die Ebene kamen sie, um Salz zu tauschen, gegen Ziegen oder Hühner, sie brachten auch Tigerfelle mit oder Opium.

Die Thai, die in der Ebene lebten, zogen Vieh und betrieben Reisanbau, sie bauten auch Bataten und Maniok an, Erdnüsse und roten Pfeffer.

Früher hatte es zwischen den einzelnen Nationalitäten hier, wie auch in anderen Landesteilen Vietnams, zeitweise blutige Fehden gegeben. Seit die Nordgebiete befreit waren, bemühte sich die Volksregierung um ein friedliches Nebeneinander der einzelnen Stämme. Was es auch immer an Meinungsverschiedenheiten und Interessenkonflikten gab, es trat derzeit hinter der gemeinsamen Aufgabe zurück, sich der Franzosen zu erwehren, die das Land nicht freigeben wollten. Alles andere würde in einem freien Vietnam später nach und nach geregelt werden können.

Als Keng am Abend eines langen Beobachtungstages zur Leitstelle gerufen wurde, um dort neue Befehle zu empfangen, erfuhr er, daß für das gesamte Gebiet von Dien Bien Phu erhöhte Alarmbereitschaft angeordnet worden war. Eine Aktion des Gegners, der das Territorium lange und intensiv aus der Luft aufgeklärt hatte, sei jeden Tag zu erwarten. Auch Informationen aus Hanoi bestätigten, daß verschiedene französische Truppenteile dort für ein bislang noch nicht näher bezeichnetes Unternehmen bereitgestellt würden. Die Volksarmee vermutete eine Landung gegnerischer Truppen bei Dien Bien Phu. Sobald dies geschah, würden die in Bereitschaft liegenden Einheiten Widerstand leisten. Aber man war sich klar darüber, dieser Widerstand würde eine massive Luftlandung nicht verhindern können. Und die Franzosen konnten nur aus der Luft kommen; die Straßen hierher waren für sie nicht frei.

Das Oberkommando hatte beschlossen, es sollte der Eindruck erweckt werden, die Volksarmee wäre nicht in der Lage, die Ebene zu halten und gäbe sie daher auf, sobald der Angriff erfolgte. Deshalb war es wichtig, den Widerstand so zu organisieren, daß er möglichst geringe Verluste brachte. Keng erhielt den Auftrag, auf seinem Posten zu bleiben. Zur besseren Nachrichtenübermittlung bekam er einen zweiten Mann mit, der ein Funkgerät trug. Auch er mußte sich sofort eine sichere Deckung suchen, damit er selbst nach einer Landung des Gegners noch die Vorgänge im Tal aufklären könnte.

Der Funker hieß Quang Do, war ein junger Bursche von kleinem Wuchs, wie Keng auch, und es bereitete ihm offensichtlich Mühe, das schwere amerikanische Funkgerät zu tragen. Keng nahm ihm die Batterie, den schwersten Teil, ab, als sie zurückschlichen. Noch in der Nacht gruben sie ein neues Loch unweit von Kengs Versteck. Die Antenne legte Quang Do hangaufwärts aus. Nachdem sie den Einstieg mit frischem Grün getarnt und jedes Krümel ausgeworfener Erde unter den Gebüschen verteilt hatten, nahm der Funker Verbindung mit der Leitstelle auf. Die Verständigung war gut.

«Wo hast du das gelernt?» wollte Keng wissen.

«Im Norden. Ich bin aus Tai Nguyen. Von dort ging ich zur Volksarmee. Meine Eltern sind tot. Im letzten Krieg. Ich war nicht weit von meiner Heimatstadt entfernt stationiert, konnte manchmal Freunde besuchen, während ich ausgebildet wurde ...»

«Dafür ist es für mich zu weit», Keng lächelte. «Bis Haiphong, von hier aus, das wären viele Tage ...»

«Was hast du gelernt?»

«Bootsbauer», gab Keng zurück.

Der andere lächelte. Dann sagte er, immer noch dieses Lächeln in seinem braungebrannten Jungengesicht: «Bootsbauer, das sind die Leute, die mit schweren Hämmern umgehen, und zischenden Lötflammen. Wir hingegen hatten Schraubenzieher, deren Schaft war nicht viel stärker als ein Menschenhaar. Und meistens benutzten wir eine Lupe.»

«Bei der Funkerei?»

Quang Do schüttelte den Kopf. «Ich bin Uhrmacher. Es gibt keine französische Uhr, die ich nicht reparieren könnte!»

Am Morgen, noch bevor es hell wurde, war wieder die viermotorige «Privateer» über dem weiten Tal. Sie flog große Kreise, und Keng überlegte, daß die Besatzung da oben wegen der über der Ebene wabernden Nebelschwaden kaum etwas sehen könnte. Der Funker meinte, irgendeine Teufelei würden sie schon vorhaben. Die «Privateer», jene aus dem «Liberator»-Bomber entwickelte Version eines Fernaufklärers, war kaum verschwunden, als eine «Dakota» erschien, im Frühlicht über dem Nebel kurvte, wie ein gescheckter Höllenhund. Der Funker gab

Der französische Oberkommandierende, General Navarre (rechts), und der Oberbefehlshaber der französischen Streitkräfte in' Tongking, Cogny (Mitte), besichtigen das Tal, in in dem die «Entscheidungsschlacht gegen den vietnamesischen Kommunismus» geschlagen werden sollte

ihr Erscheinen wie zuvor das der «Privateer» an die Leitstelle durch. Das war am 20. November, gegen sechs Uhr morgens.

Am 1. November war General Cogny, der eine Villa an Hanois Kleinem See bewohnte, mit schwerem Kopf aufgewacht. Die Nacht im «Metropole» war lang gewesen, und es hatte amerikanischen Whisky gegeben, den Cogny zwar gern trank, aber nur schlecht vertrug. Er erwachte davon, daß sein Adjutant ihn rüttelte, und er knurrte sogleich einen Fluch. Der Adjutant gab keine Ruhe. Er hielt ihm einen soeben eingegangenen Bericht der Aufklärung hin, den sich Cogny weigerte zu lesen, weil die Buchstaben vor seinen Augen einen verwirrenden Tanz aufführten.

«Lies vor!» kommandierte er, während er in das neben seinem Schlafraum liegende Bad schlurfte, den Schädel unter kaltes Wasser hielt und dann lange aus seinem Zahnputzglas Leitungswasser trank, von dem die Sanitäter behaupteten, es sei hochgradig gesundheitsgefährdend.

«Die 316. Division der Vietminh ist aus ihren Stützpunktgebieten südlich des Deltas in Richtung Nordwesten unterwegs, vermutlich nach Lai Chau.»

«Hm», grunzte Cogny. Er war beinahe wach.

«Das 148. Vietminh-Regiment operiert vor Lai Chau. Ein weiteres, vermutlich das 98. wurde in der Provinz Sam Neua in Laos geortet.»

«Wußten wir schon», brummte Cogny, dessen Pyjama knapp auf dem massigen Körper saß. Er trocknete sich mit einem Handtuch das kurzgeschorene Haar. «Was noch?»

«Die 308., 312. und 351. Vietminh-Division, jedenfalls erhebliche Teile davon, befinden sich auf dem Marsch westwärts, mit Norddrall. In den Basen westlich von Tai Nguyen und nordöstlich des Deltas sind nur Teile dieser Einheiten zurückgeblieben. Zur Sicherung. Sieht so aus, als bewege sich das alles auf Lai Chau zu …»

«Auf die laotische Grenze», meinte Cogny. Er schlug auf einen an der Wand hängenden Gong. Wenig später erschien ein Soldat mit einem Tablett, darauf stand Kaffee. Cogny pflegte morgens nichts zu essen. Heute widerstrebte ihm selbst der Kaffee noch. Doch das kohlschwarze, bittere Gebräu weckte seine Lebensgeister. Er ließ sich das Fernschreiben geben und überflog es. Als er es dem Adjutanten zurückgab, brummte er dabei: «Sieht so aus, als verlagerten sie den Schwerpunkt in Richtung Laos. Kann uns recht sein, was das Delta betrifft. Allerdings wird es Navarre in seiner Absicht bestärken, daß dieser verdammte Riegel Lai Chau – Dien Bien Phu schnell geschaffen werden muß.»

Eine Stunde später, nachdem er Navarre in Saigon informiert hatte, war er sicher, daß seine Befürchtung sich bewahrheiten würde: Navarre drängte zum Handeln im Nordwesten.

Cogny war, was den Wert der sogenannten Barriere mit Dien Bien Phu und Lai Chau als Eckpfeiler betraf, von Beginn an skeptisch gewesen, vor allem weil er eine Schwächung seiner Einheiten im Delta fürchtete, von wo mit Sicherheit Truppen abgezogen werden müßten, um die neue Front zu stärken. Aber der neuernannte Divisionsgeneral war nicht der Mann, der dem

Oberbefehlshaber offen widersprochen hätte. Er stimmte vorsichtig zu, machte aber einige Vorbehalte und ließ von seinen Stabschefs militärische Analysen anfertigen, die das ganze Unternehmen im Grunde von vornherein zum Scheitern verurteilten. Von den Landstreitkräften kam der Nachweis, daß Frankreichs Truppen im ganzen Lande zusammengenommen nicht mehr die Schlagkraft hatten, von einem befestigten Stützpunkt wie Dien Bien Phu aus vermittels schwerer Fernpatrouillen die Bewegungen der Vietminh tatsächlich zu unterbinden. Zumal der Gegner nachweislich stets Mittel und Wege gefunden hatte, selbst große Einheiten an solchen sogenannten Sperrforts vorbeizubewegen, wenn er das für nötig hielt. Die Idee der Sperrforts wurde in diesem Zusammenhang überhaupt als überholt bezeichnet, und es wurde erwähnt, sie habe sich bereits im ersten Weltkrieg als unbrauchbar erwiesen. Von Lai Chau bis Dien Bien Phu verlief zwar die sogenannte Pavie-Piste. Aber dieser Pfad, der stellenweise steile Felsabstiege einschloß, durch dichtesten Urwald verlief und durch ausgetrocknete Flüsse, die in der Regenzeit Hochwasser führten, erforderte einen tagelangen Marsch von etwa hundert Kilometern, die mit Hinterhalten gespickt sein dürften. Von einem Sperriegel zu sprechen war nach Meinung der Landstreitkräfte ziemlich absurd.

Die Luftstreitkräfte, deren Maschinenzahl begrenzt war, zeigten keine Bereitschaft, ein französisch besetztes Dien Bien Phu, das mitten im Dschungel des Thai-Hochlandes lag und über Landstraßen nicht erreichbar war, zu versorgen. Oberst Nicot, der Chef des Lufttransportwesens hatte Cogny in seiner Analyse vorgerechnet, daß er nur einen Bruchteil der benötigten Lasten befördern könnte, solange es überhaupt Landemöglichkeiten in Dien Bien Phu gab. Sollten auch diese noch ausfallen, womit man immerhin rechnen mußte, würde die Versorgung per Fallschirmabwurf nicht mehr für die Bedürfnisse der Festung ausreichen. Dazu kämen die Probleme des Ausfliegens von Verletzten und Toten. Zuletzt verwies er noch auf die entscheidende Bedeutung der sich schnell ändernden Wetterbedingungen, die Flüge in einem tropischen Land wie Vietnam tagelang völlig unmöglich machen konnten.

Doch Navarre, dem Cogny die Analysen unterbreitete, hatte

seine eigenen Vorstellungen. Er teilte die Skepsis der Stabschefs nicht. Vielmehr rechnete er Cogny vor, daß größere Verbände der Vietminh im Hochland zwischen Lai Chau und Dien Bien Phu überhaupt nicht zu versorgen wären, weil sie sich zu weit entfernt von den Reisanbaugebieten befänden. Da die Vietminh kaum über Lastwagen verfügten, die vorhandenen zudem noch durch die französische Luftherrschaft schnell ausgeschaltet werden könnten, wären sie darauf angewiesen, neben Munition vor allem Verpflegung aus ihren rückwärtigen, dreihundert bis fünfhundert Kilometer entfernten Gebieten heranzuschaffen. Er war der Meinung, daß ein Träger das, was er an Reis trage, während eines solchen wochenlangen Marsches als Eigenverpflegung aufessen würde, um nicht zu verhungern. So kam er zu dem verblüffenden Schluß, selbst der Masseneinsatz von Trägerkolonnen könnte den Vietminh nichts nützen.

«Sie werden kraftlos und ohne logistische Verbindungen in einem für sie fremden Territorium stehen», sagte Navarre. «Und wir werden sie erledigen wie Fliegen mit einer zusammengefalteten Zeitung!»

So hatte Cogny mit der Ausarbeitung des Plans «Castor» begonnen, demzufolge zunächst sechs Bataillone in Dien Bien Phu abgesetzt werden sollten, um die Voraussetzungen für den Heranzug weiterer Truppen zu schaffen.

Ministerpräsident Laniel hatte Staatssekretär Jacquet von Paris nach Saigon geschickt, um den ständig nach Verstärkung telegrafierenden Navarre einerseits zu besänftigen und ihm andererseits zu erklären, daß die Verteidigung von Laos inzwischen eine gegenüber König Sisowath eingegangene staatliche Verpflichtung sei.

General Navarre schaffte sich den unbequemen Emissär vom Halse, indem er ihn jeden Tag zu einem anderen Empfang einladen ließ, was ihn ausreichend beschäftigte. Überdies war seine Botschaft in sich unlogisch gewesen: Wie sollte man mit dem ohnehin zu geringen Personalbestand, für den es keine Aufstockung gab, dieses Laos nun tatsächlich wirkungsvoll dagegen sichern, daß es sich ebenfalls rot färbte? Laniel hatte das nicht sagen können. Also, beschloß Navarre, werde ich meinen eigenen

Weg finden müssen, und dabei brauche ich keine klugredenden Zivilisten. Sollen sie giftgrüne Cocktails saufen!

Es ging Navarre im wesentlichen um Soldaten, nicht so sehr um Technik, weil die von den USA ohne Fragen bereitwillig angeliefert wurde. Selbst die neuesten Massentötungsmittel wie Napalm standen inzwischen in ausreichender Menge zur Verfügung, aus Beständen, die die US-Truppen in Korea nicht aufgebraucht hatten. Truppen allerdings konnten sie nicht schicken. Die US-Regierung fürchtete mit Recht einen internationalen Aufruhr, wenn sie ihre Einmischung, die in Korea gescheitert war, so kurz danach in Vietnam wiederholte. Also – Material und Geld. Navarre ließ, ohne daß er Jacquet auch nur informierte, die Vorbereitungen für «Castor» auf Hochtouren weiterlaufen. Der Staatssekretär erfuhr lediglich, Navarre leite geeignete militärische Maßnahmen zur Sicherung von Laos ein.

Der französische Verteidigungsminister, René Pleven, hatte sein eigenes, gut funktionierendes Informationssystem, und so kannte er in Umrissen Navarres Plan. Gleichzeitig konnte er absehen, daß der Indochinakrieg selbst durch solche Operationen kaum noch zu gewinnen war. Es würde, so mußte sich Pleven eingestehen, nichts weiter übrigbleiben, als mit diesen roten Rebellen, den Vietminh, zu verhandeln, zumal jede Forcierung des «schmutzigen Krieges» in Frankreich sogleich Massenproteste zur Folge hatte. Auf die Dauer war das nicht zu ignorieren. Und ein schneller Sieg, der vollendete Tatsachen hätte schaffen können, war nicht abzusehen.

Deshalb deutete Pleven Konteradmiral Cabanier, dem Generalsekretär des Nationalen Verteidigungsrates, vorsichtig an, er möge nach Saigon reisen und Navarre dahingehend beeinflussen, er möge nicht durch verfehlte Aktivitäten eine immer wahrscheinlicher werdende Verhandlungslösung verbauen.

Als Cabanier in Saigon eintraf, waren die Würfel, ohne daß er es ahnte, bereits gefallen. Navarre hatte soeben in Hanoi mit Cogny, Staatssekretär Jacquet und dem erst kürzlich neu ernannten Generalkommissar Dejean, sowie mit dem Ministerpräsidenten der frankreichtreuen Saigoner Bao-Dai-Regierung, Nguyen Van Tam, das Datum für den Beginn der Operation «Castor» auf den 18. November festgesetzt. Er telegrafierte an Konteradmiral

Cabanier, er möge in Saigon auf ihn warten, hier in Hanoi habe er keine Zeit für ihn.

Die Stabschefs der Streitkräfte hatten ihre Einwände vorgebracht, Navarre hatte sie zur Kenntnis genommen und dann festgestellt, er sei der Oberbefehlshaber und müsse so entscheiden, wie es für Frankreich nötig sei. Trotz der von ihm nicht geleugneten Schwierigkeiten sei er entschlossen loszuschlagen. Schwierigkeiten wären Dinge, die eine Armee zu überwinden gewohnt sei. Worauf ihm Cogny bestätigte, daß man das Ziel der Operation mit einem kleinen Quentchen Glück sogar schaffen könnte.

Der 18. November 1953 verging, ohne daß der zum Kommandeur des Unternehmens «Castor» ernannte Brigadegeneral Gilles das Zeichen zum Abflug geben konnte: Der November war in Hanoi in diesem Jahr ausnahmsweise ein unwirtlicher Monat, kühl, wolkenverhangen und neblig. Gilles, ein Fachmann für den Bewegungskrieg, den es, nachdem er lange wie ein Gefangener in Na San hatte hocken müssen, bis Berteil ihn ablöste, nach einer neuen Aufgabe drängte, bei der er sein Feldherrntalent beweisen konnte, mußte warten. Er stand stundenlang am Fenster seiner Stabsunterkunft und starrte in den trüben Himmel, allerdings nur mit einem Auge, das andere hatte er bei einem früheren Gefecht verloren. Es war durch ein Glasauge ersetzt worden. Aber es drückte, und der General trug es am liebsten in der Rocktasche. Er war so nervös, daß die Kommandeure der in Alarmbereitschaft liegenden Fallschirmbataillone nicht wagten, auch nur eine Frage an ihn zu richten.

Am 20. November sah Gilles in Gia Lam zu, wie zwei Stunden vor Tagesanbruch die Wettermaschine startete, eine mit modernen amerikanischen Instrumenten ausgerüstete «Privateer». Heute war der letzte Ausweichtermin, den Navarre für den Fall ungünstigen Wetters zum Losschlagen zugestanden hatte. Kurz entschlossen ließ Gilles noch eine «Dakota» startklar machen. Mit ihm stiegen der persönliche Stellvertreter Navarres und weitere hohe Offiziere ein. Bei Sonnenaufgang, nachdem Gilles den Funkspruch der «Privateer», daß Dien Bien Phu im Bodennebel liege, wütend zerknüllt hatte, war die «Dakota» selbst über der Ebene: eine ovale, in die Länge gezogene Krone, scharfkantig gezackt. Das waren die bis zu siebenhundert Meter hohen Bergketten um den Talkessel, der von oben aussah wie eine Schüssel voll Milchsuppe.

Gilles war entschlossen, nicht so schnell aufzugeben. Es war erst früher Morgen, da änderte sich das Wetter noch, er hatte seine Erfahrungen. Zunächst ließ er die Maschine nordwärts fliegen, bis Lai Chau. Nach einer Stunde Herumkreuzens über einer düster-grünen Erde, deren Falten in tiefer Schwärze lagen, während die Kämme in den ersten Sonnenstrahlen aufglühten, konnte er durch den Bodennebel über der Ebene von Dien Bien Phu undeutlich die Siedlungen ausmachen: Pfahlhäuser und Zäune aus Bambus und Kakteen. Der Nam Youm war jetzt sichtbar. Hier und da schimmerten gelblich ausgetrocknete Reisfelder. Reife Ähren standen da im Morgendunst, selbst das konnte Gilles erkennen.

«Haben die da unten Wind?» wandte er sich an den Piloten.

«Meiner Schätzung nach Stärke drei, Nordost.»

Das genügte Gilles. Der Wind würde die letzten Nebel aus dem Tal fegen. Und er würde die Fallschirmsoldaten nicht viel mehr als ein paar Knochenbrüche kosten. Sollten sie sehen, wie sie damit fertig wurden! Er drehte sich zu dem schräg hinter ihm sitzenden Funker um, sah auf seine Uhr und befahl dem Mann: «Spruch an Cogny. Wetter klärt auf. Start in einer Stunde ab jetzt.»

Als in Gia Lam die erste «Dakota» zum Start rollte, war es kurz nach acht Uhr früh. Man hatte von den Amerikanern noch zusätzlich einige Dutzend der zweimotorigen Arbeitspferde unter der Hand erwerben können. Jetzt saßen in jeder der Maschinen zwanzig Soldaten und vier Sergeanten, in jeder dritten ein Lieutenant. Die Flugzeuge gingen auf Höhe, formierten sich zu einer langen Kette, die über Kilometer reichte, flankiert von leichten Bombern des Typs B-26. Sie flogen Sicherung, weil die Jagdflugzeuge ohne Zusatztanks die Strecke von Gia Lam und zurück gerade schaffen würden, ohne daß ihnen Zeit über dem Ziel verblieb. Die von den Amerikanern versprochenen Zusatztanks wurden erst in den nächsten Tagen erwartet.

Der Start fand etwa um die Zeit statt, als in Saigon der Generalsekretär des Nationalen Verteidigungsrates, Konteradmiral

Cabanier, zu Navarre vorgelassen wurde. Der hörte etwas gelangweilt zu, als Cabanier ihm die Idee von den Verhandlungen entwickelte. Aber er unterbrach ihn nicht, blieb höflich.

Als der Generalsekretär geendet hatte, teilte Navarre ihm kühl mit, soeben seien die ersten drei Bataillone Fallschirmjäger über Dien Bien Phu, dem Tor nach Laos, abgesprungen. «Ich werde dort eine neue militärische Lage schaffen. Bis spätestens zum Frühjahr wird Frankreich in einer Position sein, die Verhandlungen außerordentlich erfolgversprechend macht. Wir werden die Vietminh zusammenschlagen, so daß nur noch ihre Krüppel am Verhandlungstisch erscheinen können.»

Als General Giap die Nachricht von der Landung französischer Fallschirmtruppen in Dien Bien Phu erhielt, hatte er eine Reihe komplizierter Erwägungen anzustellen, bei denen viele Gesichtspunkte berücksichtigt werden wollten. Er hatte eine unruhige Nacht verbracht. Überall in den freien Gebieten waren Truppen in der Umgruppierung oder auf dem Marsch. Das bedeutete Risiko, wenn man in Rechnung stellte, daß der Gegner über eine immerhin schlagkräftige Luftflotte verfügte. Seit dem letzten Monat waren die Truppenverschiebungen aber bei weitem nicht die einzige Maßnahme von hoher Tragweite für die Zukunft. Die Partei hatte Hunderttausende von freiwilligen Helfern mobilisiert, Männer und Frauen, die bereit waren, als Träger zu arbeiten, Munition und Verpflegung an künftige Fronten zu transportieren. In tausend Werkstätten wurden Waffen repariert oder neu hergestellt, Granaten gedreht, Gurte mit MG-Munition besteckt, überall wurden Fahrräder verstärkt, mit Traggurten versehen und mit verlängerten Lenkstangen, die es ermöglichten, schwere Lasten zu befördern. Angesichts der Wegelosigkeit der meisten Operationsgebiete und der gegnerischen Luftherrschaft waren das Fahrrad und der Rücken des «Dan Cong», des freiwilligen Helfers, die verläßlichsten Transportmittel.

Doch nicht nur diese Probleme beschäftigten General Giap. Vor wenigen Tagen war die Entscheidung der Partei und Regierung gefallen, die Truppen der Volksarmee um Lai Chau zu verstärken und sie auf Angriffsstärke zu bringen.

In Zentrallaos bereiteten sich Verbände der Volksarmee gemeinsam mit Pathet-Lao-Truppen auf die Winteroffensive vor. Weiter südlich stand der Angriff auf Attopeu bevor und auf das strategisch wichtige Bolovens-Plateau. Für Januar war die Offensive gegen Frankreichs Positionen im Zentralen Hochland geplant. Sie sollte Kontum befreien und eine gesicherte Basis im westlichen, an Laos grenzenden Teil des Hochlandes schaffen. Mit diesen für die Winterzeit vorgesehenen Operationen sollte der Gegner vor allem gezwungen werden, seine Truppen weiterhin zu verzetteln, sie auf viele Gebiete verteilen zu müssen, so daß ihm die Möglichkeit zu konzentrierten Schlägen, zur strategischen Offensive überhaupt genommen werden konnte.

Die Strategie der Volksarmee, vom Politbüro der Partei entscheidend inspiriert, ist gut, sagte sich Giap, nur darf man nicht selbstgefällig werden. Unser Gegner denkt auch, und er verfügt nicht nur über Technik, sondern gleicherweise über begabte Planer. Nun also war er in Dien Bien Phu gelandet. Man hatte es erwartet, ja. Doch es ergab sich nach dieser Landung trotzdem eine neue militärische Lage, über die zu beraten war. General Giap hinterließ seinem engen Mitarbeiter Van Tien Dung die Nachricht, er werde in einer Stunde zurück sein, dann verschwand er.

Ho Chi Minh war jederzeit bereit, mit dem Oberkommandierenden über Fragen der Strategie und Taktik zu beraten, bevor es zu Vorschlägen in den Entscheidungsgremien kam. Er hielt viel davon, die Dinge gut zu überlegen, besonders wenn Menschenleben auf dem Spiel standen, wie das bei militärischen Operationen unvermeidlich war.

Der Gegner war gezwungen, mobile Truppen in Dien Bien Phu zu binden, um Laos vor der Befreiung zu schützen. Das bedeutete einen Nachteil für ihn, es sei denn, er wäre in der Lage, von Dien Bien Phu aus tatsächlich operativ zu werden. Wenn wir das verhindern und es verstehen, den Feind in den beiden Stützpunkten festzuklemmen, wird er wohl oder übel seine Kräfte verstärken müssen. Es könnte sogar sein, daß er einen der beiden Stützpunkte aufgibt, um den anderen zu stärken. Dabei werden wir nachhelfen, und zwar in Lai Chau.

Er könnte sich aber auch zurückziehen und anderswo offensiv werden, wo wir nun Kräfte abgezogen haben. Täte er das, verlöre er allerdings unweigerlich Territorium. Doch seine Planer müßten wiederum auch erkennen, daß die Entsendung von Verstärkungen nach Dien Bien Phu – besonders wenn wir dort im Umfeld aktiv werden – seine mobilen Verbände weiterhin zersplittern würde ...

Es gab viele Unwägbarkeiten.

«Und was ist, wenn der Franzose noch gar keinen weitreichenden Plan hat?» Ho Chi Minh stellte die Frage. «Was ist, wenn er seine Aktionen auf unsere Reaktionen abstellt? Wenn er zunächst den Fakt Dien Bien Phu schafft und dann abwartet, was wir tun, um uns leichter in den Arm fallen zu können?»

Schließlich waren er und Giap einig in der Auffassung: Wie immer sich der Feind verhielt, die Landung in Dien Bien Phu offenbarte den Grundkonflikt, in den ihn die Volksarmee im Verlaufe des Krieges manövriert hatte – sollte er den Schwerpunkt auf die Eroberung von Territorium legen oder auf die Konzentration seiner Truppen in befestigten Zonen? Sollte er dem Geländegewinn im Thai-Hochland den Vorzug geben oder der Sicherung seiner Positionen im Delta des Roten Flusses, dem Zugang zum Norden Vietnams überhaupt?

«Ich werde vorschlagen, Lai Chau anzugreifen, es auszuschalten, und ich bin entschlossen, größere Teile unserer heranmarschierenden Einheiten zunächst nördlich und westlich von Dien Bien Phu zu gruppieren. Zusätzlich wäre der Rückzug französischer Truppen aus einem von uns angegriffenen Lai Chau nach Dien Bien Phu zu unterbinden. Das würde bedeuten, daß wir dem Gegner gleichzeitig die Chance verlegen, etwa Entsatzkräfte von Dien Bien Phu nach Lai Chau zu schicken.»

Als General Giap sah, daß Ho Chi Minh nachdenklich nickte, und, wie er das zuweilen tat, an seinem Bärtchen zupfte, fügte er an: «Dien Bien Phu wäre damit so gut wie eingeschlossen. Isoliert. Wir hätten die Chance, die Gegenseite an Ausfällen zu hindern und niederzukämpfen ...»

«Aber – der Gegner wird dann bestimmt Verstärkungen heranziehen!» meinte Ho Chi Minh.

«Das werden wir auch. Wir sind in der besseren Position. Wenn es uns gelingt, Artillerie auf den Hügeln um das Tal zu postieren, ist Dien Bien Phu für die Franzosen verloren. Je mehr Verstärkungen sie dann schicken, desto mehr verlieren sie.»

81

«Gibt es einen Plan, wie man Artillerie dahin bringt?»

«Es gibt Vorschläge», erwiderte Giap. «Wir werden darüber sofort entscheiden.» Er war entschlossen, den Kampf bei Dien Bien Phu anzunehmen, den die Franzosen ihm gleichsam auf dem Tablett hinhielten. Allerdings würde er sie damit überraschen, daß nicht sie, sondern er die Bedingungen diktierte, unter denen bei Dien Bien Phu gekämpft würde. Die Volksarmee befand sich in einer hervorragenden Verfassung. Der Feind in Dien Bien Phu hingegen erinnerte an einen Käfer, der auf dem Rücken in einer Muschel lag.

«Können wir in einer Stunde eine Entscheidung fällen?»

«Sobald der Stab sich versammelt hat», stimmte Ho Chi Minh zu.

Anh Chu stand auf Posten vor der Stabsunterkunft. Er hörte General Giap vortragen: « ... Dien Bien Phu ist die ausgedehnteste und am dichtesten besiedelte der vier großen Ebenen in unserem Nordwesten. Nahe der Grenze zu Laos gelegen, befindet sich hier ein Straßenstern, der Zentren in allen Himmelsrichtungen verbindet: Lai Chau im Nordosten, Tuan Giao, Son La und Na San im Osten, Luang Prabang im Westen und Sam Neua im Süden. Die französischen Kolonialgenerale und ihre amerikanischen Geldspender betrachten Dien Bien Phu nicht zu Unrecht als strategisch äußerst wichtige Position zwischen Nordvietnam, Nordlaos und Südwest-China ...»

Am Abend zuvor hatte Anh Chu einen alten Gelehrten besucht, der sich vor langer Zeit hierher zurückgezogen hatte, um in Ruhe, fast wie ein Einsiedler, seine philosophischen Überlegungen anstellen zu können, wovon ihn der Lärm und die Unrast der großen Städte abhielten. Er verfügte über eine umfangreiche Bibliothek, in der sich auch alte chinesische Schriften befanden, darunter eine Ausgabe der mehrere hundert Jahre vor der Zeitrechnung zum ersten Mal erschienenen «Kunst des Krieges» von Sun Dsi. Der alte Gelehrte, der den jungen Soldaten gern bei sich sah, weil er Wißbegier schätzte und überhaupt Leute mochte, die Bücher, Tiere und Blumen liebten, übersetzte Anh Chu einen Absatz des Werkes, von dem er meinte, es sei für einen Krieger eine unentbehrliche Lektüre. Anh Chu hatte alles, was der Alte ihm vorlas, in sein Notizbuch geschrieben: «Wenn du im Felde stark bist, versuche schwach zu erscheinen. Wenn du nahe dem Feind bist, tu so, als wärest du weit entfernt, und umgekehrt. Marschiere stets auf Umwegen, um den Feind zu überraschen. Täusche Verwirrung vor, und schlage dann plötzlich zu. Gib dich unterlegen, um den Feind selbstsicher zu machen. Lege Köder aus und erwarte den Feind im Hinterhalt. Treibe seine Generale zu leichtsinnigen Handlungen an ...»

Lächelnd dachte Anh Chu, dies alles könnte ein Chronist aufschreiben, wenn er, wie ich jetzt, mithörte, was General Giap als seinen strategischen Plan für die Bekämpfung des Gegners bei Dien Bien Phu entwickelt.

«Angriff! Angriff!» spricht der Funker Quang Do ins Mikrofon seines Gerätes. «Zehn Uhr vierzig. Luftlandung aus ‹Dakotas›. Beschießung der Ortschaften und Hänge aus B-26-Maschinen. Zwei erkennbare Landezonen. Erste bei Siedlung Hong Cum, östlich des Flusses. Zweite westlich der alten Startbahn, nach Nordwest verlaufend. Es wird leichtes und mittelschweres Gerät abgeworfen. Zahl der Soldaten bereits über Bataillonsstärke. Sicherungseinheiten haben westlich der alten Startpiste Feuer eröffnet.»

Er bekommt den Rückspruch, weiter zu beobachten, sich nicht in Kampfhandlungen einzulassen und das Versteck möglichst zu erhalten. Gleiches gilt auch für Keng. Der ist dabei, sich einen Überblick darüber zu verschaffen, was westlich der seit einem Jahrzehnt nicht mehr benutzten, noch von den Japanern angelegten Landepiste vorgeht, die teils mit Buschwerk bewachsen ist, auf der aber noch an vielen Stellen Lochbleche liegen. Keng war langsam an den Fuß des Hügels gekrochen, auf dem sein Versteck lag. Unten im Tal traf er die ersten Einwohner, die mit ein paar Habseligkeiten den Bergen zustrebten.

«Es sind zu viele!» riefen sie, als sie Keng sahen. «Die könnt ihr nicht aufhalten. Sie fallen aus dem Himmel wie Blüten, wenn der Sommer anfängt ...»

Eine alte Frau, die ein kleines Mädchen trug und eine störrische Ziege hinter sich herzog, riet Keng: «Mach dich wieder unsichtbar, Söhnchen, sie schießen auf jeden jungen Mann!»

Keng machte sich zwar nicht unsichtbar, aber er wandte einen kleinen Trick an, um ziemlich nahe an die Landestelle des ersten Fallschirmkontingents heranzukommen. Er schüttete sich in einer bereits verlassenen Hütte Asche aus der Feuerstelle über das Haar und verrieb sie auch im Gesicht. Dann zog er einen herumliegenden Kaftan an, griff sich einen Stock und humpelte mit gekrümmtem Rücken dorthin, wo der Nam Youm ein paar scharfe Windungen machte. Jenseits dieser Flußwindungen lag freies Gelände, und dort, in einiger Entfernung von der alten Piste, wurde gekämpft. Unmittelbar am Fluß, das hatte Keng von seinem Versteck aus noch beobachten können, hatte der Kommandeur einer Sicherungseinheit der Volksarmee den Gegner angegriffen. Hier befand sich auch sein Unterstand. Keng hinkte darauf zu. Der Kommandeur schüttelte besorgt den Kopf, als er den Späher sah. «Du mußt schon Glück haben, wenn sie dich wirklich für einen Krüppel halten? Kennst du den Befehl?»

«Ich gehöre nicht zu euch.»

«Egal, er gilt für alle. Mit Einbruch der Dunkelheit verschwinden wir von hier. Geordneter Rückzug auf die Bergstellungen.»

«Bergstellungen?»

«Du bist lange nicht weiter als zu deinem Leitstand gekommen, wie?» erkundigte sich der Kommandeur. «Da ist allerlei vorbereitet für die Herren, die vom Himmel fallen. Und nun geh; wir greifen den Stapel Munition an, den sie da drüben so schön aufgebaut haben!»

Immer noch kreisten die «Dakotas» über dem Tal, und immer noch spien sie Männer aus, deren Fallschirme sich öffneten. Sie brachten aber auch Granaten und Maschinengewehre, Minen und Granatwerfer. Überall lagen die weißen Fladen der in sich zusammengesunkenen Fallschirme; sie bedeckten Reisfelder und Maniokstauden, man sah sie auf hohen Bambusstämmen und auf den Reisstrohdächern der Pfahlhäuser, wo sie wie schlappe Fahnen hingen. Maschinengewehre ratterten um die Landepiste. Die Franzosen wollten sie offenbar zuerst sichern, um darauf, nachdem sie provisorisch instand gesetzt war, ihre Nachschubflugzeuge landen zu lassen.

Qualmpilze wuchsen aus dem Boden, wo Handgranaten oder kleine, aus den B-26 abgeworfene Bomben detonierten. Es stank nach verbranntem Gummi. Irgendwo schrie ein französischer Verwundeter nach einem Sanitäter.

Die Soldaten der Sicherungseinheit waren in ihren Deckungslöchern gut geschützt. Sie zielten auf die herabschwebenden Fallschirmjäger, oder sie suchten sich unter den vielen um das Flugfeld wimmelnden Franzosen ihr Ziel.

Die Bewohner versuchten, in dem über sie hereingebrochenen Chaos ihr Leben zu retten. Am Rande der Siedlung Hong Cum konnte Keng sehen, wie die Franzosen dort, wo sie nicht direkt beschossen wurden, Zivilisten aus ihren Häusern trieben und diese anbrannten. Ätzender Rauch zog heran; der Wind vom Morgen hatte sich gelegt.

Gegen Mittag kreiste über den «Dakotas», die weiter Soldaten absetzten, eine Maschine, in der sich General Cogny befand, zusammen mit Berteil, der dabei war, in seiner neuen Funktion als Stellvertreter Cognys das Trauma von Na San zu überwinden. Auf weiteren Sitzen hockten andere hohe Offiziere. Sie strengten ihre Augen an, um sich ein Bild von der Lage zu machen, aber inzwischen war der Qualm da unten so stark geworden, daß nicht viel zu erkennen war.

Cogny rief über das Funkgerät der Maschine Oberst Bigeard, den forschen Fallschirmjägerkommandeur, der bei Hong Cum kämpfte. Als es endlich eine Verbindung gab, berichtete Bigeard aufgeregt, der Widerstand sei gut organisiert, aber nicht so stark, wie man erwartet hätte. Er sei mit seinen Truppen eingeschlossen und bitte um Luftunterstützung.

«Verluste?»

«Zwanzig Tote, zwanzig Schwerverletzte. Geschätzt.»

Cogny überlegte. Zwei Bataillone und eine Pionierkompanie waren jetzt abgesetzt. Tote Männer waren tote Männer, aber man hatte nicht damit rechnen können, daß die Vietminh sich kampflos zurückzogen. «Werden die Pioniere die zweite, kleinere Landepiste, die es bei euch gibt, bis morgen herrichten können?»

Bigeard gab zurück: «Für kleinere Maschinen ja, da wird es in zwei Tagen Landegelegenheit geben. Ab Typ ‹Dakota› müßte die Piste verlängert werden.»

«Was brauchen Sie?»

Bigeard zögerte nicht. «Schickt uns am Nachmittag das versprochene dritte Bataillon. Soll uns aus der Einkreisung heraushauen. Luftangriffe auf die Hänge, damit von dort nichts nachkommen kann! Sie haben da vereinzelt Granatwerfer stehen. Für die Piste brauche ich eine Planierraupe. Und dann brauchen wir einen Arzt. Dringend. Oberstabsarzt Rey ist gefallen; wir haben eine wachsende Zahl von Verwundeten.»

«Ich sorge für alles. Bei dem Qualm müssen Sie die Luftangriffe vom Boden aus dirigieren, unser Beobachter ist da blind.»

«Wird gemacht.»

«Und – eingraben!» schärfte ihm Cogny ein. «Tief!»

«Gut gesagt! Der Boden hier besteht nach dem ersten Spatenstich bloß noch aus steinhartem Ton. Die Männer müssen arbeiten wie die Maulwürfe. Für Unterstände brauchen wir schweres Gerät, mit Spaten sind die nicht zu schaffen. Ende.»

«Das haben wir nicht überlegt», sagte Cogny kurz darauf, als er mit seinen Begleitern in der halb unterirdischen Offiziersmesse von Lai Chau beim Mittagessen saß. Ein ernstes Versäumnis, keine Bodenproben dort nehmen zu lassen, wo man eine Festung errichten will. Nun, ein paar Grabenbagger werden helfen. Man wird sie, wie die Planierraupe auch, mit einer der von den Amerikanern gelieferten Fairchild C-119 transportieren müssen, einer Doppelrumpfmaschine, deren riesige Heckluke den Fallschirmabwurf solch schweren Gerätes ermöglichte.

«Aber der Qualm wird bleiben», murrte Gilles, der unlustig in seinem Essen herumstocherte. Er hatte wieder einmal Herzbeschwerden, über die er zwar nie sprach, die man ihm aber zuweilen ansah. «Eigentlich ist es wohl gar kein richtiger Qualm, sondern größtenteils der Tonstaub, den die Granateinschläge und die Bombentreffer aufwirbeln. Und diese Bodenbeschaffenheit garantiert uns, daß wir, sobald der Frühlingsregen beginnt, kniehoch im Wasser waten werden, weil Tonboden es nicht so schnell aufsaugt. Es wird eine Schlammschlacht werden!»

Gilles war als Kommandant der Festung vorgesehen. Was Cogny betraf, so hatte er von Anfang an gegen Navarres Entscheidung Bedenken gehabt. Gilles war nur noch bedingt belastbar, obwohl er das nicht eingestehen wollte. Aber er würde wohl ohnehin nur vorübergehend Dien Bien Phu kommandieren müssen. Wie Cogny erfahren hatte, waren seine Bedenken nicht ganz ohne Wirkung geblieben. Der Oberkommandierende hielt Ausschau nach einem geeigneteren Kommandanten. Gilles hatte er damit besänftigt, daß er ihm einredete, er solle die entscheidende Pionierarbeit für die Festung leisten. Das würde in die Geschichte des Indochinakrieges eingehen.

«Die 316. Vietminh-Division soll nach Agentenberichten auf Dien Bien Phu einschwenken», sagte jemand.

Cogny murmelte etwas von würdigem Empfang, und Gilles bemühte sich, forsch zu nicken. Dabei war ihm speiübel. In diesem Zustand, in dem er noch daran denken mußte, morgen einen Absprung über seiner neuen Wirkungsstätte hinter sich zu bringen, interessierte ihn keine Vietminh-Division, so nahe sie auch sein mochte.

Es war kein sehr fröhliches Essen, zu dem Cogny da geladen hatte, obwohl er in seiner knappen Tischrede feststellte, daß die Operation «Castor» vollauf gelungen sei und großartige Perspektiven für ein Aufrollen des Hochlandes eröffnete.

Am Nachmittag wird ein drittes Bataillon Fallschirmjäger über Dien Bien Phu abgesetzt. Cogny dirigiert einige amerikanische Hubschrauber auf die von Bigeards Soldaten einigermaßen gesicherte kleine Startbahn, wo sie Verwundete aufnehmen. Noch sind hier wie weiter nördlich die Gefechte im vollen Gange. Aber am späten Nachmittag flauen sie ab. Die Soldaten der Volksarmee ziehen sich zurück in die Hügel, wo sie über hundert nur ihnen bekannte Pfade verschwinden, zusammen mit den meisten Einwohnern der «Großen Kreisstadt an der Grenze».

Bigeard, der bis zum Eintreffen von Gilles das Kommando führt, läßt eilig Stoßtrupps zusammenstellen, die den zurückgehenden Vietminh-Soldaten auf den Fersen bleiben sollen. «Jagt sie! Laßt sie nicht zur Ruhe kommen. Sie müssen daran gewöhnt werden, daß wir sie jagen!»

Die Stoßtrupps gelangen bis ins buschige Vorgelände der Hügel, hier bleiben sie stecken, weil sie aus vielen geschickt getarnten Deckungslöchern gezieltes Feuer erhalten. Gegen Abend ziehen sie sich zurück. Langsam tritt Ruhe im Talkessel von Dien Bien

Fallschirme über dem Tal. Die ersten Kontingente der französischen Festungstruppen werden abgesetzt. Noch herrscht, abgesehen von örtlichen Gefechten, allgemein eine trügerische Ruhe, die an ein Manöver im tiefen Frieden erinnert

Phu ein. Nur Transportmaschinen werfen ununterbrochen Lasten ab, bis der Dunst die Markierungsfackeln unerkennbar macht.

Drei Bataillone Elitesoldaten sind jetzt in Dien Bien Phu, Spezialeinheiten außerdem, die Pionierarbeit leisten, Depots errichten, Artilleriestellungen, Sandsackbarrikaden für Flugzeuge aufstapeln, alles beim Licht zischender Benzinlampen. Rückstoßfreie 7,5-cm-Geschütze sind da und gehen in Stellung. Eine Kompanie mit 12-cm-Granatwerfern richtet sich ein. Im Zentrum des Tals läßt Bigeard von müden Pionieren den Bau des Befehlsbunkers beginnen. Eine Lazaretteinrichtung ist gegen Abend eingeflogen worden samt einem neuen Oberstabsarzt, der eher einem massigen Schlächter ähnelt als einem Mediziner, von dem aber Gerüchte besagen, daß er sein Handwerk ausgezeichnet verstehe.

Immer mehr Bewohner verschwinden im Laufe der ersten Nacht in die Berge. Soldaten der Volksarmee nehmen sie in Empfang und bringen sie nach und nach zur Straße nach Tuan Giao, von wo sie in weit im Hinterland liegende Dörfer evakuiert werden.

Am nächsten Morgen springt General Gilles über dem Zentrum von Dien Bien Phu ab und erscheint wenig später, etwas schnaufend, bei dem im Bau befindlichen Kommandobunker, wo er von Bigeard eingewiesen wird und das Kommando übernimmt. Die Zone, in der sich das Leitzentrum samt Lazarett und einigen Stabsunterkünften, der Funkstelle und anderen zentralen Einrichtungen befindet, ist inzwischen «Natascha» getauft worden.

Ein viertes und ein fünftes Bataillon Fallschirmjäger werden abgesetzt, auch der südliche Teil des langgestreckten Tals wird besetzt, und der Bau von Stellungen an den vorgesehenen Punkten beginnt.

Feldkaplane samt Altar werden eingeflogen, Jeeps und Motorräder, 15,5-cm-Geschütze und Stacheldrahtrollen, Schlafsäcke, Container voller abgelagerter amerikanischer C-Rationen, die schon den Korea-Krieg hinter sich haben, sowie Behälter mit dem von Franzosen so geschätzten Rotwein. Dieser hier allerdings trägt die mysteriöse Bezeichnung «Vinogel», und den ersten Soldaten, die ihn probieren, schmeckt er wie verdünnter Essig. Sie spucken ihn enttäuscht aus.

Zum Ausbau der großen Landepiste wirft am Nachmittag eine von den Amerikanern gestellte C-119 die versprochene Planierraupe ab. Sie zerkracht am Boden; man hatte in der Eile vergessen, die Fallschirme richtig zu befestigen. Einen Tag später bringt die C-119 eine zweite Planierraupe. Diesmal klappt es; sie schwebt an zwei Dutzend Schirmen herab und setzt weich auf.

General Cogny inspiziert die Festung am 22. November. Er trifft auf Gilles, der zwar mit dem Ausbau der Anlagen sehr weit ist, sich aber sogleich erkundigt, ob man schon einen Nachfolger für ihn habe. Cogny hat ihn noch nicht, außerdem entscheidet darüber letztlich Navarre.

Überall in Dien Bien Phu herrscht geschäftiges Treiben. Unterstände werden gebaut, Erde ausgehoben, Barrikaden errichtet, Stacheldraht am Rande des Tals und um jeden der einzelnen, im Tal verstreuten Stützpunkte gezogen, aus denen sich die Festung Dien Bien Phu zusammensetzt.

Die Artillerie schießt sich auf die Hügelkuppen ein. Funkmasten werden errichtet. Die Soldaten hausen in Zelten, oder sie bewohnen die Pfahlhäuser der Siedlungen, die man später abbrennen oder einreißen wird. Spezialtrupps der Pioniere sind im Vorgelände am Fuße der Hügel damit beschäftigt, Buschwerk niederzulegen, um freies Schußfeld zu schaffen. Überall im Zentrum der Festung türmen sich Stapel von Munitionskisten und Benzinfässern. Als Cogny mit seiner kleinen, aus kanadischer Produktion stammenden «Beaver»-Maschine wieder abfliegt, kündigt er den Besuch Navarres an.

Das große Flugfeld, das noch den Japanern diente, ist am 25. November voll betriebsfähig. Von jetzt ab bringen «Dakotas» den Nachschub. An der zweiten kleineren Piste, weiter südlich im Tal, bei Hong Cum, das man «Isabelle» benannt hat, wird noch gebaut, als am Rande der ersten bereits tonnenschwere Einzelteile aus Stahl zu M-24-«Chaffee»-Panzern zusammengesetzt werden, leichte, bis zu 50 km/h schnelle Kampfwagen mit einer 7,5-cm-Kanone und drei Maschinengewehren.

Vereinzelt schlagen kleinkalibrige Werfergranaten, aus den Hügeln kommend, im Bereich der Festung ein. Die Volksarmee erweckt hier den überzeugenden Eindruck, daß sie den Kampf meiden will und nur mit geringen Kräften Störfeuer zu schießen vermag.

In Hanoi wird General Cogny allerdings bei seiner Rückkehr aus der Festung durch beunruhigende Meldungen über Truppenbewegungen der Volksarmee aus seiner Selbstsicherheit aufgescheucht: Die 316. Division befindet sich nach den Berechnungen der Abwehr bereits im Anmarsch auf Dien Bien Phu und kann es am Ende der ersten Dezemberwoche erreichen. Für Ende Dezember sind drei weitere Divisionen im Umfeld der Festung zu erwarten, wenn man den Berichten einheimischer Agenten glaubt, die die Volksarmee auf dem Marsch beobachten.

Cogny benachrichtigt Navarre. Er rät zu weiteren Verstärkungen für die Festung, weil es so aussieht, als ob der Gegner tatsächlich die Schlacht im Hochland annehme. Navarre ist skeptisch. Er vertraut darauf, daß es sich bei den Truppen nur um Teile von kampfstarken Divisionen handle und daß sie außerdem ihre Kraft auf dem langen, beschwerlichen Marsch durch tiefe Wälder, Schluchten, über Felsgrate und in trockenen Flußbetten verschleißen würden. Man wird sie bei Dien Bien Phu durch Panzervorstöße und Fliegerangriffe leicht zersprengen können.

«Dieser Giap», sagte er abfällig zu Cogny, «er kann vielleicht Regimenter bei Überfällen dirigieren, nicht aber Divisionen, die in eine Schlacht ziehen. Man kann von ihm die Führungsqualitäten eines französischen Sergent-Majors erwarten, nicht die eines Generals! Sechshundert Kilometer durch den Busch – danach müssen seine Soldaten vermutlich ihre Flinten drei Tage mit Sand vom Rost befreien, ehe sie die fünf Patronen abschießen können, die sie haben!»

Er verbringt noch ein Wochenende mit Empfängen und anderen gesellschaftlichen Verpflichtungen in Saigon; am Montag früh fliegt er dann nach Hanoi. Hier ist das Wetter an diesem 29. November plötzlich wieder sonnig und trocken. Wie es scheint, zieht das, was man die Winterkälte zu nennen pflegt, dieses Jahr erst relativ spät ein.

Mittags ist Navarre in Dien Bien Phu. Er spricht sich lobend über die Arbeit aus, die hier geleistet worden ist, und er fordert Fernpatrouillen. Die Pavie-Piste bis Lai Chau soll von den beiden Stützpunkten her je zur Hälfte feindfrei gehalten werden. Cogny verkneift sich die Bemerkung, er halte das für eine Illusion. Navarre scheint nicht zu begreifen, daß eine Distanz von insgesamt etwa hundert Kilometern selbst von einer im Dschungelkrieg geübten Truppe kaum in einer Woche durchmarschiert werden könnte. Ganz zu schweigen von den Hinterhalten, die es da gibt, an steilen Felswänden, wo der Pfad kaum einen Meter breit ist, im Unterholz, das kopfhoch wuchert. Statt ihn darauf hinzuweisen, daß für die eigenen Soldaten viel eher jener Ermüdungsfaktor zutreffe, den Navarre für die Vietminh in Rechnung stellt, schweigt Cogny. Er scheut den Ärger mit dem immer siegessicherer werdenden, selbstgefälligen Oberkommandierenden. Dieser verteilt Orden und informiert den erleichterten Gilles, er habe als seinen Nachfolger den ehemaligen Kavalleristen und jetzigen Panzerobersten Christian Marie Ferdinand de la Croix de Castries ausersehen, einen alten Bekannten, der vor langer Zeit als Schwadronschef unter ihm gedient hat, im 3. Marokkanischen Spahi-Regiment, das Navarre kommandierte.

«Er ist ein Mann der beweglichen Kriegführung», vertraut Na-

Der Kavallerieoffizier de Castries (Mitte) ist zum Kommandanten der französischen Festung Dien Bien Phu ernannt worden. Navarre (links) und Cogny (rechts) führen ihn in sein Amt ein

varre Gilles an, während sie vor dem Kommandeursbunker stehen, aus dem das Quäken der Funkgeräte dringt. «Hier, in dieser weiten Ebene, diesem idealen Panzergelände, kann er das tun, wozu er geboren ist – aus der Bewegung zuschlagen! Das wird ihm besser liegen als sein gegenwärtiger Posten in Thai Binh, am äußersten Ende des Deltas!»

De Castries, der sich anfangs skeptisch gibt, als Navarre persönlich in Thai Binh erscheint, um ihn über seine neue Aufgabe zu informieren, läßt alle Bedenken fallen, als ihm der Oberkommandierende die zwei Sterne des Général de Brigade für die nahe Zukunft ankündigt. Am 7. Dezember 1953 trifft er, das rote Traditionsképi der Spahi und das rote Seidenhalstuch tragend, das zum Erkennungsbild dieser marokkanischen Söldnertruppe gehörte, in Dien Bien Phu ein und übernimmt das Kommando. Er bringt außer seinen Stabsoffizieren auch eine persönliche Sekretärin mit, wenigstens wird sie offiziell so bezeichnet: Mademoiselle Paule Bourgeade, eine gutgewachsene Person, die Tarnkleidung der Armee zu einer gepflegten Frisur und sorgfältigem Make-up trägt.

Keng, der Unsichtbare, der sich seit der Landung der ersten Fallschirmtruppen fast täglich als von den Soldaten kaum beachteter Krüppel in der Ebene von Dien Bien Phu über den Gang der Dinge orientiert und jede Nacht seiner Leitstelle Einzelheiten berichtet, beauftragt am Abend des 7. Dezember den kleinen Funker Quang Do, folgende Meldung durchzugeben: «Neuer Kommandeur eingesetzt. Rang Oberst. Scharfes Fuchsgesicht. Name wird noch ermittelt. Neuer Kommandant hat Frau mitgebracht. Französin, Militärangehörige. Letzte Einwohner werden zu Schanzarbeiten gezwungen. Siedlungen fast völlig eingeebnet. Boxen für sechs Flugzeuge am Ostrand der Landepiste im Bau. Gesamtzahl der Besatzer liegt bei sechs Bataillonen, zusätzlich Artillerie und Fahrzeugpersonal.»

Er erhält danach den Befehl, weiter zu beobachten, sich aber nicht mehr innerhalb des Stützpunktes zu bewegen. So bleibt er unsichtbar für den Gegner, seine Augen allerdings sehen alles, was da unten vor sich geht.

Berge und Dschungel

Wenige hundert Meter vor den ersten Deckungslöchern, die zur Rundumverteidigung von Lai Chau gehörten, lagen Soldaten der Volksarmee. Sie verhielten sich still; es wurde weder gesprochen noch geraucht, selbst ein Hüsteln wurde vermieden. Der Angriff stand unmittelbar bevor. Nach den Versammlungen, auf denen Parteikader die gegenwärtige Lage erläutert hatten, wußte jeder, daß das Zentralkomitee dem Plan des Oberkommandos zugestimmt und den Beginn des Angriffs auf die frühen Tagesstunden des 10. Dezember 1953 festgelegt hatte.

Die 7,5-cm-Geschütze waren in Stellung gegangen, Munitionsvorräte stapelten sich. Das verbündete China hatte aus in Korea erbeuteten amerikanischen Beständen rückstoßfreie Geschütze geschickt, die in diesem Gelände ideal zu verwenden waren. Sie waren leicht, schossen präzise und ließen einen Stellungswechsel zur Sache von Sekunden werden.

Der ohnehin vorgesehene Angriff auf die am weitesten im Nordwesten liegende Basis der Franzosen wurde mit der Besetzung Dien Bien Phus um so wichtiger, zumal der Gegner ja beabsichtigte, zwischen den beiden Stützpunkten eine Art Sperre zu errichten. Diesen Absichten mußte man rechtzeitig zuvorkommen. Die Planung des Oberkommandos der Volksarmee bezog sich deshalb nicht allein auf die Einnahme von Lai Chau. Sie sah auch vor, daß der Gegner im Falle einer Aufgabe Lai Chaus keine Chance haben sollte, nennenswerte Truppenkontingente über die Pavie-Piste nach Dien Bien Phu zu verlegen.

General Cogny mußte den Schlag wohl erwarten, denn er hatte in den letzten Tagen, ohne erst die Einwilligung Navarres abzuwarten, mit dem Abtransport von Truppen aus Lai Chau begonnen. Etwa zwei Bataillone waren in einer Blitzaktion ausgeflogen und nach Dien Bien Phu verlegt worden. Das erforderte schnelles Handeln seitens der Volksarmee.

Zunächst waren mehrere Einheiten zu der unter ihrer Kontrolle stehenden Straße Nr. 41 aufgebrochen, die von Hanoi nach Lai Chau führte, und an der es bei Tuan Giao eine Abzweigung nach Dien Bien Phu gab. Sie war nun so gut wie gesperrt für den Gegner, und in Kürze sollten auf ihr Transporte der Volksarmee rollen. Auch entlang der Pavie-Piste legte die Volksarmee beschleunigt Hinterhalte. Aufklärer hatten berichtet, von den in Lai Chau verbliebenen französischen Truppen sei geplant, sich nach kurzem Widerstand zu Fuß in Richtung Dien Bien Phu zurückzuziehen. Das mußte verhindert werden, zumal es sich um zwei vollständige Bataillone aus Thai-Söldnern und etwa zwanzig unabhängige Kompanien handelte, in denen zum Teil Fremdenlegionäre dienten.

Nur 16 Kilometer nördlich von Dien Bien Phu wurde in einem schmalen Talkessel, in dem die Ortschaft Muong Pon lag, der entscheidende Überfall auf die Reste der gegnerischen Lai-Chau-Truppen vorbereitet, noch bevor Lai Chau selbst angegriffen war. Die Ortschaft, bewohnt von Angehörigen der Thai-Nationalität, bestand aus nur wenigen Pfahlhäusern, von denen eines einen französischen Gendarmen und zwei profranzösische Vietnamesen beherbergte, was sich in den Statistiken des Generals Cogny gegenüber Navarre als «Außenposten im Thai-Hochland» ausweisen ließ, obwohl der Rest der Einwohner die Volksarmee unterstützte.

Mon Sa, ein nicht mehr junger Mann, der in diesem Dorf Töpfe reparierte und Messer schliff, die zur Ernte benutzt wurden, wenn der Trockenreis reif war, verließ am Abend des 9. Dezember unauffällig die Siedlung, indem er einfach in den hohen Büschen hinter seinem Haus verschwand. Er kletterte eine halbe Stunde auf Pfaden, die er schon als Kind benutzt hatte, aufwärts zum felsigen Rand der Schlucht. Dort traf er vereinbarungsgemäß auf den Kommandeur einer Kompanie der Volksarmee, den er seit den ersten Kämpfen im nordwestlichen Hochland kannte. Er begrüßte ihn, nahm die angebotene Zigarette, rauchte sie an, und dann erkundigte er sich: «Kommt ihr in dieser Nacht?»

«In sechs Stunden», gab der Kompanieführer zurück. «Hat sich etwas geändert?»

Der Thai schüttelte den Kopf. «Sie sitzen noch immer im selben Haus. Einer ist meistens wach. Hält sich zwischen den Pfählen auf. Wärmt sich nachts an den Schweinen, die sie dort halten. Soll ich mich um ihn kümmern?»

«Nein, nein», wehrte der Kompanieführer ab. «Du bleibst schön aus dem Spiel, Mon Sa. Gehst schlafen. Weißt von gar nichts. Morgen sind wir da. Wir werden einen Kampf führen müssen, bei eurer Siedlung, nicht nur gegen die paar Posten …»

«In der Nacht noch?»

«Spätestens morgen. Die Franzosen haben aus Dien Bien Phu ein Bataillon losgeschickt, es soll über Waldpfade in Richtung Lai Chau vordringen, um Leute abzuholen, die von dort fliehen. Wir werden das, was sie vorhaben, nicht völlig verhindern können, aber wir werden sie so zusammenhauen, daß sie in Dien Bien Phu nicht mehr viel anrichten.»

«Sollen wir die Häuser räumen?»

Der Kompanieführer riet Mon Sa, das zu organisieren. Zwischen seiner Kompanie und den Thai aus Muong Pon gab es schon seit längerer Zeit eine auf gegenseitigem Vertrauen beruhende Zusammenarbeit. Als der Kompanieführer Mon Sa nun beschrieb, daß der Überfall auf die Franzosen zwar außerhalb des Ortes vor sich ginge, es aber nicht sicher sei, ob die Fremden nicht ihren Zorn an den Dorfleuten auslassen würden, begriff Mon Sa sogleich, er mußte seine Mitbürger zum Verlassen der Ortschaft bewegen. Sie konnten den nächsten Tag oberhalb der Schlucht verbringen. Der Kompanieführer gab ihm einige Soldaten mit, die bei der zeitweiligen Evakuierung helfen und die Leute oberhalb der Schlucht beschützen sollten.

Als am nächsten Morgen die Nebel wie schwerer Qualm in der Schlucht hingen und man in Muong Pon aus einem Pfahlhaus nicht bis zum nächsten blicken konnte, tauchten vor der Unterkunft des französischen Gendarmen und seiner beiden Helfer einige junge Männer auf. Sie schlichen zur Aufstiegsleiter, die in das Pfahlhaus führte; dort blieben sie lauschend stehen. In der Stille waren nur die Atemzüge der drei Bewohner deutlich zu hören, zumal zwei von ihnen vernehmlich und in unterschiedlicher Tonlage schnarchten. Ein glücklicher Zufall: Der Posten, der sonst unter dem Haus Wache hielt, hatte sich bei Tagesanbruch zu den beiden anderen gesellt.

Der Führer des Trupps stieg den anderen voran. Als er sich durch einen Vorhang aus Bambusstäbchen schob, konnte er im Inneren die Schlafstellen ausmachen. Der Franzose und seine beiden Helfer fühlten sich absolut sicher, seitdem es in unmittelbarer Nähe die «Festung» Dien Bien Phu gab.

Wenig später fielen ein paar Schüsse, und danach erschienen, wie auf Vereinbarung, die Dorfbewohner vor ihren Häusern. Der Weg auf die sichere Höhe war frei. Soldaten halfen den älteren Leuten, ihre Habe zu tragen. Das letzte Lebewesen, das Muong Pon verließ, war eine störrische Ziege, die ein Soldat an einem langen Strick schimpfend bergauf zog.

General Cogny wechselte hektische Funksprüche mit dem Oberkommandierenden Navarre in Saigon. Er bestand darauf, Lai Chau völlig räumen zu lassen, weil der Stützpunkt eingeschlossen und nur noch aus der Luft zu versorgen war. Dazu aber hätte Cogny Transportmaschinen abziehen müssen, die er für die Beförderung von Waffen, Truppen und Verpflegung nach Dien Bien Phu brauchte.

Navarre machte ihm Vorwürfe wegen der zwei bereits ausgeflogenen Bataillone, aber Cogny verstand es, ihn zu beruhigen. Die Truppen würden nach Dien Bien Phu verlegt, um das neue Konzept zu realisieren: Neben den zur Verteidigung des Stützpunktes benötigten Einheiten sollten jeweils bis zu vier Bataillone von Dien Bien Phu aus ins gegnerische Hinterland eindringen und dort Kommandounternehmungen großen Stils ausführen.

«Was wird nun mit Lai Chau?» wollte Navarre wissen. Er war ungehalten, daß sich seine Idee des Riegels offenbar nicht realisieren ließ.

Cogny informierte ihn, die Konzentration von Vietminh-Truppen deute unverkennbar auf einen Angriff. Er erwähnte auch, seine Spione hätten das Vorhandensein von 7,5-cm-Geschützen gemeldet.

«In diesem Falle ist Lai Chau nicht zu halten, mon Général», erklärte er. «Ich werde deshalb den noch dort befindlichen Kräften befehlen, sich entlang der Pavie-Piste in Richtung Dien Bien Phu abzusetzen, nach kurzem Widerstand ...»

«Das sind mindestens hundert Kilometer!»

Cogny wußte das auch, aber es gab keine andere Wahl. Er sah Hinterhalte voraus, aber er versicherte Navarre, es handle sich um ausgeruhte, voll kampffähige Bataillone, zudem wären es meist Söldner der Thai-Nationalität, die sich in dem schwierigen Gelände ebensogut zurechtfänden wie ihre Gegner. Schließlich bequemte sich Navarre zu der Bemerkung, er werde die Aufgabe von Lai Chau als planmäßige Räumung deklarieren, die der Konzentration der Kräfte diene. Cogny grinste. Der Oberbefehlshaber hatte eingelenkt, was blieb ihm sonst übrig!

Als Navarre sich zu dieser Konzession durchrang, wußte er nicht, daß er im Raum Lai Chau schon längst nichts mehr zu bestimmen hatte. Hier war die Volksarmee in der Offensive, und sie diktierte den Verlauf der Dinge.

Am 10. Dezember schlugen die ersten Werfergranaten in Lai Chau ein. Sie stifteten erhebliche Verwirrung unter den verbliebenen französischen Truppen, die daran gewöhnt waren, daß über Artillerie nur sie verfügten. Die Verwirrung verstärkte sich, als 7,5-cm-Geschosse einschlugen.

Die Rundumverteidigung war dünn geworden durch den Truppenabzug. Und die Volksarmee stieß genau an den Stellen, an denen der Gegner am schwächsten war, durch dessen Befestigungen und griff ihn gleichzeitig von hinten und frontal an. Der Kampf um Lai Chau löste sich schnell in eine Unzahl örtlicher Gefechte auf, bei denen die französischen Verteidiger die niederschmetternde Erkenntnis gewannen, daß es sich bei den Angreifern nicht um ständig als «disziplinlose rote Banditen» verunglimpfte Freischärler handelte, sondern um militärisch gut ausgebildete und ausgerüstete Kampfverbände.

Während sich die Franzosen ihrer Haut wehrten, dabei immer öfter Stellungen aufgebend, marschierten bereits Verbände der Volksarmee über die Straße Nr. 41, um die von Lai Chau über die Pavie-Piste südwärts zurückweichenden gegnerischen Truppen zu stellen.

Dreißig Kilometer vor Lai Chau, bei einem Straßenposten an

der Siedlung Pa Ham, gab es das erste für die Franzosen verlustreiche Gefecht. Nach Cognys Ausfliege-Aktion waren nun zwei Bataillone und etwa die Hälfte der zwanzig unabhängigen Kompanien auf dem Rückzug aus Lai Chau. Die kleine Stadt selbst fiel am 12. Dezember 1953, zwei Tage nach Angriffsbeginn. Entlang der Pavie-Piste vollzog sich ein Kampf, in dem die Volksarmee planmäßig einen Marschblock nach dem anderen zersprengte. Die Soldaten der Volksarmee spürten, daß jeder Gegner, der nicht in Dien Bien Phu ankam, ihnen den Kampf dort erleichtern würde, denn Dien Bien Phu war ihr nächster Einsatzort. Und wenn der Gegner sich in dieser «Festung» nur einigermaßen behaupten wollte, brauchte er mehr Truppen. Er würde sie aus dem Delta des Roten Flusses abziehen und dort Positionen aufgeben müssen. Man hatte ihn in der Zange: Er war gezwungen, seine Kräfte erneut zu verzetteln, sie hin- und herzuschieben.

Als die erste Marschgruppe der Franzosen, die bereits mehrere Gefechte auf ihrem Weg hatte bestehen müssen, vor dem kleinen Dorf Muong Pon anlangte, waren die Männer müde und hungrig. Bleiche, bärtige Gesellen, die ihre Waffen mit Mühe schleppten und nichts weiter im Sinn hatten, als sich hinzulegen, zu schlafen, zu essen, weiterzuschlafen ...

Späher meldeten, daß das Dorf verlassen sei. Das war stets ein Zeichen für aufziehende Gefahr. Deshalb ordnete der Anführer des ersten Trupps an, vor dem Ort zu lagern, um dem Gegner nicht die Chance zu geben, seine Leute in den Pfahlhäusern anzugreifen, die nicht nur keinen Schutz boten, sondern Käfigen gleichen würden. Damit tat er genau das, was sein Gegenspieler von der Volksarmee erreichen wollte: Er ließ die kraftlosen Soldaten, denen nach dem langen Garnisondienst in Lai Chau ohnehin jede Anstrengung schwerfiel, zwischen hoch aufragenden Felswänden vor den ersten Pfahlhäusern kampieren.

Im Laufe der Nacht gesellten sich weitere Grüppchen Versprengter zu den Lagernden. Einzelne Männer krochen heran, froh, sich an den inzwischen angesteckten Feuern wärmen zu können, denn nach Sonnenuntergang zog in den Bergen eine Kälte ein, die bis in die Knochen drang.

Die Feuer schwelten noch, als auf den Felsklippen, hoch über der Schlucht, die ersten Soldaten der Volksarmee auftauchten, lautlos, und in Stellung gingen. Maschinengewehrläufe richteten sich abwärts, dorthin, wo die aus Lai Chau Geflohenen schliefen. Zwischen den Maschinengewehrstellungen lagen Schützen, hinter ihnen wurden Granatwerfer feuerbereit gemacht. Alles ging geräuschlos vor sich; nirgends klirrte Eisen, knirschte Gestein. Schließlich erstarb jede Bewegung. Erst als einer der französischen Posten eine Stunde vor Tagesanbruch begann, die Feuer zu schüren, auf denen vor dem Weitermarsch der Morgenkaffee gekocht werden sollte, den man von Lai Chau mitgeschleppt hatte, brach plötzlich die Hölle los.

Von den Felsen herab rollte eine Lawine Handgranaten in die Schlucht. Zugleich schossen die Granatwerfer. Sekunden später war die Schlucht von Pulverqualm erfüllt. Nicht nur die Splitter der Granaten erwiesen sich als tödlich, auch abgesprengte Gesteinsbrocken schlugen klaffende Wunden. Durch den Qualm hasteten die aufgescheuchten Franzosen, suchten ihre Waffen, schossen ziellos um sich und vergrößerten dadurch das Chaos. Erst nach Minuten gelang es einem Feldwebel, einen Trupp Thai-Söldner zu sammeln, mit denen er am südlichen Ende der Schlucht den Ausbruch aus der Falle versuchte. Er lief mit seinen Leuten in einen Hagel von Maschinengewehrfeuer, aber er versuchte es immer wieder, bis der Tag anbrach.

Der Kompanieführer der Volksarmee, der den Überfall leitete, beobachtete durch sein Fernglas den Ausgang der Schlucht. Dort türmten sich Leichen und Verwundete. Seiner Schätzung nach war um diese Zeit mehr als die Hälfte der Gegner gefallen. Der Rest würde Dien Bien Phu zwar erreichen, aber beim nächsten Angriff der Volksarmee würden die Soldaten unweigerlich das Schreckensbild dieses Morgens vor Augen haben. Sie würden zu keinem ernsthaften Widerstand mehr fähig sein, weil ihre Moral gebrochen war, hier bei Muong Pon. Mochten sie jetzt der Volksarmee die schwierige Aufgabe abnehmen, die vielen Verwundeten zu betreuen, sollten sie sie ruhig nach Dien Bien Phu schleppen.

«Gefecht abbrechen!» befahl der Kompanieführer. Bisher hatte seine Einheit keine Verluste. Es war nicht nötig, den Feind jetzt und hier schon endgültig zu vernichten, das würde in Dien Bien Phu geschehen.

Unauffällig zogen sich die Soldaten von der Schlucht zurück. Sie erstiegen wieder die Felshänge und konnten wenig später beobachten, wie die Franzosen die erste Patrouille aussandten, die einen Weg aus der Schlucht erkunden sollte. Bis sie zurück war, wurden im lockeren Boden unterhalb der Felsen Gruben ausgehoben und die Gefallenen bestattet. Es fiel kein Schuß mehr. Gespenstische Stille, nur vom Gekreisch einer aufgescheuchten Affenhorde unterbrochen. Der Gegner stand unter der Schockwirkung des Überfalls. Als die Sonne über die Wipfel der Baumriesen stieg und der Pulverqualm in der Schlucht sich zusammen mit den letzten Nebelschwaden aufzulösen begann, kehrte die französische Patrouille zurück, und die Reste der gegnerischen Truppen traten den Weitermarsch an.

Sie würden den Stützpunkt Dien Bien Phu voraussichtlich bis zum nächsten Morgen, dem 14. Dezember, erreichen. Keiner der durch den Dschungel marschierenden Franzosen wußte, daß inzwischen Lai Chau von der Volksarmee erobert worden war. Damit war ein wesentlicher Teil des Navarre-Planes, nämlich zwischen Lai Chau und Dien Bien Phu eine Art Sperre zu errichten, gescheitert. Dien Bien Phu lag nun völlig isoliert mitten im Machtbereich der Volksarmee. Es gab keine Straßenverbindung mehr dahin. Die Straße Nr. 41 wurde dort, wo sie vor überraschenden Luftangriffen sicher war, bereits von Lastwagenkolonnen der Volksarmee befahren, die Verstärkungen heranführten, um den Ring um Dien Bien Phu undurchdringlich zu machen. Das Oberkommando hatte beschlossen, den Angriff auf Dien Bien Phu nicht vorschnell zu starten, sondern mit äußerster Gründlichkeit vorzubereiten.

Gleichzeitig mit dem Angriff auf Lai Chau waren in Zentrallaos Truppen der revolutionären Pathet-Lao, von vietnamesischen Freiwilligen unterstützt, zur Offensive übergegangen. Innerhalb einiger Tage zerschlugen sie zwei gegnerische Bataillone, und der Gegner mußte sich südwärts zurückziehen. Die Befreiungstruppen aber eroberten die strategisch wichtige Stadt Thakhek am Mekong und beherrschten jetzt das Gebiet bis zu der alten Kolonialstraße Nr. 9, die ostwärts über das Truong-Son-Gebirge bis an die vietnamesische Küste bei Quang Tri führte. Navarre war wieder einmal gezwungen, Truppen nach Laos zu entsenden, die er gegenwärtig bei Dien Bien Phu nötiger gebraucht hätte.

Doch die Befreiungstruppen setzten ihre Operationen in Laos noch an einer anderen kritischen Stelle fort. Sie stießen tief im Süden, unweit der kambodschanischen Grenze auf die Stadt Attopeu vor, nahmen sie ein und hatten damit eine entscheidende Ausgangsbasis für den Angriff auf das Bolovens-Plateau, somit auf das gesamte südliche Laos gewonnen.

Hundert Kilometer östlich von Attopeu drangen Verbände der vietnamesischen Volksarmee weiter in das zentrale Hochland Vietnams vor und eroberten große Teile der Provinz Kontum. Die Einnahme der gleichnamigen Provinzhauptstadt wurde dadurch zur Sache einiger Wochen. Damit nicht genug, erfuhr Navarre von seiner Aufklärung, daß die Volksarmee sich auch im nördlichen Teil von Laos zur Offensive anschickte. Der Stoß, so war vorauszusehen, würde dem Stützpunkt Muong Khoua gelten, der völlig isoliert an dem kleinen Fluß Nam Hu lag. Fiel dieses Muong Khoua, dann konnten die Pathet Lao je nach ihren taktischen Überlegungen jederzeit westwärts oder südwärts vorstoßen.

Navarre verstärkte eilig die französische Garnison von Luang Prabang durch Truppen, die er aus dem Delta des Roten Flusses abzog, sehr zum Mißvergnügen Cognys, der dadurch nicht nur im Delta geschwächt wurde, sondern auch seine Unterstützung für Dien Bien Phu reduzieren mußte.

Die Erfolge der Befreiungsarmee Vietnams und Laos' brachten das Konzept des französischen Oberbefehlshabers genau in der Weise durcheinander, die vom Oberkommando der Volksarmee vorausberechnet worden war. General Giap ließ nach einem entsprechenden Beschluß des Politbüros und der Regierung die logistischen Vorbereitungen für den Angriff auf Dien Bien Phu nun voll anlaufen. Agitatoren riefen in jedem befreiten Dorf die Bevölkerung auf, die Armee zu unterstützen. Straßen wurden befahrbar gemacht; tief im Dschungel, unter dem schützenden Laubdach der Baumriesen wurden Wege geschlagen, Verpflegungsstationen für Trägerkolonnen eingerichtet, Behelfslazarette entstanden, und jedes verfügbare Fahrzeug wurde für den Transport von Waffen, Munition und Verpflegung bereitgestellt.

Zu dieser Zeit war der Ring um Navarres «Dschungelfestung» bereits undurchdringlich geworden, wenn man von kleinen französischen Spähtrupps absah, die sich hindurchschleichen konnten. Und – was der Gegner nicht ahnte – in den felsigen Bergen, die Dien Bien Phu umschlossen, waren Artilleristen dabei, geeignete Stellungen für Geschütze der Volksarmee vorzubereiten.

Navarre flog nach Hanoi, um mit Cogny zu beraten, wie die verfahrene Lage zu wenden sei. Unterwegs war ihm beim Studium der Karte eine neue Möglichkeit eingefallen, den zwischen Lai Chau und Dien Bien Phu geplant gewesenen Riegel, der Nordlaos abschirmen sollte, durch einen anderen zu ersetzen.

Da gab es, etwa sechzig Kilometer Luftlinie von Dien Bien Phu entfernt, in südwestlicher Richtung noch diesen Stützpunkt Muong Khoua in Laos mit seinem vierzig Kilometer nach Westen vorgeschobenen Außenposten Sop Nao. Er war bedroht, aber noch nicht angegriffen worden. Es mußte gelingen, zwischen Dien Bien Phu und diesen Befestigungen eine Verbindung herzustellen und Stärke zu demonstrieren. War das geschehen, konnte Dien Bien Phu doch noch seine Rolle als Eckpfeiler einer Riegelstellung gegen das Vordringen der Vietminh nach Laos spielen. Der neue Riegel lag dann zwischen Dien Bien Phu und Muong Khoua.

Cogny wiegte den Kopf, als er den neuen Einfall seines Chefs präsentiert bekam. Er machte Navarre aufmerksam, daß es in der «Riegeltheorie» möglicherweise einen Denkfehler geben könnte. Die Vietminh, so besagten alle Informationen, verstünden es meisterhaft, ihre Truppenbewegungen an den französischen Stützpunkten vorbei, durch das unübersichtliche Wald- und Berggelände, auszuführen. Bei der Beschaffenheit des Terrains – felsige Höhenzüge, Schluchten, Flußbetten und verfilzter Urwald – sei es nahezu aussichtslos, sie aufzuspüren und dort zum Kampf zu stellen, wo es für die mechanisierten französischen Einheiten günstig wäre.

Navarre wischte den Einwand einfach hinweg: «Unsinn, Cogny! Unsere Soldaten sind so gut wie die Vietminh, sie können jede Leistung vollbringen, wenn sie nur richtig eingesetzt und geführt werden!»

Dagegen wagte Cogny nichts mehr vorzubringen. Er betrachtete gedankenvoll auf der Landkarte das Gelände zwischen Dien Bien Phu und dem in Laos gelegenen Stützpunkt Muong Khoua. Man sollte Fremdenlegionäre einsetzen, um die Strecke zu überwinden, überlegte er. Noch haben wir genug davon. Navarre dachte an Thai-Söldner, die sich seiner Meinung nach am besten in dem ihnen von Kind auf vertrauten Gelände zurechtfinden würden. Aber er beugte sich der Meinung Cognys, daß diese Leute beim ersten Gefecht desertieren würden, weil es ihnen möglich war, im Lande, sogar in ihren Heimatdörfern unterzutauchen, etwas, das sich für die meist aus Europa kommenden Fremdenlegionäre von selbst verbot.

«Nun gut», schloß der Oberkommandierende. «Wann können wir nach Dien Bien Phu fliegen?»

«Morgen», sagte Cogny. Das war der 17. Dezember.

Oberst de Castries hatte von seiner Funkstelle die Nachricht bekommen, Reste der aus Lai Chau entwichenen Truppen bei Muong Pon und auf dem Pu-San-Berg, nicht viel weiter als ein Dutzend Kilometer Luftlinie von Dien Bien Phu entfernt, seien angegriffen und stark dezimiert worden. Sofort hatte er einen Oberstleutnant aus seinem Stab zu sich beordert, der des öfteren schon Fernpatrouillen mit Erfolg ausgeführt hatte. Er sprach ihn, entgegen seiner sonstigen Gewohnheit, sich streng militärisch zu geben, mit seinem Namen an, als er sich in seinem Bunker meldete. «Langlais, es muß sofort gehandelt werden. Holen Sie diese Leute hierher. Nehmen Sie die besten Soldaten, die Sie kennen. Führen Sie die Bedrängten hierher, in die Sicherheit.»

Während Langlais, ein kampferfahrener junger Offizier, sich die Karte besah, beschlich ihn das Gefühl, er werde es schwer haben. Aber da trat Paule Bourgeade in Castries Bunkerraum; sie trüg ein Tablett mit zwei Tassen Kaffee. Eine schöne, wenngleich arg geschminkte Frau, die bezaubernd lächelte und entschuldigend erklärte: «Es ist leider nur amerikanisches Instant-Pulver, was uns zur Verfügung steht. Aber – Sie sollen wenigstens eine Stärkung auf den gefahrvollen Weg haben!»

Langlais, der bisher den Gerüchten um das Verhältnis zwischen Castries und dieser sogenannten Sekretärin keine große Bedeutung beigemessen hatte, wunderte sich, weil die Bourgeade so genau die Weisungen kannte, die ihr Chef ausgab. Aber er sagte nichts, dachte nur, daß die Gerüchte wohl doch stimmten. Er trank seinen Kaffee und machte sich dann mit einer Schar ausgewählter Soldaten auf den Weg. Als er schon den Befehl zum Abmarsch gegeben hatte, fuhr Castries plötzlich mit dem Jeep heran und winkte.

«Mein lieber Langlais», erklärte er dem Verdutzten, «ich habe mich entschlossen, Ihnen doch die volle Wahrheit zu sagen, bevor Sie aufbrechen. Ich habe bereits vor Tagen drei Gruppen frisch eingeflogener Fallschirmjäger denselben Weg geschickt wie Sie jetzt. Entlang der Pavie-Piste, den Leuten aus Lai Chau entgegen. Sie sind irgendwo in den Bergen steckengeblieben; es fehlt jede Nachricht. Aber – falls Sie auf diese Männer treffen, so übernehmen Sie das Kommando über sie. Wir haben inzwischen ungefähr errechnet, wie weit sie gekommen sein könnten, und soeben hat ein Hubschrauber uns über Funk gemeldet, daß er sie gefunden zu haben glaubt. Ich habe dem Piloten befohlen, dort zu landen. Später werden wir einen Feldgeistlichen hinschicken, es gibt offenbar dort Leute zu begraben. Der Hubschrauber fliegt auch die Verletzten aus. Die Überlebenden – sie gehen mit Ihnen, klar?»

«Klar. Hohe Verluste?»

«Ich kenne die Zahl der Toten noch nicht.»

Langlais legte betont straff die Hand an die Krempe seines Buschhutes. Die Mitteilung bestärkte ihn in seiner Befürchtung, man habe ihn wieder einmal auf ein Himmelfahrtskommando geschickt.

Wider Erwarten stieß Langlais nur auf gelegentliches Gewehrfeuer, während er sich mit seiner Truppe durch die Berge quälte. Erst als er bei den Fallschirmjägern anlangte, geriet er in ein Gefecht, das erhebliche Verluste brachte. Aber offenbar hatten es die Vietminh nicht auf die völlige Vernichtung der hier steckengebliebenen Einheiten abgesehen. Langlais ahnte, daß sie mit wichtigeren Vorbereitungen für den Angriff auf Dien Bien Phu beschäftigt waren. Er nützte das aus, um nicht nur die Fallschirmjäger, sondern auch die nach und nach von Muong Pon her ankommenden Nachzügler zu sammeln und sie schließlich nach Dien Bien Phu zurückzuführen, wo ihn bereits ein neuer Befehl erwartete.

«Diesmal greifen wir an, sobald es Widerstand gibt», erklärte de Castries, der von Navarre beauftragt worden war, eine starke Kampfgruppe südwestwärts nach Laos zum Stützpunkt Muong Khoua, jener gottverlassenen Bastion im Dschungel, vorstoßen zu lassen.

Navarre, der sich wieder einmal in die Festung hatte fliegen lassen, war zugegen, als Castries den Oberstleutnant rufen ließ. Und der Oberkommandierende murmelte etwas von der «Kavallerie der Berge», die die Gegend für die Vietminh unsicher machen müsse durch fortwährende Vorstöße, so daß sie gar nicht zu planmäßigen Angriffsvorkehrungen auf Dien Bien Phu kommen dürften.

«Stören und durcheinanderbringen!» schärfte Navarre dem stramm vor ihm und de Castries stehenden Oberstleutnant ein. «Wir locken sie durch unsere Anwesenheit an und dezimieren sie, bis sie jeden Gedanken an einen Angriff oder einen Vorstoß nach Laos aufgeben müssen, weil ihnen buchstäblich das Blut ausgeht!»

Und dann war da wieder eine Dame: Der Oberkommandierende hatte eine junge Reporterin mitgebracht, die Langlais' Vorstoß mitmachen sollte, eine durchtrainiert aussehende Frau, die sich in ihrem gescheckten Kampfanzug zu gefallen schien.

Castries vertraute Langlais noch an: «Allein die Anwesenheit dieser mutigen Frau wird Ihre Soldaten zu Höchstleistungen anspornen. Welcher Franzose zeigt schon gern Kleinmut in Gegenwart einer Dame!»

Die «Dame» erwies sich in den folgenden Tagen, da Oberstleutnant Langlais beweisen sollte, das französische Expeditionskorps beherrsche die Lage von Dien Bien Phu bis Muong Khoua, als gute Marschiererin. Lediglich ihr Gepäck ließ sie zeitweise von Soldaten schleppen, die dann von ihren Kameraden als «Kammerdiener» bezeichnet wurden.

Tagelang bewegte sich die Truppe geschickt an allen durch die Luftaufklärung ausgemachten Konzentrationen gegnerischer

Kräfte vorbei, über felsige Pfade und durch mannshohes Elefantengras. Dann wieder tauchte sie in dichtem Dschungel unter; die an der Spitze Marschierenden mußten sich mit Haumessern einen Weg freischlagen. Nachts lagerte man ohne Feuer, wärmte sich gegenseitig, um bei Tagesanbruch zerschlagen und erschöpft weiterzumarschieren, bis schließlich das auf einem kahlen Hügel liegende Außenfort Sop Nao erreicht war.

Zunächst fielen die «Kavalleristen der Berge» in einen tiefen Schlaf. Nach vielen Stunden vermochten sie etwas Warmes zu essen, und danach beschäftigten sie sich damit, die unzähligen Blutegel mit Hilfe glimmender Zigaretten vom Körper zu entfernen, an dem sie sich während des Marsches festgesogen hatten. Es bereitete Langlais einige Mühe, Freiwillige zu finden, die später noch den Rest des Weges bis zum Hauptstützpunkt Muong Khoua zurücklegten, wie es Castries' Befehl verlangte. Nichts war bisher geschehen. Es hatte ein paar belanglose Schießereien gegeben, aber der Gegner blieb unsichtbar.

Langlais konnte nicht wissen, daß seine Kolonne während des Marsches nie unbeobachtet gewesen war. Späher der Volksarmee folgten seiner Route, mit dem ausdrücklichen Befehl, keine Kampfhandlungen zu provozieren. Der Gegner sollte möglichst lange in Sicherheit gewiegt werden. General Giap wußte, der Erfolg der Schlacht um die Festung Dien Bien Phu würde zu einem großen Teil davon abhängen, daß der Gegner im ungewissen über Vorhandensein und Stärke der Volksarmee im Vorfeld der Festung blieb. Eine Fernpatrouille wie die des Oberstleutnants Langlais war kein ernst zu nehmender Faktor mehr. Sie würde zurückkehren und genau das tun, was die Volksarmee beabsichtigte, nämlich berichten, das Umfeld Dien Bien Phus bis weit nach Laos hinein sei feindfrei.

Inzwischen aber rückten die Einheiten der Volksarmee ungesehen in ihre Bergstellungen ein, sie verschwanden förmlich in der Landschaft, verschmolzen mit Wald, Felsen und schattigen Schluchten. Da wo sie Stellungen aushoben, wurde die Erde sorgsam unter dichtem Buschwerk verstreut, so daß nicht einmal ein Luftbeobachter sie entdecken konnte. An den der Festung zugewandten Felshängen arbeiteten Pioniertrupps unentwegt daran, Grotten zu erweitern oder neue, tiefe Höhlen in das Gestein zu treiben. Die Verbindungstrasse von der Straße Nr. 41 nach Tuan Giao, im nordöstlichen Bergland vor Dien Bien Phu, vorher nicht viel mehr als ein Bergpfad, wurde von Tausenden Soldaten und freiwilligen Arbeitern zum Hauptnachschubweg ausgebaut, der logistischen Schlagader für die sich zum Angriff bereitstellenden Truppen.

Von alledem ahnte Oberstleutnant Langlais nichts, obwohl ihn unbestimmte Vermutungen plagten, denn er war lange genug in diesem Krieg, um den Gegner nicht mehr zu unterschätzen.

De Castries hatte ebenfalls seine Befürchtungen. Er begriff von Tag zu Tag deutlicher, daß die sogenannte Festung einer der gefährlichsten Plätze war, an den ihn die Armee jemals gestellt hatte. Darüber konnte ihn das geschäftige Treiben der Pioniere nicht hinwegtäuschen, die mühsam Unterstände in den Tonboden der Ebene gruben, die sie dann in Ermangelung von anderem Material mit ein paar Balken oder Bambusstäben abdeckten und mit Erde bewarfen. Eine einzige Artilleriegranate konnte ein Chaos anrichten. Aber – hatten die Vietminh Artillerie?

Navarre behauptete, sie würden die paar Geschütze, die die Chinesen ihnen vermacht hatten, kaum bis hierher bekommen, dafür sorgten schon die Tiefflieger, die alle bekannten Anmarschwege angeblich unter Kontrolle hielten. Dabei vergaß er zu erwähnen, daß die Luftstreitkräfte tagelang überhaupt keine Bodensicht hatten, weil tiefe Monsunwolken über dem Land hingen. Daß die Vietminh nachts vorrücken könnten, verdrängte er aus seinem Bewußtsein.

Er inspizierte zum Weihnachtsfest einzelne Stützpunktbesatzungen, beobachtete sie beim Baden im Nam Youm, besichtigte die beiden Landebahnen für Flugzeuge und die Außenforts, die inzwischen entstanden waren. Es entging ihm nicht, daß jetzt schon der größte Teil des Nachschubs per Fallschirm abgeworfen werden mußte, wegen Bodennebels, der im Tal von Dien Bien Phu eine regelmäßige Erscheinung war, aber er vertraute auf Wetterbesserung. Am meisten beeindruckte ihn das Gewirr der Stacheldrahtverhaue rings um die Stützpunkte – hier würde jeder gegnerische Angriff hoffnungslos steckenbleiben!

Am Weihnachtsabend baute der Feldkaplan unweit von de Castries Befehlsstand seinen zusammenklappbaren Altar auf und

Flaggenappell in Dien Bien Phu. Sehr friedlich sieht das noch aus. Wenig später bereits verwandelt sich die Landschaft in ein Trichterfeld mit Toten, Verletzten und Verzweifelten

zelebrierte die Messe, mit Militärmusik und Abendmahl nach vorhergegangener Beichte. Paule Bourgeade servierte anschließend ihm, Navarre und Castries in dessen Unterstand ein Festmahl aus US-Konserven, während an die Soldaten zum üblichen «Vinogel» noch Whisky ausgegeben wurde und Zigaretten der Saigoner Marke «Cotab», die begehrter waren als die gebräuchlichen «Gauloise Troupe».

Castries trug zur Messe das hellrote Képi der Spahis und sein seidenes Halstuch. Er sah wie ein vollendeter Kavalier aus, nicht wie der Kommandeur einer Festung, die mitten im Bergdschungel lag, hoffnungslos isoliert.

Der Service Social, jene Allerweltseinrichtung der Armee, die für das Wohlbefinden der Soldaten sorgen sollte, war aus Hanoi mit ein paar amerikanischen Kinofilmen angerückt, die jetzt unter freiem Himmel auf eine große Leinwand projiziert wurden. Da kämpften Cowboys mit Rinderdieben, liebten sich junge Leute, flogen die Fäuste, während an anderer Stelle im Tal das sentimentale Grölen von Weihnachtsliedern zu hören war, vermischt mit «Lili Marlen», das die deutschstämmigen Fremdenlegionäre den geistlichen Gesängen vorzogen.

In vorgerückter Stunde, nach Cognac und Champagner, versprach Navarre de Castries bei einem letzten Toast, daß er die Nachschubfrage persönlich überwachen würde. Mindestens einhundertfünfzig Tonnen sollten täglich in Dien Bien Phu eintreffen, mit Maschinen, die landeten, oder per Fallschirm. Außerdem sollte die Besatzung der Festung um ein weiteres Bataillon auf insgesamt zwölf erhöht werden, später könnten zwei zusätzliche Bataillone folgen, wenn sich die Notwendigkeit ergebe.

Dann wurden die Gläser geleert. Der Pfarrer rülpste. De Castries bedeutete Paule Bourgeade, mit dem Ausschenken aufzuhören, und Navarre zog sich in das Kabuff zurück, ganz hinten in Castries Bunker, wo er ein paar Stunden schlafen konnte.

Am nächsten Morgen traf Oberstleutnant Langlais mit seiner Gruppe wieder in Dien Bien Phu ein und meldete stolz, aber auch erleichtert die Ausführung des Befehls. Die Reporterin begab sich zum Sanitätszelt, um den Arzt zu bitten, ihr die Blutegel vom Hintern zu entfernen. Sie hatte sich nicht überwinden können, unterwegs einen der Soldaten um diesen Gefallen zu bitten.

Navarre wies die angetretenen Stabsoffiziere de Castries' noch einmal darauf hin, Langlais' Unternehmen beweise die Möglichkeiten, die Dien Bien Phu biete. Dann stieg er in seine Morane und startete zurück nach Hanoi und von dort nach Saigon in sein klimatisiertes Haus.

In Hanoi ließ er den wutschnaubenden Cogny zurück, weil der das zusätzliche Bataillon für Dien Bien Phu aus seinen ohnehin immer dünner werdenden Stellungen im Delta des Roten Flusses abziehen sollte. Cogny spürte, daß die Vietminh ohnehin große Teile des Deltas selbst bei Tag schon kontrollierten und sofort überall, wo die französischen Garnisonen geschwächt wurden, zum Angriff rüsteten. Seinen Vertrauten gegenüber machte der wenig auf Höflichkeit bedachte General keinen Hehl mehr daraus, daß er das Unternehmen Dien Bien Phu heute schon für gescheitert halte und eine Katastrophe befürchte. Dabei wußte Cogny um diese Zeit bei weitem nicht alles, was auf der Gegenseite geschah, um die Festung im Tal des Nam Youm zum Platz einer grandiosen Niederlage für die Kolonialmacht Frankreich werden zu lassen.

Cogny fuhr unmittelbar nach seinem Weihnachtsbesuch in Dien Bien Phu nach Gia Lam, ins Quartier der von den USA hier stationierten Luftstreitkräfte, die nach außen hin als zivile Hilfskräfte getarnt waren. Dabei wußte jeder Franzose, aber auch jeder Vietnamese in der Umgegend längst, daß es sich um Leute handelte, die die schrittweise Übernahme der entscheidenden Positionen in Indochina durch die USA vorbereiteten.

Colonel Dave Saylor war einer der maßgeblichen Männer, die die USA in dieser Phase in Hanoi stationiert hatten. Ein äußerlich unscheinbarer Mann, der sich am liebsten in Zivil bewegte und der mit niemandem darüber sprach, daß sich in seiner Dienststelle, einer kleinen Villa im Osten der Stadt, die wohl genauesten kartografischen Unterlagen über Vietnam befanden. Ebenfalls ohne darüber zu reden setzte Saylor die auf den beiden Flugplätzen Gia Lam (bei Hanoi) und Cat Bi (bei Haiphong) stationierten amerikanischen Flugzeuge ein sowie die Sonderkontingente, die Träger der 7. US-Flotte auf Anforderung schickten.

Draußen in Gia Lam residierte gegenwärtig ein alter Freund Saylors, von dem niemand so recht wußte, ob er sich den Titel eines Generals selbst zugelegt oder ob er ihn von der US-Regierung, möglicherweise sogar von Tschiang Kai-shek verliehen bekommen hatte: Claire Lee Chennault, «Lederfresse», wie ihn die Piloten des Geschwaders wegen seiner zernarbten Gesichtshaut nannten.

Sein Geschwader hatte er bereits im Sommer 1937 im China des damals regierenden Tschiang Kai-shek begründet, mit Maschinen, die aus US-Hilfsgeldern gekauft wurden und Fliegern, die Abenteurer waren, arbeitslose Piloten, die sich kaum darum scherten, für wen und zu welchem Zweck sie flogen, wenn nur der Sold stimmte. Im wesentlichen wurde diese fliegende Freibeutertruppe, die sich anspruchsvoll «Fliegende Tiger» nannte, gegen Chinas Kommunisten eingesetzt, gelegentlich auch gegen die Japaner, die China zu großen Teilen okkupiert hatten.

Als Tschiang Kai-shek sich mit seinem Rest Chinas dann im zweiten Weltkrieg auf die Seite der Alliierten stellte, wurden die «Flying Tigers» feierlich zur 14. US-Luftflotte erklärt, ohne daß sich außer ihrer Bezeichnung etwas änderte. 1949, nachdem sie geholfen hatten, die letzten Schätze Tschiang Kai-sheks nach Taiwan zu fliegen, entschloß sich General Chennault, ein flotter Südstaaten-Typ, fortan wieder unter einer zivilen Firmenbezeichnung die strategischen Interessen der USA in Asien verfechten zu helfen, weniger aus Patriotismus, sondern eher, weil er gut bezahlt wurde. Er benannte sein Geschwader jetzt «Civilian Air Transport», und seine Maschinen trugen die Abkürzung CAT in großen Buchstaben auf dem Rumpf. Mit Ausnahme derer, die gegenwärtig in Vietnam stationiert waren. Die hatte man inzwischen mit Tarnfarben angespritzt.

Claire Lee Chennault rief am frühen Morgen schon bei Dave Saylor an, und als er den Eindruck hatte, daß sein Gesprächspartner am anderen Ende der Leitung endgültig erwacht war, riet er ihm: «Dave, komm her, und komm sofort. Es geht dich an.»

«Du mußt glauben, es macht mir Spaß, eine Stunde lang über diese verdammte Daumer-Brücke zu kriechen! Hat das nicht Zeit?»

«Es hat nicht Zeit», gab Chennault mit seiner heiseren Kommandostimme zurück. «Cogny hat sich angesagt. Ich rieche, worum es geht. Und ich mache keine Privatgeschäfte in einer wertlosen Währung. Also will ich, daß du dabei bist und mir den Auftrag gibst, das zu tun, was Cogny will!»

«Was will er?»

«Mehr Last in seine gottverdammte Dschungelburg.»

«Weiß er, daß ich da sein werde?»

Saylor vernahm ein schwaches Lachen aus der Hörmuschel. Dann vertraute Chennault ihm an: «Wenn du sofort abfährst, bist du vor ihm da, und wir sitzen ganz zufällig bei einem amerikanischen Frühstück, wenn er eintrifft. Es gibt außer Kaffee und Orangensaft Spiegeleier auf Speck, gebratene Nierchen, Toast, echte heimatliche Butter aus dem Kühlschrank, und …»

«Gut, gut», bremste Saylor ihn, «ich werde mich aufmachen.

Und – falls wir keine Zeit mehr haben, um uns abzustimmen: Wir sind großzügig, allerdings gegen Rechnung. Kredit. Die Burschen auf den Trägern draußen brauchen sowieso Training, sie können es ebensogut über der Dschungelburg absolvieren. Nur – wir stellen es Cogny in Rechnung. Klar?»

«Die Toten auch?» wollte Chennault wissen. Aber darauf antwortete Saylor am Telefon nicht mehr. Er goß sich Wasser ins Gesicht, schabte seinen spärlichen Bart ab, warf sich in den Jeep und trieb den Fahrer an: «Gia Lam. Und wenn Sie es auf der Brücke fertigbringen, nicht steckenzubleiben, ist eine Flasche ‹Jack Daniels› drin!»

Jeder Bogen der alten Eisenkonstruktion, die Fahr- und Eisenbahnweg zugleich über den Roten Fluß war, wurde von französischen Kolonialsoldaten bewacht. Es waren Senegalesen, die einen Jeep mit hellhäutigen Männern allerdings kaum beachteten. Sie interessierten sich mehr für die jungen Vietnamesinnen, die zu dieser frühen Stunde aus Gia Lam zur Stadt fuhren, um zu arbeiten. Aufgehalten wurde das Fahrzeug erst vor dem Flugplatz, und hier standen die «Regulatrice Routière», baumlange französische Feldgendarmen mit grünen Streifen um den weißen Stahlhelm. Aber auch sie fertigten Saylor schnell ab; er war bekannt.

C-47-Maschinen standen aufgereiht und wurden beladen. Das sah Saylor noch, bevor der Fahrer ihn am Gebäude der CAT absetzte und verschmitzt bemerkte: «Es war ‹Jack Daniels›, Sir, ja?»

Chennault behielt recht: Cogny, der eine gute Stunde später erschien und nur noch einen Kaffee abbekam, wollte mit ihm eine Steigerung der Transporte nach Dien Bien Phu aushandeln. Er war überrascht, Saylor hier anzutreffen, aber er kam nicht auf die Idee, daß die Sache verabredet war, und deshalb bat er den Verbindungsoffizier, seinen Wunsch zu unterstützen.

Saylor hatte aus Washington bereits die Weisung, den Franzosen so weit wie möglich entgegenzukommen, und möglich war da noch einiges. Während Cogny sich mit Chennault über die Situation in Dien Bien Phu unterhielt, die dort entstehen konnte, falls der Gegner seinen Einschließungsring noch enger zog, überdachte Saylor die Lage, in der sich die französische Luftstreitmacht in Vietnam befand. Sie besaß etwa 75 Maschinen des Typs

C-47, Arbeitspferde, die im Grunde ausgedient hatten, als die US Air Force sie ausmusterte und den Franzosen übergab. Sie dienten als Transporter und Bomber, nachdem die noch aus Beutebeständen in Europa stammenden JU-52, mit denen die Franzosen zuerst in Indochina operiert hatten, verschlissen waren.

Kurz nach Beginn des Krieges hatten die Engländer den Franzosen rund 50 der in Europa berühmt gewordenen Spitfire-Jagdflugzeuge vermacht, aber diese Maschinen erwiesen sich bereits wenig später als ungeeignet für den Einsatz in den Tropen. Sie hatten geleimte Holzspanten, die mit gelacktem Textilmaterial bespannt waren. Der Leim überstand die hohe Luftfeuchtigkeit nicht, und immer häufiger lösten sich die Spitfires in der Luft in ihre Bestandteile auf. Deshalb musterte man den Typ schließlich aus. An ihre Stelle traten amerikanische Maschinen. Für die US Air Force war es nach dem zweiten Weltkrieg ein lohnendes Geschäft, die letzten, während des Krieges noch produzierten Typen «Hellcat», «Corsair», «Helldiver» und «Bearcat», die sich teils als Sturzbomber eigneten, an die Franzosen zu verkaufen, zumal sich für die Planer der US-Rüstung bereits das Zeitalter der Düsenjäger ankündigte.

So waren über 100 dieser Maschinen nach Vietnam geliefert worden. Dazu kamen noch einige ebenfalls überalterte Flugboote vom Typ «Catalina» sowie mehrere Dutzend B-26-Bomber. Insgesamt war das Geschäft außerordentlich lukrativ gewesen, nicht zuletzt deshalb, weil die Umschulung von Franzosen auf die ihnen ungewohnten Modelle einer Menge amerikanischer Instrukteure die Chance gab, sich mit den Bedingungen des Luftkrieges in diesem Gebiet, das Washington ungeniert als seine künftige Interessensphäre deklarierte, vertraut zu machen.

«Zwölfmal», Chennault hob den Zeigefinger, als er Cogny die Leistungen seiner Piloten vorrechnete, «zwölfmal, mon Général, muß jede meiner C-47 die Abwurfzone anfliegen, um die zweieinhalb Tonnen abzuwerfen. Ihre Luken sind zu klein. Und von den C-119, die es in einem Anflug schaffen, habe ich nur zwei einsatzfähig. Ich hoffe, Sie wissen, was Sie da von mir verlangen, wenn Sie von Steigerung sprechen!»

Cogny wußte es. Aber er hatte keine Wahl: Entweder die Amerikaner stiegen weiter ein, oder er mußte Navarre eingestehen, daß eine Versorung Dien Bien Phus unter erschwerten Bedingungen nicht zu sichern war. Er war erleichtert, als er sah, wie Dave Saylor zustimmend nickte. Die US-Flotte werde zusätzlich Transportraum stellen. Und dann wäre da noch eine bestimmte Menge der relativ neuen Substanz Napalm – man könne es kostengünstig erwerben; bei Dien Bien Phu wäre es vermutlich sehr von Nutzen. Nur eine Offerte, natürlich, aber immerhin ...

Als General Cogny mit den beiden Amerikanern den Preis der Hilfeleistung aushandelte, der darin bestand, daß die Franzosen altes Gerät und Material gegen Kredit kauften und gleichzeitig US-amerikanischen «Beobachtern» immer größere Bewegungsfreiheit in ihrem Machtbereich einräumten, kroch der Postenführer des Hauptquartiers der Volksarmee, Anh Chu, durch ein felsiges Bachbett, das zu dieser Jahreszeit noch wenig Wasser führte. Trotzdem war er bis zu den Knien naß, und er fürchtete, daß seine Sandalen – aus einem Rest Autoreifen gebastelt – der Belastung nicht gewachsen sein könnten. Aber sie hielten durch. Der Thai-Wegführer, der vor ihm ging, stieg auf einen hohen Gesteinsbrocken, von dem aus man einen Wasserfall sehen konnte, ein grünes Tal auf der einen Seite, und in entgegengesetzter Richtung dicht bewaldete Felsen, in denen sich deutlich Klüfte und Höhleneingänge abzeichneten.

«Dies ist der Platz, Bruder», sagte der Thai und machte eine raumgreifende Armbewegung. «Da drüben, hinter dem Wald, liegt Tuan Giao. Nicht weit. Die Straße, die jetzt gebaut wird, kommt dort an, wo die Bäume noch dicht stehen ...»

Es dauerte eine Weile, bis Anh Chu sich die charakteristischen Merkmale des Geländes eingeprägt hatte, das von einem Vorauskommando als neues Hauptquartier für die bei Dien Bien Phu zu schlagende Schlacht ausgewählt worden war, zusammen mit einer versteckt liegenden Siedlung bei Tuan Giao, wo der Chef des Sanitätsdienstes der Volksarmee, Professor Ton That Tung, schon dabei war, einen Hauptverbandplatz einzurichten.

Nun hatte Anh Chu zu überlegen, wie das künftige Hauptquartier bewacht werden konnte. Er fragte den Thai, einen alten Vertrauensmann der Volksarmee, der schon viele gefährliche

Aktionen durchgeführt hatte: «Hast du die Kraft, mit mir noch ein paar Stunden hier herumzuklettern?»

Der andere lächelte. «Wenn du sie hast, werde ich sie auch haben. Wohin also?»

Sie suchten einen Platz, an dem Anh Chu sein Quartier haben würde, und wo sich gleichzeitig die wachfreien Posten in flachen Grashütten aufhalten konnten. Gemeinsam überprüften sie das Terrain auf die besten Beobachtungspunkte; das allein dauerte bis zur Dunkelheit. Dann gingen sie in die Siedlung, in der der Thai zu Hause war.

Es war alles seltsam still dort, aber der Thai erklärte Anh Chu, außer den Großmüttern gebe es kaum noch Bewohner, sie seien alle dem Aufruf der Volksarmee und der Partei gefolgt, die Straße nach Tuan Giao ausbauen zu helfen. An der Wand der Behausung des Thai hing der Aufruf, den Anh Chu als einer der ersten gelesen hatte, im alten Hauptquartier. Hier fand er ihn nun wieder. Er kündigte den Kampf um Dien Bien Phu an:

An die Offiziere und Soldaten der Dien-Bien-Phu-Front
Genossen, auf Befehl der Partei, der Regierung und unseres Präsidenten Ho Chi Minh werdet Ihr in diesem Winter im Nordwesten
1. Die Kräfte des Feindes zerschlagen.
2. Die Bevölkerung für unsere gemeinsame Sache gewinnen.
3. Die Gebiete befreien, in denen sich der Feind noch hält.

Immer noch hält der Feind eine Region in unserem geliebten Nordwesten. Er versucht Zwietracht zwischen unseren Mitbürgern zu säen, sie zu unterdrücken und unsere rückwärtigen Gebiete unsicher zu machen.

Wir müssen Straßen reparieren, Schwierigkeiten überwinden und Opfer bringen, mutig kämpfen, Hunger und Kälte aushalten, bergauf und bergab über weite Entfernungen schwere Lasten transportieren, um den Feind in seinem Schlupfwinkel zu schlagen und unsere Landsleute zu befreien.

Unser Haß auf die Imperialisten und Feudalisten, unser gewachsenes politisches Bewußtsein, nicht zuletzt unser gewachsenes taktisches Können und die verbesserte Technik, die Erringung großer Erfolge in der Nordwest-Kampagne im Winter 1952 – das alles sind Voraussetzungen für den Sieg in der kommenden Schlacht.

Schreitet mutig vorwärts!

6. Dezember 1953. General Vo Nguyen Giap

Anh Chu wußte zwar, daß der Oberkommandierende ebenfalls bereits das alte Hauptquartier verlassen hatte und sich in der Nähe von Dien Bien Phu befand, aber er ahnte nicht, daß er in dieser Nacht zusammen mit den erfahrensten Artilleristen seines Stabes die Abhänge inspizierte, von denen man auf den Talkessel von Dien Bien Phu hinabblicken konnte.

Da lag es, zum Greifen nahe: das Gewirr der Erdstellungen um die einzelnen Stützpunkte, da lagen die große und die kleine Landebahn, die Sandsackberge, hinter denen die französischen Geschütze abgestellt waren.

Die Artilleristen schüttelten die Köpfe über soviel Unbekümmertheit. Aber der Oberkommandierende wies sie darauf hin, daß die Franzosen sich absolut sicher fühlen sollten. «Sie ahnen nichts davon, daß es euch überhaupt gibt, daß wir Artillerie besitzen. Sie halten uns für unfähig, Geschütze zu bedienen, geschweige denn, aus schwierigen Positionen heraus zu schießen. Gut – halten wir uns nicht auf. Markieren wir die günstigsten Plätze für unsere 10,5er, für die 7,5er und dann für die Flak. Denn sie werden mit ihren Flugzeugen an diesen Hängen entlangfegen, um uns zu jagen. Deshalb sei auch gleich gesagt: Wir müssen uns und unsere Geschütze tief in die Felshänge eingraben. Nicht ein paar Meter nur, nein, Dutzende von Metern. Auch die Munition. Alles muß auf ein Kommando einfach verschwinden können, unverletzbar werden. Das ist das Ziel – nun los, gehen wir!»

Lange suchte General Giap später mit seinem Blick die im Tal liegende Ansammlung der französischen Stützpunkte ab, die der Vollmond wie eine winterlich bereifte Landschaft erscheinen ließ. Er studierte den Aufbau der Befestigungen, errechnete ihre Feuerbereiche und erkannte die Schwerpunkte des gegnerischen Aufbaus. Wo vorher die Siedlung Muong Thanh gelegen hatte, befand sich der zentrale Sektor mit dem Kommandostand, dem großen Flugplatz, den Artilleriestellungen und der Funkstation.

Östlich davon, auf dem Rand des in Nord-Süd-Richtung verlaufenden Tales, lagen die vorgeschobenen Posten A-1, C-1, D-1 und E-1. Sie sollten das Zentrum gegen Angriffe von den östlichen Bergketten her abschirmen. Die Stützpunkte im Norden, die von der Volksarmee mit den Bezeichnungen Doc Lap, Ban Keo und Him Lam registriert waren, von den Franzosen «Gabrielle», «Anne-Marie» und «Beatrice» genannt, hatten offenbar die Aufgabe, Angriffe, die aus der allgemeinen Richtung Lai Chau oder Tuan Giao kamen, abzuwehren; sie waren jenseits des Nam Youm am weitesten vom Zentrum entfernt gelegen.

Noch weiter entfernt, im Süden, lag Hong Cum, wo sich eine weitere Artilleriekonzentration des Gegners befand, in der Nähe der zweiten, kleineren Landepiste. Die Franzosen nannten diese Stellung «Isabelle».

«Zwölf Bataillone insgesamt», berichtete Van Tien Dung, der engste Mitarbeiter Giaps. «Wir müssen damit rechnen, daß im Laufe der nächsten Wochen noch Verstärkungen hinzukommen, etwa weitere fünf bis sechs Bataillone. Zwischen sechzehn- und zwanzigtausend Mann.»

General Giap kam nach langer, gründlicher Überlegung zu dem Schluß, daß – trotz des Überraschungseffektes, den die Existenz vietnamesischer Artillerie bedeutete – hier kein frontaler Generalangriff den Erfolg bringen konnte. Man mußte die rund fünfzig einzelnen Stellungen des Gegners, die sich gegenseitig mit ihrem Feuer unterstützen konnten, vom Rand her einzeln aufrollen und so das gegnerische Verteidigungssystem Stück für Stück zerschlagen.

«Berücksichtigen müssen wir, daß unsere Truppen zwar gut gerüstet sind und bereit, den Sieg zu erringen», warf Van Tien Dung ein, «daß sie aber bei der Belagerung solch befestigter Stellungen und den damit unweigerlich verbundenen Pionieraktionen noch keine umfassenden Erfahrungen besitzen ...»

Giap stimmte ihm zu. Van Tien Dung war ein besonnener Mann, der mit Umsicht zu operieren pflegte. Er hatte das Problem richtig erfaßt. «Keine umfassende Angriffsaktion, sondern vielmehr eine längere Kampagne, die aus einer ganzen Serie von einzelnen Belagerungen besteht, aus der Wegnahme eines Stützpunktes nach dem anderen, unter Vermeidung unnötiger Verluste, bis wir den Zentralsektor erreicht haben. Das heißt auch», erklärte der Oberkommandierende, «daß wir viele Kilometer überirdische und unterirdische Stellungen ausbauen müssen. Tiefe Gräben, Stollen ...»

Aus dem, was an diesem Tage hier angesichts der weniger als ein Dutzend Kilometer entfernt liegenden gegnerischen Positionen besprochen wurde, ergaben sich die Einzelaufgaben, die das Oberkommando unmittelbar danach festlegte. Der Ausbau weiterer aus dem rückwärtigen Gebiet heranführender Straßen wurde, unter Einhaltung strikter Tarnung, beschleunigt. Wo es möglich war, wurden Lastkraftwagen für den Transport eingesetzt. Daneben formierten sich Fahrradkolonnen, die schwerer befahrbare Wege überwinden sollten, mit ihren Zentnerlasten von Verpflegung, Waffen, Munition und Pioniergerät, Sprengmitteln und Sanitätsbedarf. Wo auch Fahrräder nicht mehr einsetzbar waren, übernahmen Trägerkolonnen die Lasten. Sie beförderten sie auf die traditionelle Weise: in zwei Körben, die an einer Tragestange über der Schulter hingen.

Ho Chi Minh gab, nachdem das Zentralkomitee der Partei alle Einzelheiten geprüft hatte, die Parole aus: «Mit Bedacht vorgehen – zielsicher zuschlagen!»

Eine gigantische Vorbereitungsarbeit war zu leisten, während der Feind seine Befestigungen weiter ausbaute, obwohl er wußte, daß er eingeschlossen war. Überall an dem etwa 100 Kilometer langen Gebirgspfad, der das Becken von Dien Bien Phu mit dem Ort Tuan Giao verband, begannen Kolonnen der Vietminh mühevoll die Straße für Kraftfahrzeuge befahrbar zu machen.

Millionen Kubikmeter Erde wurden bewegt, Felsen mit Hämmern und Eisenstangen abgetragen, weil Sprengungen den Gegner gewarnt hätten. Schmale Flußläufe wurden überbrückt. Das Ziel war die Fahrverbindung mit der Straße Nr. 41, auf der der Hauptteil allen Nachschubs aus dem Hinterland anrollen sollte. Über den gesamten Nachschubweg wurden in regelmäßigen Abständen Posten verteilt. Sie bauten Unterstellmöglichkeiten für Kraftfahrzeuge und Gerät, Behelfsküchen und Schlafstätten für die ermüdeten Träger.

Währenddessen hackten Pionierkommandos der Volksarmee

Sitzung des Zentralkomitees der KP Vietnams. Im Führungsgremium der Partei fielen die wichtigsten Entscheidungen, die den Verlauf der Schlacht bestimmten

bereits die Geschützstellungen in die dem Tal von Dien Bien Phu zugewandten Felshänge. Viele Meter lange Stollen wurden in kräftezehrender Arbeit in das Gestein getrieben, so daß jedes Geschütz nach dem Abfeuern, das am Eingang der Höhle geschehen sollte, sofort in sichere Deckung zurückgezogen werden konnte.

Abseits lagen andere Stollen, die sich nach und nach mit Munition füllten. Schmale Verbindungspfade wurden in die Felswände gehauen. Das alles geschah so gut getarnt, damit die nur zehn Kilometer entfernten französischen Posten nichts davon merkten. Ihre Aufklärungsflugzeuge entdeckten nicht die Spur einer Vietminh-Artillerie, obwohl sie Tag für Tag die Hänge entlangflogen. Die inzwischen zu regelrechten Kasematten ausgebauten Geschützstellungen für die 10,5- und einige 15,5-cm-Kanonen entgingen ihnen. Dafür bombardierten sie in weiter Entfernung die eigens zu ihrer Täuschung angelegten Scheinstellungen aus Bambusrohr und meldeten bei ihrer Rückkehr, die Vietminh hätten unter ihren Augen nicht die geringste Chance, auch nur einen Granatwerfer in Stellung zu bringen.

121

Bis zu sechs Zentnern beförderte ein Fahrrad, das zuvor eine «Sonderbe-handlung» erfahren hatte. Noch besaß die Volksarmee kaum Motorfahr-zeuge, außerdem wären sie durch die gegnerische Luftwaffe gefährdet gewesen, also verließ man sich hauptsächlich auf Fahrräder und Träger. Über hunderttausend Freiwillige schafften auf diese Weise Munition und Verpflegung heran

122

Geschütze auf den Berghängen rings um Dien Bien Phu waren entscheidend für den Sieg. Sie wurden aus weiter Entfernung herangeschafft, meist in Einzelteile zerlegt, um sie für die gegnerische Luftaufklärung «unsichtbar» zu machen. Eine Leistung, die auf französischer Seite niemand für möglich hielt

Wo Anh Chu inzwischen in einer aus Bambus gezimmerten und zur Tarnung täglich mit frischem Laubwerk abgedeckten Unterkunft seine Funktion als Postenführer des neuen Hauptquartiers ausübte, lag eine Art Verkehrsstern, der dem Soldaten die Möglichkeit gab zu erleben, wie die Kräfte für die Schlacht wuchsen. Truppen kamen täglich hier an, wurden registriert und zogen dann, meist bei Nacht, westwärts in die Berge, wo sie oft nur einen Handgranatenwurf vom Feind entfernt in vorbereitete Stellungen zogen, die sie weiter ausbauten. Sie legten tiefere Bunker an und neue Schützenstände, die höchstens durch einen Volltreffer der Artillerie zu zerstören waren.

Anh Chu sah, wie die ersten Transportkolonnen ankamen, Bauern aus Thanh Hoa und Phu Tho, die Verpflegung aus dem Hinterland brachten, Leute in einfacher schwarzer Dorfkleidung, die stolz waren, es geschafft zu haben, den feindlichen Tieffliegern und den hundert anderen Gefahren des weiten Weges entgangen zu sein. Sie stellten ihre Tragekörbe ab, luden die Zentnersäcke von den Fahrrädern, dann machten sie sich hungrig über den hier frisch gekochten Reis her, der mit Nuoc Mam gewürzt war, der raren Fischsoße, und zu dem es manchmal Gemüse gab, das andere Träger auf ihren Schultern angeschleppt hatten. Nach dem Essen fielen sie meist in den ihnen zugewiesenen Grashütten in tiefen Schlaf. Sobald sie erwachten, begaben sie sich auf den Rückweg, um neue Lasten zu holen.

Jugendliche zogen mit Spitzhacken vorbei, Straßenreparaturkolonnen, die jeden vom Gegner verursachten Bombentrichter auf dem Nachschubweg in weniger als einer Stunde einebneten. Dann wieder kamen Lastwagen mit Artilleriemunition an, die Frontscheiben mit Laubwerk abgedeckt, damit sie keine Spiegelung verursachten, die Flieger aufmerksam machen konnte. Sie wurden entladen und ihre kostbare Fracht von Hunderten freiwilliger Träger auf den schmalen Stegen zu den Höhlendepots der einzelnen Geschütze gebracht. Diese kamen bei Nacht an, einzeln, von Lastwagen gezogen oder zerlegt von Männern geschleppt; sie wurden abgekoppelt, dann schafften Träger die Einzelteile in die Stellungen, wo man sie zusammensetzte. Manchmal, wenn es zu einer der Geschützstellungen keinen brauchbaren Weg gab, wurden sie von Trupps kräftiger Artilleristen an Seilen aufwärts gezogen. Wenn dies weit genug vom Feind geschah, hörte man die anfeuernden Rufe der Geschützführer: «Ho dota nao!» Das hieß soviel wie: «Hau ruck!»

Handgeschobene Zweiradkarren und Karawanen von Trageseln erreichten den Verteilerpunkt unweit Tuan Giao. Gruppen junger Thai-Mädchen erschienen, sie brachten geflochtene Körbe mit, in denen Splitt für die Befestigung der Wege befördert werden konnte, denn diese würden aufweichen, wenn der Regen begann.

Aus dem Morgennebel tauchten neu ausgebildete, im Stellungskampf geschulte Soldaten auf. Sie trugen außer ihrer Kampfausrüstung scharf geschliffene Feldspaten und Hämmer, Kratzen und Behälter für die Erde, die von den auszuhebenden Gräben möglichst weit weg verstreut werden mußte, wollte man den Feind über die Ausmaße der Schanzarbeiten täuschen.

Anh Chu sah Tausende ankommen. Sie alle waren dem Aufruf der Partei und Regierung gefolgt, der lautete: «Alles für die Front!» Oder sie kamen mit kampferprobten Einheiten, die entschlossen waren, den Gegner hier in den Bergen des Nordwestens so entscheidend zu schlagen, daß er sich nicht mehr von seiner Niederlage erholte.

Gaston Janville war so in seine Arbeit vertieft, daß er das Mädchen Ba und den Fremden erst bemerkte, als sie vor ihm standen.

Er hämmerte das Gestell für ein Wasserschöpfrad zusammen, wie er es vor längerer Zeit einmal irgendwo im Süden gesehen hatte. Im Dorf Xom Dong war es immer noch üblich, daß während der Wachstumsperiode des Reises die Frauen viele Stunden am Tag mit ledernen Behältern Wasser aus niedriger gelegenen Gräben auf höher gelegene Felder schöpften. Eine kräftezehrende, mühselige Arbeit. Janville hatte sie in der ersten Zeit seines Aufenthaltes hier selbst oft genug verrichtet, um den Frauen zu helfen, und dabei war ihm das Schöpfrad wieder in den Sinn gekommen: Über ein System von hölzernen Kegelrädern wurde von einem im Kreis getriebenen Esel ein Schaufelrad in Gang gehalten, das die vielfache Menge des Wassers schöpfen konnte, die die Frauen zu leisten imstande waren.

Die Vorrichtung war so gut wie fertig, und Janville betrachtete sie als seinen ersten gelungenen Beitrag zum Dorfleben, das er seit seinem Verschwinden aus Hanoi führte. Xom Dong zählte nur wenige Pfahlhäuser, jeder kannte jeden, und es war bei den Muong üblich, sich an allen Gemeinschaftsarbeiten mit der gesamten Familie zu beteiligen. Janville bastelte an diesem Vormittag nur deshalb allein hier draußen herum, weil ein Agitator der Partei im Dorf eine Versammlung abhielt, zu der er als Ausländer nicht eingeladen worden war.

Nun stand dieser Agitator, ein kleiner, nicht mehr junger Mann in der grünen Kleidung der Soldaten, plötzlich vor ihm. Er hatte den Tropenhelm abgenommen und wischte sich den Schweiß von der Stirn. Ba, das Mädchen, wie immer das lange Gewehr auf dem Rücken, trat etwas verlegen von einem nackten Fuß auf den anderen, bis sie endlich sagte: «Gaston, das hier ist der Genosse Tien. Er kommt von den Streitkräften. Er wollte dich sehen ...»

Da unterbrach der Uniformierte sie, indem er zu Janville bemerkte: «Ich spreche selbst etwas Französisch. Wollte Sie kennenlernen. Gehört hatte ich schon von Ihnen. In Hanoi.»

«In Hanoi?» fragte Janville mißtrauisch.

Aber der andere lächelte. «In dem Lazarett, in dem Sie lagen, gab es einge Vietnamesen, die sich an Sie erinnerten. Übrigens war ich an der Entscheidung beteiligt, damals, als wir berieten, ob wir Sie hier leben lassen sollten oder lieber in einem Gefangenenlager.»

«Ah», machte Janville enttäuscht, «und jetzt soll die Entscheidung revidiert werden.»

Wieder überraschte der Fremde ihn mit einem Lächeln. «Nein. Ich bin nicht Ihretwegen hier. Es freut mich, daß Sie im Dorf Freunde gefunden haben. Die Leute haben mir gesagt, Sie seien ein friedfertiger Mann mit geschickten Händen ...»

«Aber?» Janville ahnte, daß dies kein Höflichkeitsbesuch war. Irgend etwas steckte dahinter, wenn der Agitator, der sicher ein Offizier war, ihn hier draußen auf den Reisfeldern besuchte. Er hatte sich nicht getäuscht. Der Uniformierte nickte und trat näher. Ba folgte ihm, sichtlich verlegen.

«In der Tat gibt es ein Aber. Es betrifft allerdings nicht Sie. Jedenfalls nicht direkt. Wir haben uns überzeugen können, daß Sie aus ehrlichen Gefühlen zu uns gekommen sind. Das werden wir auch künftig respektieren. Nur Ba ...» Er sah das Mädchen an.

Sie blickte zu Boden, wo ihre Zehen sich in die feuchte Erde gruben. Als sie endlich den Mut fand, sagte sie, Janville ansehend: «Ich gehe fort.»

«Du verläßt Xom Dong?»

«Ja.»

«Kann ich mit dir kommen?»

«Nein», sagte an ihrer Stelle der Uniformierte. «Sie sollen weiter hier leben. Arbeiten. Bis Ba zurückkehrt.»

«Ich? Allein?» Janville stand vor dem Mädchen. Er war verwirrt, und er verlangte: «Erklärst du mir das?»

Sie hatte lange überlegt, wie sie es ihm am besten beibringen könnte. Seit er hier war, lebten sie zusammen. Nun würde sie dem Ruf der Volksregierung folgen, nach dem Nordwesten gehen, wo die große Schlacht bevorstand. War das für einen Franzosen zu begreifen, der seine eigenen Landsleute verlassen hatte, um nicht mehr am Krieg teilnehmen zu müssen?

Gaston Janville hörte ihr schweigend zu, als sie ihm eröffnete, sie habe einmal gelernt, kleine Verletzungen bei den Leuten im Dorf zu behandeln. Jetzt aber, bei den bevorstehenden Kämpfen, würde es viele Verletzte geben, Schwerverletzte, und man brauche dort Mädchen wie sie.

«Es sind meine Landsleute», sagte sie. «Und es geht um Vietnam.»

Zu ihrer Erleichterung brauste Gaston Janville nicht auf. Er sagte leise: «Ich verstehe schon. Es gibt da gar nichts zu überlegen, dein Land braucht dich, also mußt du gehen.»

«Ich dachte, weil du ...»

Der Franzose sah sie mit einem seltsam ironischen Blick an. «Bei mir ist das etwas ganz anderes, Ba. Ich mußte mich für meine Landsleute schämen. Du brauchst das nicht. Nun versuche nicht, mir einzureden, du hättest das nicht schon lange verstanden!»

«Ich habe», gestand sie. «Trotzdem ...»

«Sie wird zurückkehren», versuchte der Uniformierte einzulenken. Er war schon in vielen Dörfern gewesen, um Kräfte für den Nordwesten zu mobilisieren, aber es gab immer wieder neue Erkenntnisse dabei.

Der Franzose betrachtete den Hammer in seiner Hand, dann sah er den Uniformierten an und sagte gedankenvoll: «Ich weiß, wie es ist, wenn man in den Krieg geht, mein lieber Freund. Und ich weiß auch, daß jeder zurückkehren möchte. Wenn Ba nicht zurückkommt, werde ich ein sehr einsamer Mann sein.»

Der Uniformierte zögerte, aber dann stellte er die Frage doch: «Sie wollen bei uns bleiben, Monsineur Janville? Ich meine – danach, wenn Vietnam frei ist?»

Es war das erste Mal, daß Janville in diesem Dorf mit «Monsineur» angeredet wurde.

«Sollte ein Mann nicht sein ganzes Leben bei seiner Frau bleiben?» fragte er zurück.

Der Uniformierte dachte an die Schlacht, die im Nordwesten bevorsteht. Sie würde viele Opfer fordern. Auch das Schicksal Ba's war ungewiß. Leise sagte er zu Janville: «Ich hoffe, daß Ihnen dieses Glück zuteil wird!»

Er wandte sich ab. Es gehörte sich nicht zuzuschauen, wenn zwei Verliebte voneinander Abschied nahmen, vielleicht für immer. Später, als er mit Ba zum Dorf zurückging, war er einsilbig. Er trug ihr nur auf, sich in Tuan Giao zu melden. «Der Leiter des Sanitätsdienstes der Volksarmee wird dir dort weitere Befehle geben. Er heißt Professor Ton That Tung. Richte ihm einen Gruß von seinem alten Freund Tien aus. Wir kannten uns schon, als er in Hanoi Medizin studierte und ich illegal Vorträge vor unseren Studenten hielt …»

C'est la guerre

Das Tet-Fest ist in Vietnam etwa das, was in Europa Silvester und Neujahr sind. Nach dem traditionellen Mondkalender beginnt mit dem Tet das neue Jahr. Für 1954 lag das bewegliche Datum auf dem 3. Februar.

In den Zonen, in denen es keine Kämpfe gab, wurde der Tag mit gutem Essen, Musik und Feuerwerk gefeiert. Man schmückte die Häuser mit bunten Neujahrsbildern, besuchte Familienmitglieder und Freunde, überbrachte Geschenke und saß gesellig beisammen, dem Spiel der Kinder und Enkel zusehend. In den letzten Jahren waren die meisten Vietnamesen allerdings nicht in der Lage gewesen, ihr Tet-Fest so zu feiern, wie es die Sitte verlangte. Nach den französischen Kolonialherren waren die japanischen Besatzer ins Land gekommen, und nach diesen hatten wiederum die Franzosen versucht, die Nachfolge anzutreten. Krieg und Hunger hatten Feste nahezu unmöglich gemacht; oft waren die Familien zerrissen, es gab mehr Leid als Anlaß zur Freude. Auch jetzt war das noch so. Und trotzdem hatte kein Vietnamese in diesem um seine Existenz ringenden Land das Tet-Fest vergessen. So führte schließlich im Februar der Kampf um die Befreiung dazu, daß die Vietminh-Truppen, die Dien Bien Phu eingeschlossen hatten, auf eine ganz besondere Art an das Mondneujahr erinnerten. Die Botschaft ging an die im Kessel auf den Angriff lauernden Franzosen.

Am Vormittag des 3. Februar mußte Keng eine Gruppe geschulter Artilleriebeobachter in vorher ausgesuchte Verstecke führen. Es waren über die nordöstlichen und östlichen Hänge verteilte Stellen, von denen aus das französische Befestigungssystem gut einzusehen war. Es war eine mühselige Kletterei und die

Witterung für die Jahreszeit noch ungewöhnlich warm. An verschiedenen Stellen stieß Keng mit seinen Kameraden sogar auf blühende Sträucher, und er lachte zuversichtlich, wenn die Anstiege beschwerlich wurden. «Keine Müdigkeit, Freunde! Wir stehen unter günstigen Vorzeichen. Selbst die Natur ist mit uns, sie gibt uns zu verstehen, daß wir Erfolg haben werden ...»

Die Beobachter machten sich ihre Gedanken über diesen unermüdlichen Kletterer, der sie umsichtig warnte, wenn sie eine vom Gegner einsehbare Stelle passierten, und der die Gegend zu kennen schien, wie sein Heimatdorf.

«Ich hole euch eine Stunde vor Einbruch der Dunkelheit ab», versprach er. «So hat man es mir befohlen. Frohes Tet!»

Zurückgekehrt in sein Versteck, ließ er Quang Do, den Funker, an den Stab die Meldung absetzen, daß er seinen Auftrag erfüllt habe. Er ahnte, was kommen würde, als er sich eine Stunde Ruhe gönnte. In den letzten Tagen hatte er beobachten können, wie immer mehr Geschütze in die vorbereiteten Höhlen an den Hängen gebracht wurden. Berge von Granaten waren in den Bunkern gestapelt worden. Die Kanoniere waren todmüde gewesen, nachdem sie mit geschwollenen Fingern ihre Geschütze zuammengesetzt und für den Kampf fertig gemacht hatten. Über unzählige Berge, durch tiefe Schluchten, auf schmalen Felspfaden hatten sie ihre Geschütze transportiert, bis hierher. Wenn sie glaubten, nicht mehr weiterzukommen, hatten sie sich gegenseitig angefeuert. Die Männer waren in den kurzen Ruhepausen dort, wo sie gerade standen, einfach zu Boden gesunken, eingeschlafen. Nicht einmal die Ankündigung, es gäbe Tee, konnte sie wecken. Sie hatten die Worte im Ohr, die ihnen beim Abmarsch verlesen worden waren: Von ihrem Einsatz hing es ab, ob man den Feind bei Dien Bien Phu schlagen würde. Schaffe man das, wäre er in ganz Indochina erledigt. Das hieß Freiheit, Boden für die Bauern, Arbeit für die Städter, Schulen für die Kinder. Eine Armee, die für greifbare Ziele alles einsetzte.

Inzwischen standen die Kanoniere an ihren Geschützen bereit, wieder hellwach. Ebenso die Beobachter in ihren Felsverstecken. Die Geschütze wurden auf Kommando aus den Höhlen gezogen, in denen sie der Gegner weder sehen noch bekämpfen konnte. Granaten glitten in die Rohre, Verschlüsse klickten, die

Richtkanoniere drehten ein letztes Mal an den Kurbeln, bis die Einstellung stimmte. Dann herrschte wieder Stille.

Genau um zwölf Uhr mittags am Tag des Tet-Festes zündeten einige Dutzend Pioniere der Volksarmee an Stellen der Abhänge, wo es weit und breit keine Geschütze gab, aber einige Bambusrohre so aufgestellt worden waren, daß sie aus einiger Entfernung leicht mit Geschützrohren verwechselt werden konnten, einen Feuerwerkskörper nach dem anderen. Sie verursachten Krach und Qualm. Gleichzeitig feuerte von jeder Batterie gleichzeitig ein Geschütz aus seiner gedeckten Stellung eine Granate ab. Die Geschosse schlugen vorwiegend auf der großen Landepiste im Zentrum von Dien Bien Phu ein. Die Piloten rannten durcheinander und versuchten im Schnellstart ihre Maschinen zu retten.

Aber auch in der Nähe anderer Befestigungsanlagen stiegen die Rauchpilze der Vietminh-Granaten auf. Und die Beobachter maßen durch ihre Geräte sorgfältig die Lage der Schüsse nach, machten Notizen, die später in jeder Batterie ausgewertet werden sollten.

Nicht viel mehr als einige Kilometer betrug die Entfernung, aber die Richtkanoniere mußten sich erst darauf einstellen, daß sie aus einer höher liegenden Stellung ins Tal hinab schossen. Da war trotz aller genauen Berechnungen ein Probeschuß der beste Test.

Auf dem Befestigungswerk «Eliane», nahe der Südost-Flanke der französischen Stellungen, fuhr der Artilleriebeobachter aus seinem Mittagsschlaf, den er in seinem aus Bambusstangen gezimmerten Aussichtsturm gehalten hatte. Das klare Wetter ermöglichte eine ausgezeichnete Fernsicht, und so erkannte der Beobachter auch sofort die Rauchwölkchen, maß sie an und schrie ihre Positionen in sein Funkgerät. Dazwischen teilte er dem Artilleriekommandeur immer wieder erregt mit: «Sie sitzen auf dem Mont Chauve und dem Mont Fictif, ich kann es genau sehen!»

Die Franzosen hatten diese beiden Berge willkürlich so benannt. Oberst Piroth, der einarmige französische Artilleriekommandeur von Dien Bien Phu, Veteran vieler Gefechte, der sich die Berge durch das Scherenfernrohr besah, von dem plötzlichen Artilleriefeuer total überrascht, gab sofort Befehl, das Gegenfeuer

Generale vor der Schlacht: (von links) Cogny, de Castries, Navarre

auf die von seinem Beobachter gemeldeten Abschüsse zu eröffnen.

Das war sein entscheidender Fehler, denn die Einschläge seiner 10,5-cm-Geschütze an den Hängen machten es dem Beobachter fortan unmöglich, die tatsächlichen Abschußstellen zu orten. Es entstanden Wolken von Pulverqualm und aufgewirbeltem Kalksteinstaub, in denen alles verschwand.

Oberst de Castries beorderte einige Panzer an die Ostflanke. Sie schossen von dort aus wütend in die Berge, ohne genaue Ziele erkannt zu haben. Jagdbomber stiegen auf und belegten die qualmüberzogenen Hänge mit Bomben und Raketen.

«Endlich!» rief der Festungskommandant seinem Stabschef Langlais durch den Donner der Abschüsse zu. «Sie rücken ihre zwei Kanönchen heraus, die sie auf die Berge zerren konnten! Jetzt kriegen wir sie!»

Auch er irrte sich. Während er erregt durch sein Fernglas in die Qualmwolken starrte, registrierten die Beobachter der Volksarmee gelassen die Lage der eigenen Schüsse. Nach einer halben Stunde feuerten nur noch die Franzosen. Sie verschossen mehr als 1500 Granaten auf Scheinziele, während die Artillerie der Volksarmee nach 100 Schuß das Feuer einstellte. Die Geschütze wurden in die Kasematten zurückgezogen und gewartet. Ihre erste Aufgabe hatten sie ohne eigene Verluste erfüllt: Man hatte genau Maß genommen.

Als in Dien Bien Phu kein Geschoß mehr einschlug, stieg Oberst de Castries in dem stolzen Gefühl, das bißchen gegnerische Artillerie niedergekämpft zu haben, gemächlich aus seinem Bunker. Er ging zu Oberst Piroths Gefechtsstand hinüber. Wie immer, wenn er sich außerhalb des Kommandostandes zeigte, trug er sein rotseidenes Halstuch, die hellrote Feldmütze der Spahis, die er so liebte, und schwang einen Spazierstock aus Tongkingrohr.

«Gratuliere», sagte er gönnerhaft. «Sie haben den Kerlen kurz und schmerzlos die Zähne gezogen. So schnell erholen die sich davon wohl nicht!»

Danach genehmigte er, zusätzlich zu den von Lai Chau hierher geflüchteten Huren ein Feldbordell aus Hanoi einfliegen zu lassen. Die Lai-Chau-Huren gehörten einem algerischen Nomadenstamm an und waren von früher in Nordafrika stationiert gewesenen Einheiten nach Asien mitgeschleppt worden, eine Freizügigkeit, die man in der Kolonialarmee Frankreichs traditionell übersah. Zumal man gewöhnt war, diese Feldhuren wie Ausrüstungsgegenstände zu behandeln, die einfach weggeworfen wurden, wenn sie verschlissen waren. Bei der aus Hanoi einzufliegenden Einrichtung handelte es sich um ein sogenanntes B.M.C. Eigentlich stand diese Abkürzung für «Bataillon Médical de Campagne» (Feldsanitätsabteilung). Das hörte sich in Berichten besser an. In der Truppe war ein B.M.C. als «Bordell Mobile de Campagne» bekannt, eben ein bewegliches Feldbordell.

Paule Bourgeade beförderte das von de Castries unterzeichnete Gesuch mit spitzen Fingern in den Behälter der nach Hanoi abzusendenden Post. Die selbst in ihrer gescheckten Uniform und den Fallschirmspringerstiefeln immer noch an ein Pariser Mannequin erinnernde Sekretärin des Festungskommandanten hatte eigenartigerweise für die primitiven sexuellen Bedürfnisse der Kolonialsoldaten immer weniger Verständnis. Das mochte daran liegen, daß ihr Verhältnis zu de Castries eher romantisch war, obgleich der Oberst im Grunde die gleichen Bedürfnisse hatte wie die ihm unterstellten Soldaten.

Keng hörte die Patrouille herankommen. Die Richtung zeigte an, daß es sich um eigene Leute handelte. Aber sie waren ungewöhnlich laut. Keng begriff den Grund, als sie näher kamen und er sie sehen konnte. Es war ein schwer beladener Verpflegungstrupp.

«Bist du Keng?» wollte der Anführer wissen.

«Wer sonst ist so weit vorn wie ich?»

Der Anführer grinste. Er war ein kleiner dunkelhäutiger Soldat, der einen riesigen Revolver an der Hüfte trug, außerdem schleppte er verschiedene Säcke und Behälter, wie die anderen auch, die sich jetzt für einen Augenblick niederhockten.

«Ein glückliches Tet-Fest wünscht dir das Oberkommando», wandte sich der kleine Soldat feierlich an Keng, als er wieder bei Atem war. «Und mein Trupp schließt sich an.»

Keng sah, wie sich, durch das Gespräch angelockt, der Funker Quang Do vorsichtig heranschob. Er winkte ihm, näher zu kommen. Zu dem kleinen Soldaten sagte er: «Nun kannst du deinen Spruch noch mal wiederholen!»

Der andere gratulierte auch Quang Do, dann meinte er: «Ein Glück, daß die Kletterei bald aufhört. Weißt du, was unsere Pakken wiegen? Wir sind unterwegs zu allen vorgeschobenen Beobachtern und zu den Flakständen, die weiter abwärts am Hang liegen.»

Er öffnete einen der Säcke, die er an einem Kokosfaserstrick über der Schulter getragen hatte. Daraus zauberte er für Keng und seinen Funker Reismehlkuchen, kalten Braten und in Zukker geschmolzene Erdnüsse, eine der beliebtesten Schleckereien, die jeder noch aus seiner Kinderzeit kannte, wenigstens vom Hörensagen. Er übergab die Geschenke, dann legte er mit ernstem Gesicht die Hand zum Gruß an den Tropenhelm und verkündete im Ton einer Proklamation: «Der Oberkommandierende, General Giap persönlich, wünscht guten Appetit für alle Kämpfer. Und – er spricht jedem von euch, der an dem Feuerüberfall beteiligt war, seine Anerkennung aus.»

Damit am Ende, begann er den Sack wieder zuzuschnüren. Er warf ihn über die Schulter und rief seinem Trupp zu: «Vorwärts! Wir haben noch einen weiten Weg!»

Der Funker, bei Keng zurückgeblieben, starrte ungläubig auf die Gaben. Einer von dem Trupp, der eine große Flasche

Auf dem Weg zur Front. Aus verschiedenen Landesteilen zieht das Oberkommando der Volksbefreiungsstreitkräfte Truppen um Dien Bien Phu zusammen. Der Anmarsch ist schwierig, denn die Franzosen haben Straßen und Brücken zerbombt. Sie beabsichtigen, dadurch den Gegner schon vor der Schlacht zermürben zu können schleppte, hatte daraus Tee in Kengs Eßgeschirr gegossen. Starken grünen Tee, in dem noch Blätter und Stiele schwammen.

«Das erfordert Sammlung», meint der Funker zu Keng. «Komm mit zu meinem Gerät, ich kann es nicht länger unbewacht lassen. Wir gönnen uns da oben bei mir eine Tet-Mahlzeit. Tabak habe ich auch noch ...»

Überall in den Stellungen der Volksarmee um Dien Bien Phu wurde an diesem Abend gefeiert. In die Klänge der Bambusflöten mischte sich der Ton erbeuteter Mundharmonikas, die bei den Soldaten zu beliebten Instrumenten geworden waren. Teekessel dampften, wenngleich der Tee knapp war und meist nur heißes Wasser getrunken wurde. Tabakrauch stieg in die Abendluft. Es herrschte Vorfreude auf den Sieg, der hier zu erringen war, wenn man den Feind so packte, daß er nicht entrinnen konnte. Aber mancher der Soldaten, der schon viele Kämpfe hinter sich hatte, überlegte still für sich, ob er wohl auch diese Schlacht, die größte bisher, die sich anbahnte, überleben würde. Die Lieder wurden leise gesungen, nicht aus voller Kehle. Das lag nicht allein an der Nähe des Gegners. Kein Soldat auf der Welt ist am Vorabend eines harten Gefechts lauthals fröhlich.

Oberst de Castries hatte nicht die geringste Ahnung, daß in dieser Nacht noch ein Regiment der Volksarmee am nördlichen Rand seiner Festung, in nur fünf Kilometer Entfernung, Stellung bezog. Er wurde zudem durch gezielte Irreführung in seiner Ansicht bestärkt, die Vietminh belagerten die Festung lediglich mit begrenzten Kräften und hätten keine Chance, sie erobern zu können. De Castries erwartete gelegentliche örtliche Vorstöße, aber er fühlte sich stark genug, ihnen zu begegnen. Nun vollführte die Volksarmee zudem noch ein Manöver, das Castries als endgültigen Beweis für ihr geringes Interesse an der Eroberung Dien Bien Phus ansah: Die 308. Vietminh-Division, so meldeten Aufklärer, wurde in Richtung Laos abgezogen.

General Giap, der dem Oberkommando diese taktische Maßnahme vorschlug, hatte den Täuschungseffekt klug berechnet, und er ließ dafür sorgen, daß die Spione des französischen Expeditionskorps die Verlegung eiligst meldeten, mit der Bemerkung, die Vietminh wollten offenbar im Rücken der eingeschlossenen

Festung ihre Operationen nach Laos hinein verstärken. In Wirklichkeit ging es nicht darum, weil die wenigen isolierten Außenposten der Franzosen, die es noch in dem unwegsamen Dschungelgebiet zwischen den faltigen Bergrücken gab, ohnehin keine Gefahr mehr für die Befreiungskräfte darstellten. Daß durch die Verlegung aber selbst die schwächste, von Dien Bien Phu ausgehende Stoßtruptätigkeit der Franzosen in Richtung Laos unmöglich wurde, übersah de Castries vorerst. Er glaubte in der Verlegung der Division einen Vorteil zu erkennen. Damit irrte er so gründlich, daß der Schaden später nicht mehr gutzumachen war. Aus Hanoi hatte er nämlich von General Cogny den Auftrag bekommen, für den äußersten Notfall einen Evakuierungsweg ostwärts erkunden zu lassen. Es gab verschiedene Strecken, auf denen nach Aussage der Luftaufklärung sogar mit Lastwagen gefahren werden könnte.

Aber de Castries lehnte das kategorisch ab: Dien Bien Phu sei eine Festung, man habe nicht die Absicht, den Vietminh auszuweichen, sondern man werde sie ins Tal locken, um sie dort zu vernichten. Damit war der ehrgeizige de Castries, der den Generalsstern in greifbarer Nähe sah, völlig auf die illusorische Betrachtungsweise Navarres eingeschwenkt, obwohl er immerhin ein erfahrener Soldat war. Er versicherte dem skeptischen Cogny, der die Chancen für Dien Bien Phu immer schwächer werden sah und in seiner Umgebung verlauten ließ, er halte das Nest für eine Mausefalle, daß er mit seiner Artillerie jeden Vietminh-Vorstoß zusammenschießen könne. Dabei handelte es sich außer den schweren Granatwerfern um nicht mehr als zwei Dutzend 10,5-cm-Haubitzen und eine 15,5-cm-Batterie.

Der Artilleriekommandeur von Dien Bien Phu, Oberst Piroth, lehnte selbst nach dem ersten Feuerüberfall eine Aufstockung seiner Geschütze lachend ab. Er könne jede Aufgabe mit den vorhandenen Rohren lösen. Im übrigen wies er Ratschläge zurück, seine Geschütze besser zu decken. Er hatte sie, nur von brusthohen Sandsackbarrikaden umgeben, frei stehen. Das erhöhte die Splittergefahr für die Bedienung. Doch Piroth behauptete, es wäre ein Vorteil, er könne die Geschütze schnell drehen und so in jede beliebige Richtung schießen, aus der angegriffen würde.

Während die Ungewißheit anhielt, wann denn nun die Vietminh den nächsten Angriff wagten, verschafften diese sich im angrenzenden Laos Ellenbogenfreiheit. Die Vorstöße konzentrierten sich zuerst auf die einzige noch bemerkenswerte französische Basis, das befestigte Muong Khoua. Dort lag unter anderem ein Bataillon Fremdenlegionäre. In der letzten Januarwoche wurde Muong Khoua von der Volksarmee zusammen mit den laotischen Verbündeten erobert. Binnen kurzer Zeit war danach das ganze Tal des Nam-Hu-Flusses befreit.

Die Befreiungsstreitkräfte stießen vorerst nicht weiter vor, aber sie hatten nun die letzte, wichtigste strategische Verbindungslinie zwischen dem nördlichen Vietnam und Nordlaos in ihrer Hand. Sie hatten gegnerische Streitkräfte in Stärke von etwa 17 Kompanien vernichtet, und – was von hoher strategischer Bedeutung war – sie konnten die Provinz Phong Saly befreien, so daß es nun im Norden Indochinas eine große zusammenhängende befreite Zone gab, die den Norden Vietnams und die laotischen Grenzprovinzen Phong Saly und Sam Neua zu einem sicheren, für alle weiteren Aktionen entscheidenden Hinterland werden ließ.

Weder General Navarre, der schleunigst Verstärkungen nach Luang Prabang fliegen ließ, noch de Castries, der in Dien Bien Phu auf den Sieg baute, beachteten, daß die an der Laos-Operation beteiligten Verbände der vietnamesischen Volksarmee nun in das Potential zurückkehrten, das rings um die Festung aufgebaut worden war.

Luftbeobachter und gelegentlich noch einige hundert Meter vor den Stacheldrahtzäunen Dien Bien Phus operierende Spähtrupps meldeten übereinstimmend, die Vietminh hätten sich rings um die Festung eingegraben. Aber so sehr die Beobachter auch suchten, Stellungen der Vietminh-Artillerie konnten sie nicht entdecken. Amerikanische Berater, die den Korea-Krieg erlebt hatten, warnten vor in die Felshänge getriebenen Stollen, aber de Castries wischte ihre Bedenken hinweg: Die Vietminh hätten gar nicht das schwere Gerät dazu!

Es kam der Februar 1954. In militärischen Kreisen von Paris herrschte steigende Besorgnis, was die Situation im Norden Indochinas betraf. Inzwischen waren mehrere Delegationen von

Regierungs- und Militärpolitikern in Indochina gewesen, hatten auch Dien Bien Phu besucht und fast ausnahmslos Bedenken geäußert, ob dieses Experiment Erfolg haben könne. Zuletzt hatte sich Staatssekretär de Chevigne vom Verteidigungsministerium die Festung besehen, ein in Kolonialfeldzügen erfahrener Mann. Nach seiner Rückkehr erklärte er dem Verteidigungsminister Pleven respektlos, er halte Dien Bien Phu für eine Art Nachttopf, von dessen breitem Rand sich das Unheil ins Innere herab ergießen würde. Seiner Meinung nach wäre der Artilleriekommandeur Piroth ein Phantast, und auch Herrn de Castries mangle es wohl an Vorstellungskraft, was die Möglichkeiten seiner Gegner beträfe.

René Pleven war einer der reaktionärsten Politiker des damaligen Frankreichs. Er hatte bereits mehrmals Ministerämter bekleidet, war sogar Ministerpräsident gewesen. Am Zustandekommen der amerikanisch-westeuropäischen Militärallianz, die sich hauptsächlich gegen die Sowjetunion und ihre befreundeten Länder richtete, hatte er entscheidenden Anteil gehabt. Immerhin mangelte es ihm nicht an einem gewissen Realitätssinn, was Frankreichs Fähigkeit zur Kriegführung in Übersee anging. Zudem waren ihm auf privaten Kanälen Meinungen hoher Offiziere aus Navarres Saigoner Stab zugegangen, die von der Unmöglichkeit eines Erfolges im Norden Vietnams sprachen. Jene Offiziere wandten sich gegen die weitere Verheizung französischer Streitkräfte. Sie empfahlen eine Räumung der nördlichen Landesteile Vietnams, also des Gebietes, das die Geographen früher als Tongking bezeichneten. Mit den vorhandenen Kräften ließen sich, so argumentierten sie, danach die südlichen Gebiete besser absichern. Mit diesen im festen Besitz könnte Frankreich ohne noch größeren Prestigeverlust am Konferenztisch das beste aus der entstandenen Lage machen.

Pleven bestieg kurzerhand in Paris eine Maschine und ließ sich zusammen mit einigen ausgewählten Spezialisten seines Ministeriums nach Vietnam fliegen.

Der 19. Februar war ein kühler Tag. Morgens hatte es über dem Delta des Roten Flusses Nebel gegeben, und der Minister konnte daher erst gegen Mittag den lezten Reiseabschnitt von Hanoi nach Dien Bien Phu, antreten. Vorher war er zur Tarnung in die dunkle landesübliche Kleidung gesteckt und mit einem kegelförmigen Strohhut versehen worden, der sein Gesicht verdeckte.

Er traf in Dien Bien Phu auf de Castries und ihm ergebene Offiziere, die zuversichtlich von der Stärke der Festung sprachen, die Pleven aus Sicherheitsgründen nur oberflächlich besichtigte.

Mit von der Partie war auch General O'Daniel, der von US-Präsident Eisenhower persönlich instruierte Chef der US-Verbindungsmission in Vietnam (MAAG). Er hatte strenge Weisung, weiterhin Hilfe zu offerieren und im übrigen die Franzosen zur Weiterführung des zermürbenden Krieges zu ermuntern, bis für die Vereinigten Staaten der Augenblick günstig sei, das Erbstück Vietnam zu übernehmen.

«Kaffee?» fragte Paule Bourgeade mit freundlichem Augenaufschlag, als die Herren in de Castries Kommandobunker zur Abschlußbesprechung zusammenkamen. Sie hatten die flachen Schutzgräben gesehen, und die nur mit Holzstämmen gedeckten Unterstände, sie hatten das Treiben badender Soldaten am Nam-Youm-Fluß und das Landen der Versorgungsmaschinen auf der Hauptpiste beobachten können. Gelegentliche Einschläge von 7,5-cm-Granaten erklärte de Castries mit der üblich gewordenen Bemerkung, daß die Roten eben ein paar Rohre zusammengestohlen hätten, mit denen sie jetzt ballerten.

Pleven rührte unschlüssig in seinem Kaffee und wandte sich an seine Begleiter. Diese aber hüteten sich, ihre Gedanken offen zu äußern. Bis auf den Stabschef der Luftstreitkräfte gaben sie einer nach dem anderen ihrer Überzeugung Ausdruck, Dien Bien Phu sei für alle Fälle gerüstet.

General Fay, von dem immer mehr Transportraum, immer mehr Jagdflugzeuge gefordert wurden, erklärte hingegen kurz und bündig, er halte die Festung für nicht verteidigungsfähig. «Ich empfehle», so sagte er, «den sofortigen Abzug aller Truppen. Ich bin bereit, dafür jede flugfähige Maschine zur Verfügung zu stellen. Für andere Zwecke nicht.»

Es schien ihn nicht zu wundern, daß er keine Antwort erhielt, denn er hatte dasselbe bereits Pleven unter vier Augen vorgeschlagen und von diesem nur einen betretenen Blick geerntet. Pleven wagte es auch jetzt nicht, sich der offen zur Schau getragenen Zuversicht der Offiziere de Castries' entgegenzustellen. Er war Zivilist, und ein Zivilist in seiner Position war verloren, wenn er durchblicken ließ, er sei klüger als die Absolventen von St. Cyr, als die Barden vieler Schlachten. Er entschied sich fürs Lavieren.

Nach Hanoi zurückgekehrt, ließ er über diskrete Kanäle an die Vietminh durchblicken, er stehe noch eine Woche für geheime Verhandlungen über einen Waffenstillstand zur Verfügung, er werde sich zu diesem Zweck im südvietnamesischen Küstenbadeort Cap Saint Jacques aufhalten. Doch die Vietminh legten keinen Wert auf diese Art Geheimverhandlungen, die letztlich die französische Präsenz in Vietnam zementieren sollten. Sie vertrauten ihrer Kraft, und im übrigen würde in Genf ohnehin sehr bald auf der von der Sowjetunion vorgeschlagenen Außenministerkonferenz über die Beendigung des Kolonialkrieges in Indochina verhandelt werden. So blieb Plevens Taschenspielertrick ohne Antwort. Der Minister flog nach Paris zurück, unverrichteterdinge und unentschlossener, als er zuvor gewesen war.

In Paris vermochte er trotz großer schauspielerischer Anstrengungen keine Siegeszuversicht zu verbreiten. Er berichtete dem Ministerpräsidenten Laniel, wobei er die von Luftflottenchef Fay geäußerten Vorschläge diskret verschwieg. Als Rückversicherung bestellte er lediglich den Indochina-Veteranen General Salan zu sich, der nun Generalinspekteur des Nationalen Verteidigungsrates war und bat ihn um Vorschläge, wie man de Castries unterstützen könne, um einer Katastrophe vorzubauen. Eine entscheidende Veränderung der französischen Indochinapolitik leitete Pleven nicht in die Wege.

Am 11. März bereiten sich auf dem am weitesten im Nordosten des Tals gelegenen Stützpunkt «Beatrice» zwei Bataillone französischer Fallschirmjäger auf einen Angriff in Richtung Osten vor, wo ein Spähtrupp Vietminh-Stellungen ausgemacht hat. Der Befehl wird verlesen: Angreifen, bis zu dreihundert Meter Höhe auf die Hänge vorstoßen, Gegner vernichten, zurückziehen.

Der Morgendunst will nicht verschwinden heute. Die Soldaten frösteln. Um diese Zeit kriecht die Kälte aus dem Boden, die Sonne, die ihn sonst erwärmt, fehlt. Zigaretten werden geraucht,

Nacht über Dien Bien Phu. Leuchtkugeln tauchen die Befestigungsanlagen in gespenstisch weißes Licht. Weit hinten, in den Hügeln, liegen vietnamesische Streitkräfte, bereit zum entscheidenden Schlag

die üblichen Zoten wiederholt. Ohne daß die Vorgesetzten es zur Kenntnis nehmen, wird «Vinogel» pur getrunken. Man hustet, spuckt, schimpft über die lange Wartezeit, und als dann endlich die Clairons, ganz wie im Lehrbuch, zum Angriff blasen, stürzen die Männer schreiend vorwärts. Ihr Geschrei soll ihnen selber Mut machen. Pioniere haben die Drahthindernisse beiseite geräumt. Bald sind hundert Meter überwunden, noch einmal hundert, es wird ziellos geschossen. Der Gegner soll eingeschüchtert werden, sich in seinen Löchern ducken, so daß man ihn mit dem Bajonett erledigen kann.

Die beiden Bataillone kommen schnell vorwärts. Doch als sie sich der Biegung des Nam Youm nähern, jener Stelle, an der die

Beflügelt von dem Gedanken, daß es um die Freiheit und Unabhängigkeit Vietnams ging, vollbrachten die Soldaten unter dem Kommando General Giaps unvergleichliche Leistungen

Straße Nr. 41 fast parallel zum Fluß verläuft, gibt es plötzlich in der Luft das bösartige Fauchen herabsausender Werfergranaten. Den Abschuß haben die Angreifer nicht hören können in dem Lärm, den sie selbst veranstalten. Aber jetzt werden sie durch die Einschläge wachgerüttelt. Schmutziggelbe Erdfontänen, ein Regen von Splittern. Hier und dort bleibt einer der Männer tot liegen. Verletzte schreien um Hilfe.

«Vorwärts!» brüllen die Zugführer. Es geht durch halbhohes Gebüsch, in dem es kahle Stellen gibt, Napalmbrandflächen. Weiter auf die Hänge zu liegt eine grüne Wand – der letzte dichte Waldstreifen vor den Bergen. Von dort aus eröffnen die Soldaten der Volksarmee, nachdem die Granatwerfer eine Pause einlegen, Maschinengewehrfeuer. Dazwischen prasseln Gewehrschüsse. Wieder regnet es Werfergranaten.

«Kommt heraus, ihr Hunde», schreit ein bärtiger Caporal wütend. Er bestreicht mit seinem leichten MG aufrecht stehend den

143

Waldrand, ein Bild, wie es die Illustrierten zu Haus gern bringen: Der Herr der Lage! Der Caporal hat die Vorstellung, daß da drüben halbnackte Analphabeten liegen, die davonlaufen werden, wenn sie sein zornrotes Gesicht mit dem zottigen Bart sehen. Er wird keine Gelegenheit mehr haben, seine Gegner von Angesicht zu Angesicht zu sehen. Als er das Magazin leergeschossen hat, trifft ihn eine Kugel in die Stirn.

Der Vorstoß bleibt stecken. Vom Abwehrfeuer überrascht, werfen sich die Franzosen zu Boden, suchen in der undurchsichtigen grünen Mauer nach dem Gegner. Die Zugführer wissen, kommt ein Angriff erst einmal zum Stocken, ist es nur selten möglich, ihm noch einmal Schwung zu verleihen.

«Auf, marsch!»

Einige erheben sich, andere fummeln an ihren Waffen herum, zögern. Die Kommandos werden schärfer. Dann kommt die nächste Lage Werfergranaten. Splitter surren wie bissige Insekten durch die Luft. Wer nicht schon auf dem Bauch liegt, wirft sich jetzt hin.

«Aus», konstatiert Oberstleutnant Langlais, der als Draufgänger bekannte Anführer so mancher Stoßtrupps, der das Geschehen von der Festung aus beobachtet.

Piroth, der Artilleriekommandeur, ringt verzweifelt um Fassung. «Die Entfernung ist zu kurz für meine Geschütze!»

De Castries sieht sich gezwungen, über Funk die Einstellung des Angriffs zu befehlen. Geschlagen kehren die Fallschirmjäger gruppenweise zurück, kriechend, viele von ihnen verletzt. Die Toten liegen noch vor «Beatrice», dort, wo der Vorstoß scheiterte. Erst in der Nacht wird man sie bergen können.

Doch noch bevor das Tageslicht verblaßt, blitzt es am Kahlen Berg auf: Mündungsfeuer einer einzelnen 7,5-cm-Kanone der Vietminh. Ein auf der großen Landepiste im Zentrum der Festung stehendes Doppelrumpfflugzeug des Typs C-119, aus US-Beständen, soll vernichtet werden. Das Geschütz braucht etwa ein Dutzend Granaten, dann brennt die Transportmaschine hell lodernd.

«Geschütz zurück!» kommandiert der Batterieführer am Kahlen Berg. Zwanzig Fäuste greifen zu. Die Männer schwitzen vor Anstrengung, aber sie sind vom Erfolg beflügelt. In weniger als einer Minute ist die Kanone wieder in ihrer Felskasematte verschwunden. Schicht auf Schicht fliegen die vorbereiteten Sandsäcke vor die Öffnung. Wenig später sitzen die Kanoniere in ihrem Bunker. Sie lachen übermütig, als die «Bearcat»-Jagdmaschinen, schnell gestartet, vor dem Hang entlangflitzen und ihre Leuchtspurgeschosse von den Felsbrocken abprallen.

Noch hat der Großangriff nicht begonnen. Noch ist es ein Abtasten, was da vor sich geht. Streufeuer. Einschießen. Ein festgelaufener Vorstoß der Fallschirmjäger. Das Resultat von alldem sind etwa hundertfünfzig Tote, etwa achthundert Verletzte und an die neunzig Vermißte, die sich vermutlich in vietnamesischer Gefangenschaft befinden.

Das Lazarett, unmittelbar neben dem Kommandobunker von de Castries gelegen, halb unterirdisch und wie der Bunker mit ein paar Wellblechplatten notdürftig geschützt, hat genau 42 Pritschen für Schwerverwundete. Der Chef, Oberstabsarzt Grauwin, ein schwergewichtiger Mann, arbeitet fluchend die ganze Nacht. Er schimpft auf die Leute, die es nicht für möglich gehalten haben, daß hier einmal Hunderte von Verletzten zu versorgen sein könnten. Man legt sie einfach ins Freie. Huren aus dem B. M. C. werden zur Verstärkung des Pflegepersonals abkommandiert. Unweit vom Lazarett starten und landen, wenn die Piste nicht gerade beschossen wird, C-47-Maschinen, die Tote und Verwundete nach Hanoi ausfliegen.

Als der Chirurg Grauwin sich beim ersten Tagesschimmer todmüde in einer Ecke für eine Stunde Ruhe auf den blanken Boden legt, sagt er, bevor er einschläft, zu de Castries, der betroffen das Lazarett besichtigt: «C' est la guerre ...» (So ist der Krieg.)

Anh Chu kontrollierte die um das Hauptquartier der Volksarmee eingesetzten Posten nun schon zum dritten Mal an diesem Tag. Mit der Verlegung in die Nähe der feindlichen Konzentration bei Dien Bien Phu war die Gefahr von überraschenden Kommandounternehmungen der Franzosen gewachsen. Noch wußte der Gegner allerdings nicht einmal annähernd, wo sich das Hauptquartier befand. Nur knapp ein Dutzend Kilometer von de Castries Kommandostand entfernt wähnte er es keinesfalls. Aber in einer Zeit wie dieser war man nie ganz sicher vor Verrätern und

Spähern, man hatte Vorsicht zu üben. Also versah Anh Chu seine Kontrollgänge unverdrossen.

Die Posten meldeten, es gäbe keine besonderen Ereignisse. In der Tat lagen die vom Frühnebel verschleierten Berge ringsum still, die Wege waren unter Kontrolle, auch auf der Straße von Tuan Giao hierher war wie immer tagsüber alles ruhig. Solange es hell war, transportierte man Munition, Verpflegung und Pioniermaterial nur dort, wo das dichte Laubdach des Dschungels die Anmarschpfade deckte. Dort schoben die freiwilligen Helfer in langen Kolonnen ihre mit bis zu sechs Zentnern beladenen Fahrräder vorwärts, den Lenker mit einem Stück Bambus verlängert, so daß sie das schwere Rad besser balancieren konnten. Nachts wurde dann der letzte, ungedeckte Abschnitt überwunden, meist von Trägern, denn in den Felsen um die Mulde von Dien Bien Phu, wo sich die Artillerie versteckte, kam man mit dem Fahrrad nicht mehr weiter.

Die gegnerische Luftflotte führte tagsüber in regelmäßigen Abständen Bombenangriffe auf die Nachschubwege. Es kam vor, daß dadurch Verluste entstanden, vor allem aber mußten Wege und Flußübergänge nach Treffern so schnell wie möglich wieder instand gesetzt werden. Dafür lagen in gewissen Abständen Gruppen von Arbeitern längs der Nachschubstrecken in Bereitschaft, versteckt im dichten Dschungel. Sie versahen gleichzeitig den Dienst von Streckenposten. Bei ihnen konnte ein hungriger Fahrer schnell eine Schale Reis essen oder eine Stunde schlafen.

In der vergangenen Nacht hatte Anh Chu mitgeholfen, eine der Brücken aus Bambusstangen zu reparieren, die tagsüber stets einige Handbreit tief in das lehmige Wasser des Nam Youm versenkt wurden, um sie der Sicht zu entziehen. Auch diesmal hatten die Flieger sie nicht ausgemacht, als sie ihre Bomben abwarfen. Sie zielten auf etwas, das sie aus der Höhe nicht definieren konnten: Es war weiß und bedeckte eine Grasfläche am Ufer. In Erwartung von Verwundeten hatte Professor Ton That Tung, der Chef des Medizinischen Dienstes der Volksarmee, aus dem Hinterland Verbandstoff heranschaffen lassen. Dieser aber war auf dem weiten Weg schmutzig geworden, von Regengüssen durchweicht, schlammbespritzt. Krankenschwestern gingen sogleich daran, ihn zu waschen und am Ufer zum Trocknen auszulegen.

Sie glaubten, in den nächsten Stunden würde es keinen Luftangriff geben.

Sie irrten sich. Eine «Alouette», einer jener kleinen französischen Beobachtungshubschrauber, wurde auf den eigenartigen weißen Fleck in der Landschaft aufmerksam und lotste einen Bomber herbei, der seine Last darüber ablud. Er zielte nicht besonders gut. Die meisten Bomben fielen in den Fluß. Ihre Dreckfontänen deckten die Mullbinden ein, die nun zum zweitenmal gewaschen werden mußten. Dafür aber zerstörten sie Teile der im Wasser versenkten «Nachtbrücke», ohne daß der Pilot das auch nur ahnte.

Harte Arbeit war nötig gewesen, um die Brücke wieder aufzubauen, und alle dienstfreien Posten hatten sich beteiligt, damit die Pioniere schneller fertig wurden.

Wenn Anh Chu jetzt daran dachte, dann war er weniger auf die eigene Leistung stolz, sondern er bewunderte vielmehr den Eifer der jungen Mädchen, die bis an die Hüften im Wasser stehend, mit ihren Händen und etwas grüner Seife den Verbandstoff gereinigt hatten. Einige von ihnen waren sehr hübsch, aber sie gaben sich ziemlich unnahbar. Meist hatten sie wohl Männer, die selbst an der Front standen, oder Freunde. Zudem waren sogenannte «Frontehen» in der Volksarmee nicht üblich.

Der Professor vom Medizinischen Dienst, ein stämmiger, beweglicher Mann, dem die Brille immer wieder an der schweißfeuchten Nase abrutschte, belehrte die Mädchen, während sie arbeiteten, sie müßten die Regeln der Tarnung besser beherzigen. Überhaupt sei es riskant, sich darauf zu verlassen, eine französische Bombe würde das rote Kreuz respektieren.

«In diesem Kampf geht es uns um die Freiheit», dozierte er, die nackten Füße, auf denen er im Wasser stand, aneinanderreibend. «Für die Franzosen geht es um eine Kolonie. Um Rohstoffe. Militärische Stützpunkte. Da werden zuweilen alle Regeln anständigen Kämpfens beiseite geworfen. Ihr müßt auf der Hut sein, meine Mädchen! Macht nie wieder den Feind so demonstrativ auf euch aufmerksam – ich möchte euch später, im freien Vietnam, wiedersehen, in neuen Krankenhäusern. Ihr werdet dann die Erfahrensten im Beruf sein, werdet die Jüngeren ausbilden helfen, die jetzt noch Kinder sind. – Auf, beeilt euch mit

Lagebesprechung im Generalstab der Volksstreitkräfte während der Schlacht um Dien Bien Phu. Von rechts: Oberkommandierender Vo Nguyen Giap, Generalsekretär der KP Vietnams Truong Chinh, Ho Chi Minh, Pham Van Dong. Ganz links der damalige Stabsoffizier und spätere Verteidigungsminister der SRV Van Tien Dung

dem Waschen! Trocknen werden wir die Binden diesmal unter den Baumkronen!»

Anh Chu war beeindruckt gewesen. Mit welcher Sicherheit sprach der Professor doch von dem, was später kommen sollte: ein freies Vietnam. Anh Chu stieg einen Hang hinauf, dort lag ein Luftbeobachtungsposten. Er hatte eines jener erbeuteten französischen Feldtelefone bei sich, einen schweren Kasten mit Kurbel. Im Ernstfall konnte er damit die Luftabwehr um das Hauptquartier binnen weniger Sekunden in Alarmzustand versetzen. «Keine feindlichen Flugzeuge bisher», meldete ihm der Soldat. Er fügte hinzu: «Ist zu viel Nebel über dem Tal. Da sind sie so gut wie blind …»

Im Unterstand des Hauptquartiers, einem tief in den Fels getriebenen Stollen, berichtete General Giap der Parteiführung über die Vorbereitungen auf die Schlacht: «Wir haben die erste Etappe

148

beendet, in der wir unsere Truppen gruppieren konnten und die gegnerischen Außenposten ausschalten. Gleichzeitig wurde der Aggressor zu Lande von jeder Verbindungsader abgeschnitten; er wurde im Tal von Dien Bien Phu eingeschnürt. Die Kampfbereitschaft unserer Truppen ist ausgezeichnet.

Ausrüstung und Verpflegung sowie medizinische Betreuuung sind unter hohen Anstrengungen Zehntausender freiwilliger Helfer gesichert. Die Ausgangspositionen sind bezogen. Gräben und sichere Unterstände decken unsere Truppen, oft nur ein paar hundert Meter vor dem Gegner. Die Artillerie konnte unter unvorstellbarem Kraftaufwand ihre Stellungen ausbauen und beziehen. Sämtliche Geschütze sind feuerbereit. Dies ist der Augenblick, über den Beginn des Angriffs zu befinden.»

Ho Chi Minh, Truong Chinh und Pham Van Dong ließen sich eingehend das Stellungssystem um Dien Bien Phu auf der Landkarte erklären. Schließlich richtete Ho Chi Minh an General Giap die Frage: «Hat der Stab über den Vorschlag der Partei beraten, wie der Angriff geführt werden soll?»

General Giap nickte. «Das Oberkommando schlägt in Beachtung dieser Hinweise vor, das Gefecht in drei Phasen zu führen. Das bietet die Gewähr für die größtmögliche Verhütung von eigenen Verlusten, aber auch für taktisch angemessenes Vorgehen.»

Truong Chinh bat ihn, das näher zu erläutern. So erklärte Giap, zuerst solle der Schlag auf die nördlichen und nordöstlichen Befestigungen begonnen werden. Ein Generalangriff von allen Seiten würde unnötig hohe Verluste bringen und sein Ziel vermutlich nicht erreichen. Brach man aber nacheinander einzelne Befestigungswerke von Dien Bien Phu aus dem System heraus, so verlor die Festung ihr inneres Gefüge und würde ihre schwachen Seiten schneller zeigen.

Die ersten Ziele sollten also die Stützpunkte Doc Lap und Him Lam sein, vom Feind «Gabrielle» und «Beatrice» benannt, sowie die zur Befestigung ausgebaute Siedlung Ban Kheo im Nordwesten, von den Franzosen als «Anne-Marie» bezeichnet, die den Zugang zum Rollfeld nach Norden hin abzuriegeln helfen sollte.

In der zweiten Phase, die sich vermutlich über längere Zeit hinziehen würde, sollten von Osten her die weiter außen liegenden Befestigungen des zentralen Festungssektors nacheinander und in parallel verlaufenden Aktionen ausgeschaltet, die Landebahn zerstört und der befestigte Bereich des Gegners systematisch eingeengt werden. Solange, bis seine Situation absolut ausweglos geworden sei. Die Demoralisierung, die sich unvermeidlich ausbreiten würde, lege die Möglichkeit nahe, daß der Feind aufgäbe. Tue er das nicht, so würde in der dritten und letzten Phase der Schlacht das verbliebene Zentrum der gegnerischen Festung nach gründlicher Artillerievorbereitung aus inzwischen weit vorgetriebenen Schutzgräben und Stollen von allen Seiten zugleich angegriffen werden. In dieser Phase könnten die Invasoren selbst durch Luftunterstützung, die von Hanoi her käme, keine Hilfe mehr erhoffen.

Der nachdenkliche Ho Chi Minh bemerkte in seiner ruhigen, zurückhaltenden Art: «Wenn ich es recht verstehe, ist das Gelingen der zweiten Phase durch den Erfolg in der ersten bedingt. Könnten wir die zweite Phase erfolgreich abschließen, dann wäre die Schlacht so gut wie gewonnen ...»

General Giap spürte, der Plan des Oberkommandos würde die Zustimmung der Parteiführung erhalten. Er erwiderte lächelnd: «Genosse Präsident, unser Ziel ist der Sieg. Den haben wir errungen, wenn über dem Bunker des französischen Kommandanten unsere Fahne weht; eher nicht.»

Am Morgen des 13. März kreiste die erste «Dakota», die von Hanoi Verpflegung heranflog, lange über dem Becken von Dien Bien Phu. Da unten lag eine dünne Nebelschicht, und weil es keine Lichtanlagen gab, die bei einer Landung die Orientierung hätten unterstützen können, mußte die Maschine so lange in der Luft bleiben, bis der Pilot endlich Bodensicht hatte.

Er flog zum ersten Mal diese Route. Die Maschine gehörte der «Aigle Azur», einer mit amerikanischer Finanzhilfe eilig gegründeten Privatgesellschaft, die ebenso wie die «CAT» mit ihren Flügen ein gutes Geschäft machte und außerdem dafür sorgen sollte, daß die USA offiziell nicht allzu sehr mit dem Vietnam-Krieg in Verbindung gebracht werden konnten.

Der Pilot war zu weit südlich gekreist, er hatte das Hauptflugfeld, das nördlich des Festungszentrums lag, nicht entdeckt. Als er schließlich eine Landebahn unter sich sah, ging er darauf nieder. Doch dies war die kleinere, für die Beobachtungshubschrauber gedachte beim Stützpunkt «Isabelle», die man zur Not als Ausweichpiste benutzen konnte. Hier gab es nicht einmal Transportfahrzeuge für die Ladung.

«Und woher bekomme ich die?» brüllte der Pilot in sein Funkgerät.

Der Dispatcher der Hauptlandebahn wies ihn an zu warten. Er werde sich um den Transport kümmern. Aber er ließ sich dann überzeugen, daß die Besatzung Hunger hatte und lud sie in die zentrale Kantine des Stützpunktes ein. Sie lag gegenüber dem Befehlsbunker von de Castries.

«Laßt den Vogel stehen und marschiert nordwärts, in einer halben Stunde seid ihr bei uns ...»

Der Pilot und seine Besatzung machten sich murrend auf den Weg. Sie fanden die Kantine, und hier trafen sie zwei weitere Besatzungen, die zur «CAT» gehörten. Sie waren mit defekten Motoren niedergegangen, mußten auf die Reparatur warten, und weil deren Ende noch lange nicht abzusehen war, hatten sie nach dem Frühstück bereits einigen Whisky getrunken. Sie waren Amerikaner, bis auf einen, der aus England kam und durch Zufall zur «CAT» geraten war. Er übte gerade, bester Laune, mit den Amerikanern ein Lied ein, dessen saftigen Refrain die Flieger lachend grölten:

«Let's go and screw
Old Abdullahs ugly daughter,
as there is nothing better to be done ...»

Die Franzosen von der «Aigle Azur»-Maschine konnten wegen ihrer mangelhaften Sprachkenntnisse den Spaß nicht so recht teilen. Aber sie bekamen gebratene Eier, Schinken, Kaffee und Weißbrot, also waren sie so beschäftigt, daß ihnen der erste Granateinschlag am Rande der großen Landepiste entging. Nur die Amerikaner, in Dien Bien Phu nicht mehr fremd, spitzten die Ohren und verließen eilig die Kantine in Richtung Unterstand.

Bereits die zweite Granate, die auf der Landebahn einschlug, ließ auch die Franzosen die mit Bambusstämmen abgedeckte Grube aufsuchen, ohne ihr Frühstück beendet zu haben. Die Granate schlug in eine am Rande der Startbahn abgestellte Curtiss «Commando», riß den Tank auf und entfachte ein Flammenmeer, in dem die Maschine schnell zu einem Haufen ausgeglühter Leichtmetallstreben und Stahlteile wurde. Überall in der Festung schlugen einzelne Granaten ein. Das Oberkommando der Volksarmee hatte Streufeuer befohlen. Der Gegner sollte zunächst gründlich zermürbt werden. Für den späten Nachmittag war der erste Vorstoß angesetzt.

Keng stand gegen Mittag neben dem schweren Fla-MG, das unweit vom Beobachtungspunkt in Stellung gebracht worden war, um die Jagdbomber zu bekämpfen, falls sie die Hänge angreifen sollten. Eine Kette «Bearcats» war soeben vorbeigerauscht und hatte einige hundert Meter entfernt Splitterbomben abgeworfen. Jetzt zogen die etwas bullig wirkenden Maschinen einen Kreis, um den Anflug zu wiederholen. Wieder kamen sie von Norden.

«Hinlegen!» zischte der MG-Schütze Keng zu. Er gab seinem Schützen Zwei ein Zeichen, und der hob den Gurt mit den Patronen an. Diesmal hatten die «Bearcats» keine Bomben mehr; sie schossen, ohne Ziele ausmachen zu können, einfach in das Grün der Hänge. Auf der Höhe des MGs legten sie sich in die Kurve. Das hatte der MG-Schütze vorhergesehen. Er zog ab, als die erste Maschine ihm ihren hellblauen Bauch zukehrte. Ein Ziel, so groß wie ein Scheunentor. Die «Bearcat» kam noch in der Kurve ins Rütteln. Qualm erschien hinter ihr. Kurz vor dem ersten Drahtverhau des Außenforts Him Lam bohrte sie sich in den Boden. Die beiden anderen landeten schnell. Den MG-Schützen hatten sie nicht entdecken können.

Während Keng aufsprang und dem MG-Schützen gratulierend auf die Schulter schlug, detonierte unter dem Rumpf der «Aigle Azur»-Maschine auf der Hubschrauberpiste eine 7,5-cm-Granate. Sie riß das Fahrwerk weg. Die «Dakota» knallte auf den Boden. Sekunden später brannte sie.

Jetzt schoß die Artillerie der Festung auf die Hänge im Norden und Osten. Aber die Beobachter konnten keine sicheren Ziele erkennen. Die Artillerie der Volksarmee war so perfekt getarnt, daß sie nahezu mit ihrer Umgebung verschmolz. Oberst Piroth, Chef der fanzösischen Artillerie in Dien Bien Phu, wurde immer nervöser, zumal de Castries von ihm barsch Erfolge verlangte.

Da erhielt er gegen sechzehn Uhr den Befehl, sofort auf das nördliche Vorfeld von Him Lam («Beatrice») zu feuern, ein Angriff stehe dort bevor.

In der Tat lagen um diese Zeit zweihundert Meter vor Him Lams Stacheldrahtverhauen die Angriffsformationen der Volksarmee und warteten auf den Befehl zum Losschlagen. Als die ersten französischen Granaten in ihrer Nähe einschlugen, wurde klar, daß sie entdeckt waren.

Der kommandierende Offizier führte ein knappes Gespräch mit dem Stab, und wenig später orgelten die ersten Salven der eigenen Artillerie nach Him Lam hinein. Sie warfen hohe Dreckfontänen auf, hüllten das Kommandozentrum wie die drei Außenbefestigungen sofort in Qualm und Staub.

Die französische Artillerie erhielt Befehl, das Feuer wieder auf die Hänge zu verlegen, von woher die Vietminh-Artillerie schoß. So blieben die Angreifer vor Him Lam in ihren Laufgräben geduckt eine Stunde liegen.

Him Lam wurde von einem verstärkten Bataillon Kolonialfallschirmjäger verteidigt, einer kampferfahrenen, für ihre Brutalität bekannten Truppe, angeführt von Major Pégaux. Dieser war von den ersten Einschlägen aufgeschreckt, noch bevor sein Stabschef zu ihm hereinstürzte, um nach Befehlen zu fragen. Pégaux zählte die Einschläge mit. Nach einer Weile brüllte er dem Stabschef durch den Lärm zu: «Alle vier Sekunden eine Granate. 10,5. Wo haben die Kerle bloß die Kanonen her, verdammt?»

Die Frage wurde nicht mehr beantwortet. Eine Granate durchschlug den Erdaufwurf und die Bambusdecke des Unterstandes. Als sich der Qualm hob, gab es Pégaux nicht mehr, auch seinen Stabschef nicht. Der Kommandobunker von «Beatrice» war zu einem Trichter geworden.

Im letzten blassen Licht des Tages schob ein Pionierstoßtrupp der Volksarmee sogenannte Bangalore-Torpedos unter die französischen Drahthindernisse vor Him Lam. Das sind lange, ausgehöhlte und mit Sprengstoff gefüllte Bambusstangen. Bei ihrer Detonation zerreißen sie die Drahtverhaue und öffnen so Schleusen für schnell vordringende Angreifer.

Als die Soldaten das Hindernis überwunden hatten, stürmten

sie zuerst dorthin, wo der Kommandostand gelegen hatte. Sie fanden nur noch Leichenfetzen. Danach wandten sie sich den beiden restlichen Widerstandsnestern innerhalb der Befestigungen zu. Die französischen Fallschirmjäger verteidigten sich verbissen, aber sie waren durch den Artilleriebeschuß bereits stark demoralisiert, weil sie nicht damit gerechnet hatten, daß der Gegner eine solche geballte Feuerkraft einsetzen könnte. Zudem war die angreifende Volksarmee dreimal so stark wie sie.

Die französische Artillerie erlitt die ersten Verluste. Granaten der Volksarmee trafen jetzt, da das Feuer von Him Lam auf das Zentrum der Festung verlegt wurde, mehrere Munitionsstapel, die mit Höllengetöse hochgingen. Gefechtsstände wurden getroffen, abgestellte Flugzeuge und Materialdepots gingen in Flammen auf. Zu den Schwerverletzten gehörte auch ein Oberst im Stab de Castries'. Ein weiterer war tot.

Aus ihren ungedeckten Positionen schoß die französische Artillerie vor allem auf die Straße, die von Tuan Giao an Him Lam vorbeiführte. Doch die Einheiten der Volksarmee hatten diese Gegend in Erwartung des Gegenfeuers längst geräumt. Der Schlag ging ins Leere. Und die Angreifer, die innerhalb von Him Lam einen Unterstand nach dem anderen stürmten, konnten nicht mehr beschossen werden, ohne die eigenen Leute zu gefährden. Zähneknirschend gab de Castries den Stützpunkt auf, noch bevor dort der letzte Widerstand gebrochen war. Seine Theorie von der eisernen Festung, die durch «barfüßige Eingeborene» nicht zu gefährden sei, erwies sich als falsch.

Im Zentrum von Dien Bien Phu waren Löschmannschaften beschäftigt, die an vielen Stellen lodernden Brände zu bekämpfen. Auch daran war nicht gedacht worden: Es gab keine Feuerbekämpfungsmittel. Ketten von Soldaten beförderten eimerweise Wasser aus dem Nam Youm an die Brandstellen, wobei sie sich immer wieder hinwerfen mußten, weil Granaten heranorgelten.

Um Mitternacht war Him Lam, das erste Außenfort Dien Bien Phus, von der Volksarmee erobert. Dreihundert Mann der Besatzung waren gefallen, zweihundert traten, teils verletzt, den Marsch in die Gefangenschaft an. Keng sah sie im ersten Frühlicht vorbeiziehen: eine geschlagene Truppe.

Am nächsten Morgen schickte de Castries einen Unterhändler nach Him Lam, der die Erlaubnis erwirkte, die Toten abzutransportieren.

Inzwischen wußte das Ärzteteam im französischen Lazarett nicht mehr, wohin es die vielen Verletzten bringen sollte. Es mangelte auch bereits an Blutkonserven und Antibiotika. Per Funk wurde aus Hanoi Nachschub angefordert. Dort, im Kommando Cognys, war die Ratlosigkeit groß. Niemand hatte mit so hohen Verlusten durch Artilleriefeuer gerechnet. Außerdem hatte man von Dien Bien Phu Nachricht erhalten, daß die mit Blechen ausgelegte große Landepiste von unzähligen Treffern buchstäblich umgepflügt war. Zur Reparatur brauchte man Schweißtrupps. Also war der Lufttransport unterbrochen, es sei denn, man führte ihn per Fallschirmabwurf durch.

An dieser Lage änderte sich auch nichts, als es im Laufe des Vormittages drei kleinen Jagdflugzeugen gelang, in Dien Bien Phu zu starten und Hanoi zu erreichen – dort regnete es, und die tiefhängenden Monsunwolken verboten wieder einmal den Start großer Transportmaschinen. Cogny ließ alle verfügbaren Fallschirme zusammentragen und Hallen und Kasernenflure dafür herrichten, Lastenfallschirme zu falten und abwurfbereit zu machen. Er ahnte die Versorgungskatastrophe, die sich eben erst ankündigte, und er hatte wenig Hoffnung, daß auf der Piste in Dien Bien Phu noch viele Maschienen landen könnten.

Der erfahrene Militär rechnete, als er die genauen Lageberichte aus der Festung erhielt: Zwei Bataillone ausgefallen. Munitionslager, Benzinvorräte, selbst Napalmlager in der Festung brannten. Die Artillerie verfügte noch über zwanzigtausend Granaten. Sechstausend hatte sie allein bei der erfolglosen Abwehr des Angriffs auf Him Lam verschossen. Unterstände erwiesen sich gegen das Artilleriefeuer der Vietminh als ungenügend.

Um sich vor Navarre rechtfertigen zu können, empfahl Cogny über Funk de Castries, einen Gegenangriff mit Unterstützung der zehn intakten Panzer, um Verwirrung in das gegnerische Angriffskonzept zu bringen. Er ahnte, daß es nicht gehen würde. Aber er bekam prompt von Navarre aus Saigon Lob dafür, und außerdem wurde ihm befohlen, zwei weitere Bataillone Verstärkung mit Fallschirmen über der bedrängten Festung abzusetzen.

Ein grauer, unangenehm kühler Morgen ist über Dien Bien Phu angebrochen. Das von schweren Wolken gedämpfte Licht wird durch die überall aufsteigenden Qualmwolken zusätzlich verdüstert. Einem Trupp Pioniere ist es schweißtriefend gelungen, ein kleines Stück der Hauptlandepiste einigermaßen einzuebnen, gerade zeitig genug, damit eine aus Hanoi kommende Sportmaschine landen und Blutkonserven ausladen kann.

«Sie fliegen mit zurück!» befiehlt de Castries seiner Sekretärin Paule Bourgeade förmlich. Ihr Gesicht ist von den Schrecken der vergangenen Nacht noch gezeichnet, es ist bleich. De Castries ist nicht allein mit ihr; aus Disziplingründen muß er den Abschied herunterspielen. Kein Kuß, nur ein Händedruck, nachdem die junge Frau ihre Habseligkeiten zusammengepackt hat. Der Pilot der Sportmaschine, einer jener Abenteurer, die ausgezogen sind, um in den exotischen Besitzungen Frankreichs in Fernost Außergewöhnliches zu erleben, pfeift leise durch die Zähne, als die Dame zu ihm ins Cockpit klettert. Aber dann sieht er weit vorn die Einschlagsfontäne einer Granate aufspritzen, und er faucht die Bourgeade unwirsch an:

«Los anschnallen, Schott zu!»

Er läßt die beiden Motoren, die er vorsichtshalber nicht abgestellt hatte, kurz aufheulen, dann löst er die Bremsen und stellt die Schrauben auf Startzug. Als er im weiten Bogen über Him Lam zieht, kann er die rote Fahne der Vietminh mit dem gelben Stern über dem zerschmetterten Kommandobunker wehen sehen.

Am Nachmittag, nachdem von Hanoi aus endlich wieder Transportmaschinen starten können, springt das 5. Fallschirmbataillon über Dien Bien Phu ab. Es gerät in gut gezieltes Abwehrfeuer, und dabei hat es bereits die ersten Verluste. Zwischen den noch qualmenden Brandstellen entstehen neue. Dort, wo zwei Maschinen nach Treffern abstürzen, lodern hohe Flammen. Später löscht sie ein heftiger, kalter Gewitterregen. Er verwandelt ganz Dien Bien Phu in eine trostlose Schlammlandschaft, gesprenkelt von hermliegenden, verschmutzten Fallschirmen – ein Bild, dessen Tristesse durch die über de Castries Unterstand schlapp am Mast baumelnde Trikolore nur noch akzentuiert wird.

Auf den Hängen um den Kessel mühten sich die Kanoniere der Volksarmee um diese Zeit ab, die Geschütze aus den Kasematten zu zerren und in Stellung zu bringen. Die Batterieführer äußerten dem Stab gegenüber die Befürchtung, es könne bei schneller Schußfolge Abstürze geben. Und schnelle Schußfolge war vorgesehen. Das neue Ziel hieß Doc Lap, der Hügel im Norden, dessen Befestigungen die Franzosen «Gabrielle» getauft hatten. Es wurde entschieden, ab Einbruch der Dunkelheit nicht nur Doc Lap, sondern auch den zentralen Verteidigungsbereich selbst zu beschießen, um die gegnerische Artillerie an wirksamem Gegenfeuer zu hindern. In der Zwischenzeit erhielten die auf Doc Lap angesetzten Angriffstruppen rückstoßfreie 7,5-cm-Geschütze zur Verstärkung ihrer Feuerkraft, und die Granatwerferzüge rückten weiter vor, um die Hauptlast der Beschießung tragen zu können.

Keng, als Ortskundiger ausgewählt, führte die Leute mit den schweren Bodenplatten und den kurzen Rohren, die oft scherzhaft «Artillerie des kleinen Mannes» genannt wurden, auf vom Feind nicht einzusehenden Pfaden nördlich an dem eroberten Him Lam vorbei, bis sie von ihren Vorauskommandos übernommen wurden, die die Stellungen ausgewählt hatten. Zum Dank für seine Führung schenkten die Granatwerferleute Keng Zigaretten, die er mit seinem Funker teilte, nachdem er wieder auf seinen Posten zurückgekehrt war.

Dunkelheit lag über dem Tal, aber es gab keinen Nebel. Der Regen hatte die Luft gereinigt, und jetzt konnten Keng und sein Funker von ihrem Unterstand aus sehen, wie die Granaten zwischen den zentralen Befestigungsanlagen einschlugen. Sie waren kaum noch zu zählen; überall blitzte es auf, loderte Feuerschein unter dem Qualm der Einschläge. Auf der umgepflügten Hauptlandepiste brannte wieder ein Flugzeug. Man war schon daran gewöhnt, daß dort französische Maschinen verglühten. Der Traum von der Luftüberlegenheit, die Frankreichs Kolonialoffiziere immer noch für einen der größten Trümpfe hielten, löste sich auf unter den Schlägen der Flak, die von der Volksarmee klug eingesetzt wurde.

«Eigentlich ist es schade um das Tal», sagte der Funker Quang Do. Er zog an seiner Zigarette und fügte hinzu: «Die Dorfleute haben da früher viel Reis eingebracht, hat man mir gesagt. Gerechter wäre es, wenn der Kampf auf französischem Boden stattfände ...»

Keng hielt das für etwas abwegig. Frankreich war weit, und die Franzosen standen nun einmal hier, also mußte man sie auch hier schlagen. Aber er widersprach Quang Do nicht. Dieser geborene Uhrmacher hatte einen unbestechlichen Sinn für Gerechtigkeit. Das kam wohl davon, daß er viel nachdachte, wenngleich nicht jeder Gedanke sich als brauchbar erwies. Also brummte Keng nur an der etwas angeschimmelten «Melia» vorbei, die er rauchte: «Der Boden da unten ist nicht ganz so gut wie im Delta des Roten Flusses. Deswegen haben die Leute hier auch mehr Handel getrieben als Ackerbau. Da kamen die Laoten vom Süden, und von den hohen Bergen die Thai, und da ließ es sich gut tauschen ...»

Er hustete. Diese erbeuteten Zigaretten, die die Franzosen in Saigon und Phnom Penh nach ihrem Geschmack aus schwarzem Tabak für die Truppen herstellen ließen, hatten keine Spur Aroma. Was waren sie gegen eine Maisblattzigarette aus hellgelbem, duftendem einheimischem Tabak!

«Manchmal», meinte Quang Do, «komme ich mir hier ziemlich faul vor. Man sitzt auf seinem Hintern und sieht zu, wie die anderen kämpfen ...»

Keng sagte wieder nichts, weil ihm der Gedanke des Funkers gefiel, obwohl er nicht ganz richtig war. Es war so lange her, daß er sich an seine Aufgabe gewöhnt hatte: Beobachten und melden. Eine der vielen Arbeiten, die nötig waren, um insgesamt den Erfolg zu sichern. Jetzt blickte er aufmerksam in Richtung der ehemaligen Siedlung Muong Thanh, wo das Zentrum der Festung lag. Immer wenn in der Nähe eine Granate detonierte, waren dort Soldaten zu sehen, die sich zu sammeln schienen. Keng nahm das Fernglas vor die Augen. Es war zwar kein Nachtglas, aber es half ein wenig. Ja, dort sammelten sich in der Tat Soldaten. Nachdem Keng sie eine Weile beobachtet hatte, sah er auch die Chaffee-Panzer, die an dieser Stelle zusammengezogen worden waren. Bisher hatten die Franzosen sie in weit voneinander entfernt liegenden Erdaufwürfen versteckt gehalten. Was bedeutete diese Konzentration am nördlichen Rand des Kommandozentrums, wenn nicht Angriffsvorbereitung?

Mit ihren Panzern wollten die Franzosen vermutlich Doc Lap zu Hilfe kommen. Sie ahnten, daß es das nächste Ziel sein sollte. Oder sie hatten die Angreifer in ihren Bereitstellungen sogar entdeckt und wollten in ihre Flanke stoßen.

Er machte Quang Do auf seine Beobachtung aufmerksam. Der kleine Funker blickte ebenfalls durch das Glas, setzte es ab und bestätigte, was Keng gesehen hatte.

«Also», sagte er, «sitzen wir doch hier nicht unnütz und faul herum, mein Junge! Komm, wir müssen den Stab informieren.»

Der Stab der Volksarmee löste nach Erhalt dieser Meldung sofort den Angriff auf Doc Lap aus. Der begann mit verstärktem Artilleriefeuer. Gleichzeitig schossen die rückstoßfreien Geschütze, die bereits am Fuße des Hügels lagen, und die Granatwerfer fielen in das Feuer ein. Teile der zum Angriff bereitliegenden Truppen wandten sich südwärts und bezogen eine neue Stellung. Hier würden die französischen Panzer den Durchbruch versuchen, wenn sie tatsächlich kamen. Aber sie kamen vorerst nicht. Der Treibstoff mußte über weite Strecken herangeschafft werden, weil die nahe liegenden Lager brannten.

Am späten Abend war das Artilleriefeuer auf Doc Lap so verheerend, daß die Franzosen es nicht wagen konnten, auch nur die Köpfe über die Sandsackbarrikaden zu heben, geschweige denn, auf die vietnamesischen Sturmpioniere zu schießen, die hangaufwärts kletterten, Drahthindernisse beseitigten und sich immer näher heranarbeiteten.

De Castries erhielt vom Außenfort «Gabrielle» immer dringlichere Hilferufe. Er befahl, zum Gegenangriff überzugehen. Aber der dienstälteste Offizier in «Gabrielle», Major Mecquenem, der eben erst durch den Thai-Offizier Kha abgelöst wurde, weil seine Dienstzeit abgelaufen war und er nach Frankreich zurückkehren konnte, riet seinem Nachfolger, das abzulehnen. Er selbst durfte nicht einmal wagen, zum Zentrum zu laufen, um vielleicht eine Maschine nach Hanoi zu erwischen; wie sollte die Truppe aus «Gabrielle» da angreifen!

Der ziemlich hilflos wirkende Kha bekam seine Soldaten unter dem mörderischen Splitterhagel nicht aus ihren Löchern. Wenig später erhielt sein Gefechtsstand einen Volltreffer. Der abseits davon stationierte Funker sandte einen letzten, hysterischen Hilferuf an de Castries: «Kommandant und Stab tot. Sie kommen die Hänge herauf! Helft uns doch! Schießt endlich! Wo bleibt unsere Artillerie? Helft uns, oder wir sind verloren ...»

Oberst Piroth, der Artilleriekommandeur, der bei jeder Gelegenheit betont hatte, um wie vieles besser seine Batterien wären als die paar Rohre, die die Vietminh möglicherweise besäßen, wurde von de Castries heftig angeschrien, warum er denn nichts unternähme.

«Was soll ich tun, mon Colonel?» wand sich der Artillerist verzweifelt, «ich kann nicht auf die eigenen Leute schießen! Die Vietminh sind zu dicht vor ihnen.»

«Sparen Sie sich Ihre Ausflüchte!» herrschte ihn de Castries an. «Tun Sie etwas, womit Sie mir beweisen, daß Sie nicht total unfähig sind!»

Eine halbe Stunde vor Mitternacht flaute das Feuer auf Doc Lap etwas ab. Die Besatzung ahnte, daß der Sturm bevorstand, aber sie war demoralisiert. Nie hatte sie einem Gegner standhalten müssen, der die Kunst des Krieges derart virtuos berherrschte, wie diese angreifenden Vietnamesen. Und nie zuvor war diese Kolonialarmee, die stets gewöhnt war, Unbewaffnete oder nur schlecht ausgerüstete Gegner zu jagen, unter ein so mörderisches Artilleriefeuer genommen worden. Einzelne Soldaten schlichen sich südwärts davon, einigen gelang es, westwärts davonzukommen und die Befestigungen von «Huguette» zu erreichen, das noch nicht angegriffen wurde.

Im Kommandobunker von de Castries erschien höchst aufgeregt ein senegalesischer Söldner aus Piroths Truppe und stotterte, sein Chef sei tot. Ein Suchkommando fand ihn wenig später in einem leeren Bunker, zerrissen von einer Handgranate, die er selbst abgezogen hatte. Oberst de Castries ordnete Stillschweigen über die Todesursache an. Er befahl, Piroth sofort zu beerdigen. Nach Hanoi ließ er funken, der Oberst sei in treuer Erfüllung seiner Soldatenpflicht gefallen.

Zwei Stunden nach Mitternacht erfolgte ein weiterer kurzer Feuerschlag auf das, was von Doc Lap übriggeblieben war. Dann stürmte die Volksarmee den Hügel.

Obwohl sich die Besatzungen einzelner Bunker buchstäblich bis zur letzten Patrone zur Wehr setzten, war der Kampf um sechs Uhr früh, als sich das erste Tageslicht zeigte, zu Ende. Die gefangenen Franzosen wurden ins Hinterland geführt. Sie hörten, wie die Granaten der vietnamesischen Artillerie über sie hinwegrauschten. Das neue Ziel hieß «Anne-Marie», ehemals das Dorf Ban Kheo, ganz im Westen des nördlichen Vorgeländes von Dien Bien Phu gelegen und von zwei Kompanien Thai-Söldnern besetzt, Einheimischen, die sich vor längerer Zeit für die Kollaboration mit den Franzosen entschlossen hatten und jetzt überlegten, wie sie wenigstens überleben könnten.

«Sie greifen an!» sagte Keng, der im ersten Morgenlicht die nördlich der Hauptlandepiste konzentrierten Truppen des Gegners durch sein Glas beobachtete. Der Funker setzte schnell die Meldung ab.

Auf der Straße, die vom Stützpunkt «Huguette» in Richtung Doc Lap verlief, rollten sechs französische Panzer nordwärts, gefolgt von einem Bataillon Fallschirmjäger. Als um sie die ersten Granateinschläge aufblitzten, korrigierte Keng mit knappen Anweisungen über Funk das Feuer, bis es genau auf den Angreifern lag.

Die Panzer suchten ihr Heil in schneller Fahrt. Die Soldaten warfen sich zu Boden, krochen langsam vorwärts. Eine Stunde später waren die Verluste so hoch, daß der Angriff steckenblieb, bevor er noch den Hügel Doc Lap erreicht hatte. Dort kamen einige Panzer an, auf denen einzelne Legionäre hockten. Aber Panzer waren in diesem Abschnitt hilflos. Niemand hatte bedacht, daß sie ihre Rohre nicht so weit hochkurbeln konnten, um von hier aus die Kuppe zu beschießen. Sie selbst hingegen erhielten sofort Abwehrfeuer von rückstoßfreien Geschützen aus Positionen, die nicht in ihrem Schußbereich lagen. Es blieb ihnen nichts übrig, als sich vom Gegner zu lösen, zumal sie die Schützenketten der Fallschirmjäger ohnehin schon einen reichlichen Kilometer hinter sich wußten.

«Rückzug!» rief Keng dem Funker zu. Der gab die Beobachtung weiter. Es dauerte nur ein paar Minuten, dann schossen die meisten Geschütze wieder nach «Anne-Marie» hinüber. Es war das dritte Ziel der ersten Angriffsphase. Die vietnamesischen Soldaten auf dem eroberten Hügel Doc Lap konnten die Einschläge auf «Anne-Marie» sehen. Sie spürten, daß der Befehl, das von den Thai-Söldnern besetzte Ban Kheo anzugreifen, dessen französische Bezeichnung sie nur schwer aussprechen konnten, in der Luft lag.

Die Thai-Söldner lauschten in den kurzen Feuerpausen den Bekanntmachungen, die ihnen Sprecher der Volksarmee durch Megaphone zuriefen. So erging an sie der Appell, sich nicht weiter für die Franzosen aufzuopfern, sondern die Waffen niederzulegen und zu den Familien heimzukehren.

Auf viele wirkte das Versprechen, nicht getötet zu werden, sondern ihr Heimatdorf wiedersehen zu können, wie eine Wunschvorstellung. Wieder kam das Granatfeuer. Die dicht aufeinanderfolgenden Einschläge beschleunigten den Entschluß der von den Franzosen angeworbenen Söldner.

In der Nacht zum 16. März, als die wenigen französischen Offiziere sich in ihre Unterstände verkrochen, schlichen die meisten Thai durch die Reste der Drahthindernisse davon. Sie wurden von Kommandos der Volksarmee entwaffnet und ins rückwärtige Gebiet geleitet.

Übrig blieb etwa eine Kompanie. Sie hielt im verminderten Feuer der Volksarmee noch einen weiteren Tag aus. Aber als die nächste Nacht kam, war «Anne-Marie» nicht mehr verteidigungsfähig. Am Nachmittag des 17. März 1954, als die Volksarmee angriff, hob auch der Rest der Thai die Hände. Die französischen Offiziere waren inzwischen zum größten Teil südwärts geflohen oder umgekommen.

Inzwischen hatte Cogny aus Hanoi das 6. Fallschirmjägerbataillon über dem Zentrum von Dien Bien Phu absetzen lassen. Ein weiteres Bataillon sollte folgen, weil die Verluste der Truppe beim Absprung bereits so hoch waren, daß der Kampfwert der Einheiten erheblich sank.

Die Verstärkung des Mannschaftsbestandes war nicht die einzige Hilfsmaßnahme, die Cogny unter dem Schock der Ereignisse und dem wachsenden Druck Navarres anlaufen ließ. Er hatte immer noch nicht ganz begriffen, wie es möglich gewesen war, daß die Vietminh in einem einzigen Angriff so gut wie das gesamte nördliche Vorfeld der Festung erobern konnten. Das hieß, so sagte er sich, man konnte sie nicht mehr auf den Bergen bekämpfen, wie es vorgesehen war. Sie lagen an den meisten Stellen nur noch einige hundert Meter vor den Befestigungen im Tal und hatten in den beiden vergangenen Nächten jede Sekunde genutzt, um auf «Beatrice» und «Gabrielle» ihre Flak aufzustellen. Dadurch waren sie nun in der Lage, jederzeit den Start- und Landebetrieb auf der Hauptpiste, sofern diese überhaupt repariert werden konnte, endgültig zu unterbrechen. Von ihren Artilleriebeobachtern, die aus diesen günstigen Positionen heraus die Mulde überblickten, gar nicht zu reden!

Am 17. März, gegen Mittag, als der Regen in Hanoi aussetzte und von Dien Bien Phu klares Wetter gemeldet wurde, setzte sich Cogny in eine «Dakota» und ließ sich zur Festung fliegen. Er wollte an Ort und Stelle Eindrücke sammeln, bevor er weitere Entscheidungen traf.

Der General saß neben dem Piloten, als das Tal unter der Maschine dahinglitt, eine vom kalten Nieselregen des Frühlings aufgeweichte, von Granateinschlägen pockige, brandgeschwärzte Landschaft, in der überall zerstörtes Kriegsmaterial lag, zerfetzte Flugzeuge, liegengelassene Fallschirme.

Cogny konnte sehen, daß die Hauptlandepiste unter Beschuß stand. Der kleinere Landeplatz im Süden, bei «Isabelle», war umgepflügt. Hier konnten bestenfalls noch Hubschrauber niedergehen, doch diese waren wegen ihrer Langsamkeit in der Luft hervorragende Ziele für die Flak der Volksarmee. Gerade lud eine Staffel Transportmaschinen aus respektvoller Höhe Lasten an Fallschirmen ab. Die großen weißen Pilze torkelten zu Boden, und der Pilot bemerkte trocken: «Wo die hinfallen, stehen wir längst nicht mehr. Morphium und Weißbrot für die Vietminh. Teurer Krieg ...»

Er zog einen Kreis und versuchte nach Cognys Anweisung, von Norden her die große Piste anzufliegen. Aber als er tiefer ging, zogen plötzlich die Rauchspurfäden der 3,7-cm-Flak von «Gabrielle» an den Fenstern der Kabine vorbei, und er mußte sogleich wieder steigen. Unten sah er den Kontrollturm, der den Verkehr auf der Piste geregelt hatte, nicht mehr. Er war nach einem Volltreffer zusammengestürzt.

Mit diesen schnellfeuernden Geschützen blockierte die Volksarmee bereits in den ersten Tagen der Schlacht von den eroberten Stützpunkten im Norden und Nordosten aus den Anflugweg der Franzosen zur großen Landepiste

Ebenfalls in den ersten Tagen der Belagerung wurde die Landepiste zerstört bzw. mit zerschossenen Flugzeugen blockiert. Ihr Ausfall brachte die Nachschubplanung der Franzosen durcheinander

«Hier kann keiner landen», stellte der Pilot fest. Cogny sah es ein. Während sie noch kreisten, erschien eine Kette B-26 der Amerikaner und warf Napalm auf die Hänge ab, an denen Geschütze der Volksarmee vermutet wurden. Die schwarzen Qualmpilze schossen hochauf, Flammen züngelten durch das nasse Unterholz, Feuer breitete sich aus. Aber es blieb seltsam ruhig dort, wo die Feuer wüteten. Cogny wurde den Verdacht nicht los, daß der Gegner auf diese Weise nicht ernsthaft zu treffen war.

Dann machte der Pilot ihn auf die Gräben aufmerksam. Vom gefallenen Stützpunkt «Beatrice» und von hundert anderen Stellen am Fuß der Hänge trieben die Soldaten der Volksarmee Laufgräben auf die beiden wichtigsten Außenbefestigungen an der Ostflanke vor, auf «Dominique» und «Eliane», die jeweils aus einem ganzen System von Bunkern und Schützenlöchern bestanden.

Aus der Anlage war zu erkennen, daß hier eine regelrechte Einkreisung geplant war. Man würde die Endstellen der Gräben schon allein deshalb nicht mehr aus der Luft bekämpfen können, weil es unvermeidlich wäre, dabei die eigenen Truppen zu treffen. Auch von «Gabrielle» her, dem Doc-Lap-Hügel, zogen sich bereits Laufgräben in verwirrendem Zickzack südwärts. Sie schienen auf den nächsten Stützpunkt im Norden hin zu verlaufen, auf «Huguette», das die Hauptlandepiste in nördlicher Richtung sicherte, und in dieser Richtung auch die letzte größere Anlage vor dem Kommandozentrum de Castries' war.

«Wie die Ameisen ...», brummte der Pilot.

General Cogny fand den Vergleich wenig treffend. Hier arbeiteten Soldaten äußerst hart, nicht um ihr Leben in der Erdtiefe zu schützen, sondern um sich günstige Ausganspositionen für den Sprung an die Kehle ihres Gegners zu schaffen. Cogny bewunderte ihre Entschlossenheit. Zu lange hatte man diese Leute unterschätzt.

Er warf noch einen Blick auf die von französischen Soldaten in Dien Bien Phu ausgehobenen Unterstände und Schützengräben – oberflächliches Hinsehen bereits zeigte, daß sich die Bequemlichkeit beim Schanzen jetzt, unter dem unbarmherzigen Artilleriefeuer des Gegners, rächte. Mit Toten und Verwundeten, die Cogny selbst aus dieser Höhe reihenweise im schlammigen Erdreich liegen sehen konnte.

Er hatte erfahren, daß es in Dien Bien Phu kein Holz für Särge gab. Seit das Ausfliegen bis auf eine gelegentliche riskante Nachtaktion unmöglich geworden war, begrub man die Toten in Zeltplanen eingewickelt. Die Reihen der Schwerverletzten im Lazarett wurden auf Weisung des Chefarztes stündlich einmal nach Gestorbenen abgesucht sowie nach solchen, denen man mit einer Dosis Morphium das Sterben erleichtern konnte.

General Cogny war klug genug, um zu wissen, daß man es hier nicht mit einem jener «Kriege» zu tun hatte, über die Lehrer auf der Offiziersakademie von St. Cyr dozierten. Nein, dies war eine Revolution, der Aufstand eines ganzen Volkes. Da wurden die alten Vorstellungen, die gewohnten Maßstäbe wertlos. Die Vietnamesen waren von der Idee der Selbständigkeit und Unabhängigkeit nicht mehr abzubringen. Waren es nicht vielleicht sogar die Gedanken der Französischen Revolution, die von diesen Leuten hier allzu begierig zu den ihrigen gemacht worden waren? Was halfen in einem solchen Falle Artillerie, Panzer, Napalm?

«Fliegen Sie zurück!» wies er den Piloten an.

Eine Botschaft, die der Oberkommandierende der Volksarmee, General Vo Nguyen Giap, an die Truppen sandte, die sich auf die zweite Phase des Angriffs vorbereiteten, hätte Cogny Aufschluß geben können, welcher Geist die Soldaten in den Zickzackgräben erfüllte. Giap hatte erklärt: «Eine Zeitlang versuchte unser Gegner noch, die Weltmeinung über die Realität hier bei uns zu täuschen. Das gelingt ihm jetzt schon nicht mehr. Also hat der Gegner eingestanden, wenn die Flagge der Demokratischen Republik Vietnam über den Befestigungen von Dien Bien Phu wehen sollte, dann wird die Situation Indochinas große Veränderungen erfahren, die sich auf ganz Südostasien auswirken ...»

Es gab keinen Zweifel, die Männer mit den roten Blechsternen an ihren Tropenhelmen waren entschlossen, genau diese Veränderungen herbeizuführen. Wer sollte sie noch aufhalten?

Cogny ordnete an, die Reste der beiden Fallschirmjägerbataillone beschleunigt abzusetzen, neue Geschütze und Maschinengewehre, Munition und Verpflegung über der eingeschlossenen Festung abzuwerfen, Tag wie Nacht.

Er setzte Navarre zu, bis der von der 7. US-Flotte zusätzliche Flugzeuge zugesichert bekam, die bei jedem Wetter, außer bei tiefhängenden Wolken, die Berge um Dien Bien Phu bombardierten und tonnenweise Napalm abwarfen.

Die Nächte über der Festung waren erhellt vom grellen Licht der Magnesiumleuchtbomben, die hochfliegende «Dakotas» setzten. Und doch – die Granaten der Vietminh schlugen immer weiter in der Festung ein.

«Schafft sie mir vom Hals!» schimpfte Cogny, als ihm in Hanoi gemeldet wurde, Paule Bourgeade, die «Sekretärin» des Obersten de Castries, wünsche ihn zu sprechen, wegen ihrer weiteren Verwendung. «Ich will sie nicht sehen! Bringt sie nach Saigon, zu Navarre. Soll sie sich dort beklagen. Ich war es nicht, der dieses Dien Bien Phu erfunden hat, in dem nun ihr Beau schmort! Navarre war es, mag er sich mit ihr anlegen!»

Operation «Vulture»

«Reden wir nicht um die Sache herum», sagte Verteidigungsminister Pleven zu Generalstabschef Paul Ely. ««Gabrielle› und ‹Beatrice› sind so schnell gefallen, daß de Castries gar keine Zeit hatte, über ‹Anne-Marie› nachzudenken, das ebenfalls angegriffen wurde.»

Er betrachtete nachdenklich die Karte, auf der die Befestigungen von Dien Bien Phu eingezeichnet waren. Neben ihm stand schweigend der Generalstabschef, der den Schock bei weitem noch nicht überwunden hatte.

Pleven war wütend. Er spürte, wie seine Befürchtungen, die er vor den Militärs bislang verborgen hatte, sich nun bewahrheiteten: Die Festung würde einem entschlossenen Angriff der Vietnamesen nicht standhalten können. Pleven hatte alle nur verfügbaren Informationen vorliegen. Er wußte, zwei Bataillone waren bereits ausgefallen, die Munitionsbestände schmolzen ebenso rapide wie die Kraftstoffvorräte und waren nach Zerstörung der Hauptlandepiste auch durch Fallschirmabwurf nicht mehr aufzufüllen. Bereits heute gingen mehr als die Hälfte der abgeworfenen Versorgungsgüter entweder im Niemandsland nieder oder in den von Vietminh beherrschten Gebieten, weil die Piloten der Transportmaschinen dem Flakfeuer auswichen und aus größerer Höhe nicht mehr mit Präzision abwerfen konnten.

Der Minister kannte die Personallage in Indochina. Ein oder zwei Bataillone würde Navarre noch an anderen Stellen abziehen können, aber selbst wenn er sie sofort nach Dien Bien Phu warf, würden sie die Lage dort schwerlich wenden.

Sah Pleven sich die Fotos an, die ihn aus der Festung erreichten, beschlich ihn das unangenehme Gefühl, eines Tages für das zur Verantwortung gezogen zu werden, was sich jetzt dort abspielte: Tote konnten wegen dauernden Streufeuers nicht begraben werden, Verwundete lagen reihenweise im Schlamm, nur mit Zeltplanen notdürftig gegen den kalten Regen geschützt, und starben vor sich hin. Immer mehr Geschütze fielen aus, von den Panzern war die Hälfte nicht mehr einsatzfähig. Chaos war noch eine milde Bezeichnung dessen, was im Talkessel von Dien Bien Phu herrschte.

«Wir haben den Fehler gemacht, Navarres Illusionen zu teilen», sagte er. Er forderte Ely auf, sich zu setzen, und nahm in dem Sessel hinter seinem Schreibtisch Platz.

Der Generalstabschef kannte nicht nur die Tücken der Kriegführung in Indochina, er war auch über die meisten Kommandeure dort gut orientiert. Navarre gehörte nicht zu seinen Lieblingen. Ely hatte sogar unauffällig versucht, seine Kommandierung nach Saigon zu hintertreiben, war aber gescheitert. Nun, so schien es, brauchte Pleven ihn, um zu retten, was noch zu retten war. Lohnte es sich?

Er sprach zum ersten Mal, seitdem Pleven ihn empfangen hatte. «Denken Sie an eine Abberufung von Navarre, Herr Minister?»

«Nein.» Pleven dachte nicht daran, es Navarre so leicht zu machen. Mochte er nur die Suppe auslöffeln, die er da selbst gekocht hatte.

«Ich überlege auf einer völlig anderen Ebene», erläuterte er dem zurückhaltenden Ely, dessen diplomatische Fähigkeiten er schätzte, und von dem er sich zunächst versichern ließ, kein Wort über das zu verlieren, was nun gesprochen wurde. «Erinnern Sie sich an die letzte Parlamentsdebatte über Indochina?»

«Sehr gut», gab Ely zurück. «Das war, als dieser radikal-sozialistische Abgeordnete Mendès-France die Regierung verdächtigte, sie sei drauf und dran, sich in Indochina an die Amerikaner zu verkaufen. Er spielte auf die Waffenlieferungen an, die wir auf Kredit erhalten, und auf die Verbindungsmission der USA in Vietnam ...»

Pleven nickte. «Ein widersprüchlicher Mann. Er ist gegen de Gaulle, aber er vertritt, was das Zusammenwirken Frankreichs mit den USA angeht, völlig verworrene Positionen, die ebensogut von de Gaulle stammen könnten. In Europa ist er dafür, in Indochina dagegen ...»

Ely warf ein: «Damit deutete er natürlich nur Besorgnisse an, die auch ein beträchtlicher Teil unseres eigenen Kommandobestandes in Indochina hat!»

«Ich weiß. Mendès-France ist nicht nur widersprüchlich, er hat erstaunlich viel politischen Instinkt. Er riecht förmlich die unterschwelligen Gedankenströme von Leuten, die sich kaum öffentlich äußern. Womit wir bei der Sache sind, die Sie persönlich angeht, Ely. Ich schicke Sie nach Amerika. Sie sind bereits bei Admiral Radford angemeldet, dem Vorsitzenden der Vereinigten Stabschefs der drei Teilstreitkräfte. Einflußreicher Mann. Langjähriger Mitarbeiter des US-Oberbefehlshabers in Korea, MacArthur. Von ihm stammt die Zusage, uns in Indochina bis zum äußersten zu unterstützen. Dabei stößt er allerdings in eigenen Regierungskreisen auf die Befürchtung, massives amerikanisches Eingreifen müsse unweigerlich den Eintritt Chinas in den Indochinakrieg herbeiführen, ähnlich wie in Korea ...»

«Ich kenne dieses Argument», bemerkte Ely. «Ich halte es für falsch.»

«Deswegen schicke ich Sie nach Washington, mein Lieber», sagte Pleven. «Sie sind der Mann bei uns, der mit einer entscheidend aufgestockten US-Hilfe nicht die Befürchtung verbindet, Frankreich würde seine Kolonie an die USA verlieren. Ich meine, das ist eine Basis, mit Radford eine solche Aufstockung auszuhandeln.»

«Und was, Herr Minister, verstehen Sie unter entscheidender Aufstockung?»

Pleven zögerte mit seiner Antwort. Dann aber entschloß er sich zu absoluter Offenheit: «Alles, Ely. Wir werden Dien Bien Phu verlieren und ganz Indochina, wenn die Amerikaner nicht eingreifen. Wir schaffen es nicht allein. Auf die Gefahr, daß die USA später die Rechnung präsentieren – ohne sie sind wir am Ende. Und weil die Lage ernst ist, verstehe ich unter entscheidender Aufstockung nicht mehr nur Munition und Flugzeuge. Ich meine Truppentransporter mit Infanterie, Artillerie, Fallschirmtruppen, B-29-Bomber. Ich meine alles. Einschließlich der Atombombe auf Ho Chi Minhs rückwärtige Gebiete!»

Paul Ely reiste nicht zum ersten Mal über den Atlantik. Seit seinem letzten Flug waren erst ein paar Monate vergangen. Damals hatte er Radford konsultiert, ob Chinas Eingreifen zu befürchten sei, wenn man in Dien Bien Phu tatsächlich die entscheidende Schlacht austragen und den Vietminh dabei das Rückgrat brechen würde.

Radford hatte ihn beruhigt. Es lägen keinerlei Anzeichen für eine Bereitschaft der Chinesen vor, sich direkt in den Konflikt einzumischen.

Daß er damals schon die Idee, in einem Talkessel, weitab von den logistischen Zentren, eine offene Feldschlacht anzustreben, für eine gefährliche Schrulle hielt, hatte Radford nicht ausgesprochen. Vom Präsidenten angefangen bis zu den Vereinigten Stabschefs war man sich einig, daß die Franzosen in Vietnam einlenken würden. Das galt es abzuwarten. Dann nämlich kam die Stunde der USA.

Die «Constellation» war schwach besetzt. Ely hatte eine planmäßige Linienmaschine genommen, um Aufsehen zu vermeiden. Die einzige Vergünstigung für ihn bestand darin, daß er in die erste Klasse einzog, wo es außer einem amerikanischen Filmproduzenten, der einen Stapel Zeitungen durcharbeitete, bis er buchstäblich mit dem Kopf auf der Titelseite von «Time» einschlief, keinen anderen Passagier gab.

In Washington nahm Admiral Radford, ein breitschultriger Riese mit rötlichem Haar unter der Marinemütze, seinen französischen Besucher bereits auf dem Flugplatz in Empfang. Radford, einer jener Militärs, denen es immer wieder Spaß bereitete, ihre Macht zu demonstrieren, drückte seinem Adjutanten die Papiere des Franzosen in die Hand und befahl: «Erledigen!»

Dann verließ er mit Ely durch den VIP-Ausgang den Flughafen, wobei er verlauten ließ, an der Bar dieses Prominentenwarteraumes gebe es zwar Cognac, allerdings keinen echten französischen, den habe er in seinem Dienstzimmer bereits wohltemperiert bereitgestellt.

Radford war der engste Vertraute McArthurs bis zu dessen Ablösung. Er hatte die 7. US-Flotte kommandiert und war inoffiziell Berater Präsident Eisenhowers gewesen in Fragen, die

Asien betrafen. Er war es auch, der Eisenhower bereits vor zwei Jahren vorausgesagt hatte, die Franzosen würden nicht in der Lage sein, sich in Indochina zu behaupten. Daraus waren zunächst Überlegungen entstanden, wie die Vereinigten Staaten sich zu der dort entstehenden Lage verhalten sollten. Heute war eine Strategie daraus geworden, die nüchtern vorsah, den Vietminh ihre Schlupfwinkel im Norden vorerst zu belassen und dafür den reichen Süden von den Franzosen zu übernehmen. Entweder auf Raten, als Gegenleistung für militärische Hilfe, oder als militärisch wie politisch konfuses Niemandsland, nachdem die Franzosen das Handtuch geworfen hatten. Allerdings, und das konnte Paul Ely nicht ahnen, würde hier mit verteilten Rollen gespielt werden. Der Franzose durchschaute diese Taktik nicht.

«Also», eröffnete ihm Radford, als sie endlich bei dem lang ersehnten Cognac im Dienstzimmer des Admirals saßen, «ich muß nicht betonen, daß ich für radikale Lösungen bin. Ich hätte, wäre es nach mir gegangen, das chinesische Eingreifen in Korea durch ein paar Atombomben auf die Mandschurei und die Totalblokkade der chinesischen Häfen beantwortet – allerdings entschied sich der Präsident anders. Was nun Indochina betrifft, lieber Ely, so ist meine Meinung bekannt: «Jedes Nachgeben wäre ein Erfolg für die Kommunisten und brächte unermeßliche Gefahren für die gesamte freie Welt. Wir schätzen das, was die Franzosen in Indochina tun, sehr hoch. Nachdem Amerika durch widrige weltpolitische Umstände gezwungen wurde, in Korea einem faulen Kompromiß zuzustimmen, statt die Sache mit allen Mitteln auszukämpfen, gibt es in unseren Militärkreisen die Bereitschaft, Frankreichs Indochinafeldzug als Unterstützung unserer eigenen Bestrebungen in Asien zu betrachten. Das bedeutet, wir werden Ihnen in jeder Weise helfen. Kommen wir ohne Umschweife zur Sache. Wo und wie können wir zupacken?»

Am 22. März machte Ely in Washington einige Privatbesuche, die den Vormittag ausfüllten. Er wußte nicht, daß Radford zu dieser Zeit mit Präsident Eisenhower beriet. Zu Eisenhower war er selbst am späten Nachmittag bestellt. Inzwischen erklärte Radford dem Präsidenten rundheraus: «Sie wollen so gut wie alles,

173

Mister President. Geschütze, Panzer, Munition, Soldaten. Sie pfeifen auf dem letzten Loch. Flugzeuge sollen wir schicken und Bomben, Napalm, das ganze Arsenal.»

Eisenhower überlegte. Die Sache trieb ihrem Höhepunkt zu, fraglos. Und die Franzosen wurden weich.

«Soldaten?» Eisenhower sah Radford zweifelnd an.

Der winkte gelassen ab. «Ich bin nicht der Meinung, daß wir unsere Haltung ändern sollten, was das betrifft. Immerhin – es macht sich Elastizität erforderlich. Der Mann kommt im Auftrag des Verteidigungsministers …»

Eisenhower, nicht ganz gesund und in der letzten Zeit zu bissigem Zynismus neigend, wenn es um Fehlleistungen verbündeter Militärs ging, brummte unwirsch: «Kompletter Unsinn, den größten Teil eines Expeditionskorps in eine von Bergen umgebene Mulde zu schaffen und dort auf den Gegner zu warten! Ich habe es vor Monaten vorausgesagt, natürlich wird der Gegner kommen! Und er wird von allen Höhen herab schießen. Aber der Herr Botschafter Bonnet hat mir ja versichert, Navarre suche genau diesen Kampf. So, nun hat er ihn. Vierundzwanzig Stunden lang hat es gedauert, und die ganze Siegeszuversicht Frankreichs ist zum Teufel. Anfänger!»

Als er sich wieder beruhigt hatte, gab ihm Radford zu bedenken: «Mister President, wir haben in der Bevölkerung eine gewisse antikommunistische Grundströmung. Wenn ich nur an McCarthy denke … Wir müssen das berücksichtigen!»

«Nun gut, berücksichtigen wir es. Sagen wir verstärkte Hilfslieferungen zu, das hört sich immer gut an. Außerdem werden wir dabei eine Menge alten Schrott los. Nur – wir haben noch andere Strömungen, lieber Radford. Wie handhaben wir die?»

«Das erledigt Außenminister Dulles», gab Radford Auskunft. «Es ist alles vereinbart. Morgen sieht Ely ihn.»

Eisenhower schärfte ihm ein: «Ich will, daß der Eindruck entsteht, wir helfen. Die Chinesen dürfen dabei nicht über Gebühr gereizt werden. Die Sowjets ebenfalls nicht. Und Dulles muß absolut freie Hand behalten, für jede Chance, die sich uns nach dieser unvermeidlichen Genfer Indochinakonferenz bietet. Wir übernehmen das Erbe Frankreichs, ohne es Frankreich aus den Händen zu ringen. So muß das aussehen. Und, Radford, denken

Sie daran: Dien Bien Phu wird bald aus den Schlagzeilen sein. Es wäre günstig für uns, wenn da von unserer Seite nichts geschieht, was neue Schlagzeilen macht. Langfristige. Haben wir uns verstanden?»

Als der Präsident ein paar Stunden später den hoffnungsvollen Ely empfing, ließ er sich von diesem geduldig alles erzählen, was er auf dem Herzen hatte. Er rief Radford und trug diesem im Beisein Elys auf, die Hilfslieferungen von Material und Verpflegung, die Bereitstellung von zerlegbaren Geschützen und den Lufttransport entscheidend zu erhöhen, und zwar «bis zu der von unseren französischen Verbündeten gewünschten Grenze».

Zuletzt verlor er noch einige Worte zur weltweiten Kommunismusbekämpfung, bei der Frankreich eine so hervorragende Rolle spiele, und er lobte den französischen Soldaten, der in Dien Bien Phu die Interessen der freien Welt verteidige …

Selbst Ely, dem die einschlägigen Statistiken über die Zusammensetzung des Expeditionskorps bekannt waren, dachte mit einer gewissen Ironie daran, daß es sich in Dien Bien Phu neben französischen Kolonialsoldaten vorwiegend um Angehörige der Fremdenlegion handelte, Entwurzelte aus ganz Europa. Ely kannte auch die Zahl der französischen Soldaten in Indochina, die der deutschen Waffen-SS-Division «Charlemagne» angehört hatten, oder daheim der «Légion des Volontaires Français contre le Bolchevisme». Doch das wäre vielleicht Herrn McCarthy gegenüber eine Art Empfehlung gewesen. Bei Eisenhower schien es nicht ratsam, daran zu rühren. Jedenfalls verließ der Franzose das Weiße Haus freudig gestimmt. Auf die Idee, daß man ihn gezielt in Wechselbäder tauchte, kam er nicht. Auch am nächsten Morgen nicht, als er von Außenminister John Foster Dulles empfangen wurde.

Hatte Eisenhower sich noch Mühe gegeben, ein freundliches Gesicht zu zeigen, während er seinem Gast unbedeutende Zusagen machte, legte der Außenminister es unübersehbar darauf an, dem Franzosen den Eindruck eines mürrischen, sich belästigt fühlenden Beamten zu vermitteln.

Er fixierte ihn durch seine Brillengläser, während er ihm zuhörte, als wollte er ihm zu verstehen geben, das alles sei für ihn uninteressant, was in jener Mulde von Dien Bien Phu vor sich ging. Zum Schluß bequemte er sich zu der Bemerkung: «Sie haben mir sehr geholfen, diese komplizierte Angelegenheit zu verstehen, Monsieur Ely ...»

Danach hielt er dem Franzosen einen längeren Vortrag darüber, daß sich in den Vereinigten Staaten so kurz nach dem unglücklich verlaufenen Korea-Krieg keine rechte Begeisterung für Frankreichs Feldzug in Vietnam einstellen wolle. Dabei brauchte er nicht einmal zu lügen, denn das war so. Er wies darauf hin, Kolonialkriege seien immer stärker internationaler Ablehnung ausgesetzt. Deshalb könne er nur raten, Frankreich solle den Indochina-Krieg beenden, indem es den ehemaligen Kolonien dort eine Art Unabhängigkeit gewähre. Entschiede man anders, bringe man die internationale Öffentlichkeit immer stärker gegen sich auf; das führe zu nichts.

Als er merkte, daß Ely konsterniert war, lenkte er ein wenig ein und ließ durchblicken, völlig anders wäre die Lage natürlich in dem Augenblick, in dem man den Chinesen oder den Sowjets ein direktes Eingreifen in den Indochina-Krieg nachweisen könne. In einem solchen Falle sei auch eine amerikanische Intervention sehr wahrscheinlich. Tja, obwohl er innerlich mit Frankreich fühle – Außenpolitik sei eben ein hartes Geschäft, und er bitte um Verständnis, daß er sehr offen gesprochen habe.

Ely nahm die nächste Redepause wahr, um sich höflich zu verabschieden.

Er hatte das Haus noch nicht verlassen, als Dulles mit Radford telefonierte: «Richten Sie ihn wieder auf!»

Der Vorsitzende der Vereinigten Stabschefs der drei Teilstreitkräfte verlor keine Zeit. Als Ely in seine Suite zurückkam, lag da die Nachricht: Bitte, halten sie sich morgen, am 25.3., für einen Besuch im Pentagon zur Verfügung. Es liegen konkrete Vorschläge für militärische Unterstützung auf dem Tisch.

«Der Generalstab der Air Force hat soeben die Erlaubnis gegeben, daß unsere C-119-Maschinen ab sofort Napalm auf die Belagerer von Dien Bien Phu abwerfen dürfen. Wie Sie wissen, handelt es sich bei der Tragfähigkeit dieser Maschinen jeweils um etwa sechs Tonnen. Das dürfte eine spürbare Hilfe sein ...»

Radford ließ sich nicht anmerken, daß es sich bei dem Napalm um Überschußbestände aus dem Korea-Krieg handelte, die verbraucht werden mußten und die Frankreich nun Dollar für Dollar bezahlen würde. Dafür schob er, noch bevor sich der Generalstabschef bedanken konnte, einen zweiten Vorschlag nach: «Monsieur Ely, Sie wissen, unser strategisches Bomberkommando hält in Clark Field auf den Philippinen eine beachtliche Anzahl von B-29-Fernbombern bereit. Die Air Force würde sie für Flächenbombardements des Vietminh-Hinterlandes anfliegen lassen, in einem möglichst dichten Rhythmus. Die Marine könnte etwa dreihundert Begleitjäger von unseren vor Indochina operierenden Trägern als Schutz stellen. Zudem wird von unserer Seite auch die Anwendung dessen in Betracht gezogen, was die Politiker mit ‹Großer Knüppel› umschreiben ...»

Es war das Codewort für die Atombombe. Ely lauschte immer aufmerksamer. Hatten sich die Militärs über die Bedenken der Politiker hinwegsetzen können? Als Radford erwartungsvoll schwieg und ihn anblickte, erkundigte er sich zunächst vorsichtig: «Dies ist ein Angebot, hinter dem auch die Regierung der USA steht?»

Radford wich so geschickt aus, daß Ely nicht einmal Verdacht schöpfte. Er sagte: «Für den Anlauf dieser Aktion, der wir die Codebezeichnung ‹Vulture› gegeben haben, ist lediglich erforderlich, daß die französische Regierung an die unsere einen offiziellen Antrag stellt.»

Der Generalstabschef beeilte sich, mit dieser immerhin höchst freudigen Botschaft zurück nach Paris zu kommen. Vor einem Gremium, das sich aus Ministern und Militärs zusammensetzte, hielt er Vortrag. Wider Erwarten stieß er auf Zurückhaltung.

Einigen der Anwesenden erschien es unklug, so kurz vor der Genfer Konferenz über Indochina durch den Einsatz von Atombomben vollendete Tatsachen zu schaffen. Andere hingegen beschworen die Gefahr, in der sich Dien Bien Phu befand, wenn man nicht die Angriffsvorbereitungen des Gegners rechtzeitig zerschlug. Schließlich endete die Beratung in einem von Pleven vorgeschlagenen Kompromiß: Bevor entschieden würde, ob man sich offiziell an die USA wandte, sollte die Meinung des Oberkommandierenden Navarre eingeholt werden.

Der persönliche Sekretär von Paul Ely, Oberst Raymond Brohon, flog sofort ab. Er war froh, wenigstens für einige Tage aus dem Hexenkessel Paris zu entkommen, wo eine Antikriegs-Demonstration die andere ablöste, wo die Sprechchöre der Studenten, Arbeiter, der Frauenorganisationen immer lauter wurden, die das Ende des schmutzigen Krieges in Indochina forderten.

In Saigon erfuhr der Oberst, dessen Mission immerhin von erheblicher Bedeutung war, Navarre befinde sich in Hanoi. Er nahm die nächste Maschine und war zwei Stunden später in der Metropole Tongkings, wo es soeben einen offenen Streit zwischen Cogny und Navarre gegeben hatte. Cogny bezeichnete das, was General Navarre in Dien Bien Phu angerichtet hatte, als totalen Schwachsinn, worauf Navarre ihm Ohrfeigen anbot.

Daß die unterschwellige Abneigung der beiden ranghöchsten französischen Offiziere in Indochina in einen so drastischen Ausbruch mündete, war auf die Hiobsbotschaften zurückzuführen, die Cogny aus Dien Bien Phu empfing und die Navarre bagatellisierte. Navarre klammerte sich an Illusionen, von denen der Praktiker Cogny meinte, sie hätten einen Anflug von Schizophrenie.

Vierundzwanzig Stunden zuvor hatten Vietminh-Einheiten erste Angriffe gegen die beiden Befestigungsanlagen «Eliane» und «Dominique» an der Ostflanke geführt, wobei sie einige Stützpunkte innerhalb dieser beiden wichtigen Systeme erobern konnten. Die Vorstöße, so rechnete Cogny sich aus, wiesen auf die Absicht der Vietminh hin, das linke Ufer des Nam-Youm-Flusses völlig in ihren Besitz zu bekommen. «Eliane» und «Dominique» waren auf dieser nach Osten gewandten Seite der Festung die stärksten Anlagen. Fielen sie, hatte der Gegner über den Fluß hinweg völlig freies Schußfeld auf die zentralen Befestigungen. Deshalb beschlich Cogny – der inzwischen die Vietminh-Taktik einigermaßen begriffen hatte, die Festung stückweise auseinanderzubrechen – das Gefühl der unabdingbaren Niederlage. Er hielt mit dieser Meinung nicht zurück, als er Navarre die Lage vortrug.

Navarre wischte die Besorgnisse Cognys einfach hinweg. Er meinte: «Kein Grund zur Panik! Was ist denn passiert? Auf ‹Dominique› und ‹Eliane› sind ein paar Züge schlecht geführter Marokkaner und Algerier desertiert und haben es dem Feind leicht gemacht. Daraus kann man keine Katastrophe konstruieren!»

Cogny schrie zurück, diese Einschätzung sei so dumm, daß er am liebsten unter dem Kommandeur, der so etwas von sich gebe, nicht weiter dienen würde.

Mitten in diesen Streit platzte Oberst Brohon. Ohne Umschweife legte er dem Oberkommandierenden die Anfrage aus Paris vor, ob er, Navarre, es für angebracht halte, die Amerikaner um entscheidende Unterstützung zu ersuchen? Was «Vulture» bedeutete, erläuterte Brohon ihm in Einzelheiten: Atombomben auf rückwärtige Einrichtungen der Vietminh und auf ihre Konzentrationen nördlich und östlich des Talkessels, in einer Entfernung, die den eingeschlossenen französischen Truppen Sicherheit vor den Atomauswirkungen garantiere.

Cogny schüttelte den Kopf und verließ den Raum. Navarre war erschrocken. Hier wurde er vor eine schwere Entscheidung gestellt. Es war klar, die Politiker wollten für alles, was eventuell später kam, einen Militär als Sündenbock haben. Er sollte den Ausschlag geben und später verantwortlich gemacht werden können. Navarre hatte nicht die geringste Ahnung von dem hintergründigen Spiel, das die US-Regierung begonnen hatte. Aber er lehnte das Eingreifen in der von Brohon geschilderten Art trotzdem ab, weil er ahnte, daß er bei Zustimmung sehr bald das Oberkommando mit einem amerikanischen Partner würde teilen müssen. Er hatte andere Ideen, und er schilderte Brohon, weshalb sich die besagte «Vulture»-Hilfe erübrigte.

An der Landkarte zeigte er dem Pariser Abgesandten die langen Nachschubwege der Vietminh und wies immer wieder darauf hin, daß ihnen nicht ein einziges Flugzeug zur Verfügung stünde, die Zahl ihrer Lastkraftwagen begrenzt wäre, der Transport sich also fast ausschließlich durch Trägerkolonnen abwickele. «Das ist unsere Trumpfkarte», erklärte er mit Nachdruck. «Die Regenzeit steht im Gebiet da oben unmittelbar bevor. Setzt sie ein, verwandelt sich jeder Pfad in ein Schlammrinnsal; es gibt weder Weg noch Steg; es kommt einfach nichts mehr vorn an. In dieser Situation können wir die Kerle einfach in die Berge zurückjagen. Was sage ich – wir lassen sie auf allen vieren dorthin zurück kriechen!»

«Sie meinen, Sie schaffen es allein?», wollte Brohon wissen.

Der Oberkommandierende bestätigte das. «Wir müssen noch die paar Tage durchhalten, bis der Regen einsetzt. Dann werden die Vietminh aufgeben müssen!»

Brohon war verwirrt. Er hatte noch die Texte im Ohr, die aus Vietnam nach Paris gelangt waren: Navarre erwarte nichts sehnlicher, als daß der Gegner ihn bei Dien Bien Phu angreife. Nun tat der Gegner das, und derselbe Navarre hoffte auf Regen …

«Wir helfen uns selbst», versicherte der Oberkommandierende dem Pariser Besucher. «Kennen Sie festes Kohlendioxid?»

Davon hatte Brohon nur vage Vorstellungen. Der Oberkommandierende forderte ihn kurzerhand auf, zu ihm ins Auto zu steigen, dann fuhr er mit ihm nach Gia Lam hinüber, zum Flugplatz. Dort wies er ihn auf bereifte Behälter hin, die soeben an der Unterseite der Tragflächen alter «Dakotas» befestigt wurden.

Navarre deutete zum Himmel, der mit schmutziggrauen Wolken dicht verhangen war. «Da ist er, der Regen. Aber er fällt noch nicht. Wir werden nachhelfen. Unsere Maschinen befördern dieses sogenannte Trockeneis, das eine Temperatur von minus 78 Grad Celsius hat, über die Monsunwolken bei Dien Bien Phu. Dort werden die Behälter entleert. Wissenschaftler haben herausgefunden, daß der Bewurf der Wolkenmassen mit festem CO_2 ein sofortiges, ungehemmtes Abregnen zur Folge hat. Wir setzen die Wissenschaft gegen die Vietminh ein. Was wollen sie wohl dagegen machen! Sie werden in ihren Löchern ersaufen, wie Ratten … Nein, ich verzichte in aller Form auf die amerikanischen B-29 und alles, was sie abwerfen wollen. Ich habe etwas abzuwerfen, das wirksamer ist!»

Es war Sonntag, der 4. April 1954, als Oberst Brohon mit dieser Botschaft Navarres nach Paris zurückkam. Am Flugplatz holte ihn der Wagen Elys ab und brachte ihn zu dessen Privatwohnung. Der Generalstabschef wunderte sich noch über die seltsame Schrulle mit dem Trockeneis und nahm sich vor, Näheres darüber zu erfragen, als sein Adjutant erschien und ihm ein dringendes Telegramm von Navarre aus Hanoi überbrachte. Ely traute seinen Augen nicht, als er den dechiffrierten Text las: «Unter der Voraussetzung, daß sie sofort – ich wiederhole: sofort –

Mit entscheidend für die Leistungen der Volksstreitkräfte war die Hilfe der Bewohner des Gebietes, durch das die Nachschubwege verliefen. Die Führung der Armee hielt enge Verbindung zu ihnen. General Giap besucht hier ein Dorf der Meo-Minderheit

erfolgt, halte ich angesichts neuer Entwicklung die Aktion, die Oberst Brohon schilderte, für allein noch wirksam.»

Ely reichte Brohon das Telegramm. Der las es, schüttelte verwirrt den Kopf über Navarres Meinungsänderung und stotterte: «Ich … verstehe nicht …»

«Ich auch nicht!» knurrte Ely. Dann befahl er dem Adjutanten: «Sie fahren zur Funkstelle. Wir wollen sofort wissen, was sich da in der Festung ereignet hat!»

Eine Stunde später hatten sie de Castries Meldungen, die an Cogny abgegangen waren, vor sich liegen: Die beiden Stützpunkte «Eliane» und «Dominique» waren in den vergangenen Nächten erneut angegriffen worden und bis auf einige wenige Widerstandsnester westlich der von Tuan Giao kommenden Straße gefallen. Nun besaßen die Vietminh fast das gesamte linke Flußufer und hatten freies Schußfeld auf die nur noch 1500 Meter entfernten zentralen Befestigungsanlagen. Damit

Erfinderisch zu sein, das hatte der lange Volkskrieg die Vietnamesen gelehrt. Hier wird der entschärfte Blindgänger einer französischen Fliegerbombe im rückwärtigen Gebiet von Meo-Frauen und Soldaten der Volksstreitkräfte als Straßenwalze benutzt, um Schäden an den Transportwegen zu beseitigen

nicht genug, hatten sie in der letzten Nacht auch «Huguette» angegriffen, ein System aus mehreren Befestigungen um die große Landepiste. Die nördlichen und westlichen Anlagen waren gefallen. Die nördliche Hälfte der Piste war verloren. Nun würde selbst der Abwurf von Nachschub auf die zentralen Befestigungen zum tödlichen Risiko werden, weil der Anflug von Nordwesten her erfolgen mußte und dort die für ihre Treffsicherheit bekannte Flak der Vietminh stand.

«Der erste Akt des Endes?» Ely sah seinen Sekretär Brohon an. Dieser konnte nur die Schultern zucken.

Noch am Abend versammelte sich der Ministerrat zu einer Krisensitzung. Eine Stunde vor Mitternacht bat man den US-Botschafter in Paris, Douglas Dillon, in den Amtssitz des Ministerpräsidenten und ersuchte ihn, seinem Präsidenten die Bitte der französischen Regierung zu übermitteln, unverzüglich die Operation «Vulture» auszulösen.

Henri Bonnet, Frankreichs Botschafter in Washington, ebenfalls per Funk alarmiert, begab sich zudem sofort auf den Weg zum US-Außenminister John Forster Dulles.

Um diese Zeit konferierte Präsident Eisenhower noch mit den drei Stabschefs. Radford hielt sich im Hintergrund. General Matthew Ridgway, Generalstabschef der Landstreitkräfte, nach McArthur letzter Kommandeur der US-Truppen in Korea, trug seine Bedenken gegen ein US-Engagement in Vietnam vor. Er berücksichtigte zwar die Stimmung der Bevölkerung gegen ein US-Eingreifen nicht, dennoch fiel sein Urteil auch so drastisch negativ aus: «Mister President, nach Prüfung aller Einzelheiten bin ich der Meinung, daß ein kombinierter Einsatz von See- und Luftstreitkräften in dem fraglichen Gebiet keine entscheidende Wende mehr bringen kann. Dies wäre höchstens durch massierte Anlandung von Infanterie möglich. Doch dafür fehlen gegenwärtig alle Voraussetzungen.»

Eisenhower nahm das zur Kenntnis. Sein Entschluß stand ohnehin fest. Vietnam würde fast automatisch zu einer Beute der USA werden, man mußte nur warten können, bis die Franzosen sich dort endgültig verschlissen hatten.

Der Präsident lehnte das Ansinnen der französischen Regierung ab: «Wir haben in Korea gelernt, daß man für einen Landkrieg in Asien völlig andere Bedingungen braucht, als jene, die in Vietnam augenblicklich herrschen. Danke, meine Herren.»

John Foster Dulles ließ den französischen Botschafter warten, bis er von Eisenhower das Ende der Beratung signalisiert bekam. Dann rief er Henri Bonnet herein und informierte ihn weitschweifig, es täte der Regierung der Vereinigten Staaten unendlich leid, aber die US-Streitkräfte könnten aus vertraglichen Gründen im fraglichen Gebiet nur gemeinsam mit den Streitkräften der anderen antikommunistischen Staaten der Region, etwa Thailands, der Philippinen, Australiens, Neuseelands und Großbritanniens aktiv werden. Zugestimmt habe aber nur Thailand. Das genüge nicht. Vor allem Großbritannien lehne jedes Eingreifen kategorisch ab. Das habe auch in anderer Hinsicht Bedeutung, wie er gleich noch erläutern werde.

Es machte Dulles besonderen Spaß, Churchill zu zitieren und

damit, wie vereinbart, den Zorn des Franzosen wenigstens um eine Kleinigkeit von den USA weg in Richtung London zu lenken. Wie Monsieur Bonnet ja wisse, gäbe es aus dem Jahre 1943 noch diese zwar formlose, aber verbindliche Übereinkunft zwischen Roosevelt und Churchill, was die Atombombe beträfe. Sie besage, daß weder Großbritannien noch die USA sie jemals ohne Zustimmung des anderen anwenden würden.

«Und Mister Churchill», teilte Dulles seinem französischen Besucher mit, «ließ uns wissen, er denke nicht daran, in Indochina britische Truppen für französische Interessen kämpfen zu lassen. Großbritannien habe genug eigene Sorgen. An eine Zustimmung zum Einsatz der Atombombe vor der Genfer Indochina-Konferenz sei gar nicht zu denken ...»

Die USA waren einer solchen Beratung, die der Wiederherstellung des Friedens in Korea und Indochina dienen sollte, lange ausgewichen. Seit Sommer 1951, als ihre militärischen Mißerfolge sie zunächst zu Waffenstillstandsverhandlungen in Korea gezwungen hatten, drängte die Sowjetunion auf eine Vereinbarung der Großmächte über die endgültige Beilegung der Streitigkeiten auf den beiden Kriegsschauplätzen in Asien. Heute, mehr als zweieinhalb Jahre später, war den USA angesichts der wachsenden internationalen Zustimmung ein weiteres Ausweichen nicht mehr möglich.

So hatte John Foster Dulles schließlich auf dem im Januar in Berlin abgehaltenen Treffen der Außenminister der Großmächte widerwillig zugestimmt, die in Asien anstehenden Probleme auf einer Konferenz, die am 26. April 1954 beginnen sollte, zur Lösung zu bringen. Die USA würden sich, das war als Direktive bereits intern beschlossen, lediglich in «beratender Funktion» beteiligen, aber es war sicher, diese Zusammenkunft würde für ihre weiteren Absichten in Asien einen Rückschlag bedeuten. Allein deshalb schon war seine Miene nicht sehr fröhlich, als er den Franzosen jetzt daran erinnerte.

Henri Bonnet, ganz Diplomat, vergaß trotzdem nicht, sich höflich zu bedanken, bevor er Dulles verließ. Während er in seiner Botschaft das Telegramm an Paris aufsetzte, daß «Vulture» nicht stattfinden würde, ging ihm durch den Kopf: Bis zur Genfer Konferenz dauerte es nur noch drei Wochen.

Das linke Ufer

«Es wird ein wochenlanger Grabenkrieg werden, wenn ich dich recht verstanden habe?»

Der kleine, quirlige Professor Tung, Chef des Medizinischen Dienstes der Volksarmee, saß auf einer leeren Kartuschenkiste mit französischer Aufschrift, einem Überbleibsel aus einem fehlgegangenen Fallschirmabwurf. Er war müde, aber er bemühte sich, das nicht zu zeigen. Schmutz verkrustete seine Uniform, das Gesicht, die Hände. Manchmal, wenn er operieren mußte, wusch er sich die Hände nur bis an die Ellenbogen. Trotz des Regens war reines Wasser knapp, es fehlte auch an Seife.

Dem Mediziner gegenüber saß General Giap, ebenso überanstrengt, ebenso verschmutzt, aber hellwach, obwohl er in den letzten Nächten nur stundenweise geschlafen hatte. Der Oberbefehlshaber der Volksarmee blickte seinen alten Studienkollegen, mit dem er seit dem Jünglingsalter befreundet war und gemeinsam für die Revolution gekämpft hatte, lange forschend an, bevor er fragte: «Du bist erschöpft, Bruder, wie?»

Vermutungen dieser Art konnten Tung verletzen, wenn sie von Fremden kamen. Seinem Freund gegenüber blieb er versöhnlich, er antwortete nur: «Nicht erschöpft, nein. Ich habe noch viel Kraft. Ich muß nur einmal einen Augenblick ausruhen. Mich sammeln. Wir haben heute eine Ladung Penicillin erbeutet. Das hat meine Müdigkeit gleich vertrieben.»

«Wie schlimm ist es mit den Verwundeten?» wollte der Oberkommandierende wissen. Tung würde ihm in aller Offenheit sagen, wie es stand.

Der Mediziner zögerte. Noch war der Angriff nicht in die zweite Phase getreten. Durfte er da Schwierigkeiten hervorkehren? Er tat es trotzdem. Es war immer gut, wenn die Vorgesetzten genau wußten, wie sich die Dinge verhielten. Ihnen etwas vorzumachen war eitel, und zu Eitelkeit neigte dieser Arzt überhaupt nicht.

«Wir haben Hunderte von Verletzten», erklärte er. «Die schwersten Fälle bleiben nur bis zu einer gewissen Stabilisierung bei uns. Sobald sie transportfähig sind, verlegen wir sie ins Hinterland. Wer von den leichter Verletzten laufen kann, macht sich irgendwie nützlich. Er wird sozusagen ambulant behandelt. – Also, wenn du wissen willst, ob wir die aufnehmen können, die in den nächsten Tagen verwundet werden, so ist die Antwort Ja.»

«Aber?» Der Oberkommandierende spürte, sein Freund hatte noch nicht alles gesagt, was ihm auf dem Herzen lag.

Tung hob beide Hände, lächelte ein wenig und meinte: «Was soll es wohl helfen, wenn ich dir meine Sorgen vorbete? Du hast vermutlich selbst genug davon!»

«Vielleicht kann ich helfen. Ich könnte einen Befehl erlassen ...»

«Daß es keine Verwundeten mehr gibt?» Der Professor zog einen Keks aus der Tasche, teilte ihn mit Giap, und während die beiden kauten, sagte der Mediziner: «Kannst du befehlen, daß der Himmel uns Stahlhelme schickt?»

«Wunder kann ich nicht befehlen.»

«Siehst du, deshalb habe ich dich gar nicht mit der Sache belasten wollen. Ich weiß auch, was geht und was nicht. Wir haben zum ersten Mal in unserem Kampf eine unverhältnismäßig hohe Zahl an Kopfverletzungen. Deshalb der Wunsch nach Stahlhelmen.»

Giap ließ sich eingehend erklären, was den Professor drückte. Die häufigen Kopfverletzungen hingen mit der Eigenart des Kampfes um Dien Bien Phu zusammen. In den letzten Tagen hatten die angreifenden Truppen der Volksarmee umfangreiche Schanzarbeiten ausgeführt. Viele Kilometer lang waren die verzweigten Grabensysteme geworden, die bis unmittelbar an die feindlichen Befestigungen vorgetrieben worden waren. Teils handelte es sich sogar um Tunnel. Sie brachten den großen Vorteil, daß die Soldaten beim Angriff nur noch ein oder zwei Dut-

Prof. Ton That Tung (rechts), dem Leiter des Sanitätswesens der Befreiungsstreitkräfte, verdankten viele verwundete Soldaten (darunter auch Franzosen) ihr Leben. In Dien Bien Phu mußte er mit seinem Personal unter unbeschreiblich schweren Bedingungen arbeiten. Später wurde er Minister für Gesundheitswesen in der DRV. (Das Bild zeigt ihn während des US-amerikanischen Vietnam-Krieges, wie er seinem Freund aus der DDR, Prof. Dr. Schmauss, die Aufbereitung traditioneller Heilkräuter vorführt.)

zend Meter über der Erde, ungedeckt, zurückzulegen hatten und blitzschnell in die französischen Stellungen eindringen konnten. Andrerseits aber blieben die Schanzarbeiten der Gegenseite natürlich nicht verborgen, und ihr Feuer konzentrierte sich immer stärker darauf. Das Ergebnis waren eben meist Kopfverwundungen, weil die Köpfe der Grabenden lange ungedeckt waren. Es gab in der Volksarmee nur sehr vereinzelt Stahlhelme, meist Beutestücke, während der aus Bambus gefertigte, mit Tarnstoff bezogene Tropenhelm die übliche Kopfbedeckung der vietnamesischen Soldaten war.

«Es gibt Tage, an denen ich nur Kopfschüsse zu behandeln habe», sagte Tung. «Doch es ist schwer, mit unserer technischen

Ausrüstung Köpfe zu operieren! Nicht zu sprechen von der Sterilität. Durch die Zeltplanen über meinem Operationstisch sickert ebenso das Regenwasser, wie es in jeden Unterstand sickert.»

«Ich sehe das Problem», äußerte Giap. Er grübelte. Die Volksarmee bestand in diesen Tagen ihre härteste Probe. Es fehlte ihr nicht an Mut, selbst nicht an der Bereitschaft, sich aufzuopfern, wenn dadurch ein Erfolg gesichert werden konnte. Doch an Ausrüstung, an technischem Gerät war die Volksarmee den französischen Truppen immer noch unterlegen. Der Hinweis Tungs war ernst zu nehmen, denn gewiß würde der Gegner sein Feuer auch weiterhin auf die Gräben konzentrieren.

«Sie müssen tiefer graben …», überlegte der Oberkommandierende. «Ich werde die Kommandeure dazu verpflichten. Wir brauchen nicht nur jeden unserer Soldaten für den Kampf, wir brauchen unserer Männer für den Aufbau, nach dem Sieg.»

Der Mediziner blickte ihn nachdenklich an. «Du zweifelst nicht mehr an unserem Sieg?»

«Du etwa?»

Tung lächelte. «Du kennst mich. Ich bin nie ein Zweifler gewesen. Aber ich bin auch kein Hurrapatriot. Mürrisch soll ich angeblich sein. Hat eine meiner Schwestern behauptet.»

«Und? Bist du mürrisch?»

Tung bewegte die Schultern. «Ich weiß es nicht. Ich liebe Menschen. Leider sehe ich sie seit langer Zeit meist als Halbtote. Teile von Menschen. Zerschmetterte Knochen. Blutiges Fleisch …»

Der Oberkommandierende legte ihm die Hand auf die Schulter. Er sprach leise, als habe er Angst, es könnte jemand zuhören, den dieses Gespräch unter Freunden nichts anging. «Ich verstehe dich, Bruder. Was meinst du, was ich empfinde, wenn ich an den Gräbern stehe? Neulich haben sie mir einen Kommandeur mit Napalm zu Tode gebrannt. Xuan. Den kannte ich schon als Junge. Du auch. Wir haben zusammen Heuschrecken gefangen. Als wir ihn begruben, war er so groß, wie er als Kind gewesen ist.»

«Ich weiß, wie Napalmtote aussehen.»

«Natürlich weißt du es. Du bist Arzt. Genosse Ho Chi Minh war dabei. Er sagte, wenn es etwas gibt, das man einem solchen Toten an seinem Grabe versprechen muß, dann so zu kämpfen, daß dieser Krieg ganz schnell sein Ende findet.»

«Wird er mit Dien Bien Phu zu Ende gehen?»

Giap zögerte. «In ein paar Wochen beginnt in Genf die Indochina-Konferenz. Genosse Pham Van Dong bereitet sich schon auf die Reise vor. Und wir, die wir hier stehen, können nichts besseres tun, als die Franzosen so zu schlagen, daß sie einsehen, sie können uns nicht bezwingen. Sobald die Franzosen die Waffen senken, werden wir das auch tun.»

«Und die Amerikaner?» Tung polkte getrocknete Schmutzklumpen von seinen nackten Zehen. Seine Füße steckten, wie die der Soldaten, in selbstgefertigten Sandalen aus abgenutzten französischen Autoreifen.

Eine Weile bekam er keine Antwort.

Dann sagte Giap langsam: «Sie helfen den Franzosen, solange die kämpfen. Hören die Franzosen auf, werden sie es wohl auch müssen.»

«Unterschätzt du sie nicht?»

«Das nicht», antwortete Giap. «Ich weiß wohl, sie möchten sich gern in Indochina einnisten. Aber – meinst du nicht, daß sie vorsichtig sein werden, wenn wir die Franzosen zum Aufgeben zwingen? Sie müßten spüren, daß auf sie nichts anderes wartet, als auch die Niederlage, selbst wenn es lange dauert und uns noch Jahre voller Kämpfe kostet ...»

Tung nickte versonnen. Er hatte eine Menge Franzosen kennengelernt, und er wußte, daß es unter ihnen nicht wenige gab, an deren Gefühl man rühren konnte, wenn man sie etwa an ihre eigene Revolution erinnerte, die einmal ein Signal für die ganze Welt gewesen war. Aber die Amerikaner waren ihm fremd. Leute aus einem fernen Land, dessen Wirtschaft sich an Kriegen in irgendwelchen Winkeln der Erde mästete, während zwischen den eigenen Häusern nie auch nur eine einzige Granate eingeschlagen hatte. Er wischte den Gedanken unwillig weg. «Laß uns keine neuen Feuer anzünden, bevor die alten ausgebrannt sind!»

Giap spürte, dieser gesellige, stets zu einem Scherz aufgelegte Mann, dessen Hände so geschickt mit dem Skalpell umgehen konnten und dessen Kopf voller Ideen steckte, litt unter den vielen Toten, die er in den letzten Tagen und Nächten gesehen hatte. Männer, denen er mit seiner Kunst nicht mehr hatte helfen können. Aber der Oberkommandierende hätte nicht eine Se-

kunde daran gezweifelt, daß sein alter Freund auf seine Art
ebenso unerbittlich für die Befreiung kämpfte wie jeder der hier
eingesetzten Soldaten. Ton That Tung war mit der Revolution
aufgewachsen, wie er selbst. Ein Oberkommandierender dachte
eben eher an den taktisch klugen Einsatz seiner Einheiten, an
die Zähigkeit der Soldaten, die den Gegner niederzwangen, während der Chirurg des Feldlazaretts daran zu denken hatte, wie er
Männer mit Kopfschüssen rettete, zerschmetterte Knochen
flickte, Glieder amputierte, wie er dem Tod, der Gangrän, dem
fressenden Eiter der Wunden beikam, wie er in zerfetzten Lei-
bern den Funken Leben erhielt. Für später. Für die Familie, die
auf den Vater wartete oder den Bruder.

Es fiel Giap schwer, sich zu verabschieden. Eigentlich hatte er
dem Chef des Medizinischen Dienstes mitteilen wollen, daß
man eine Kiste Cognac erbeutet habe, die für de Castries Stab
bestimmt gewesen war. Der Wind hatte sie in die eigenen Linien getrieben. Der Medizinische Dienst sollte sie bekommen.
Ab und zu ein Schluck für einen jungen Burschen, der ein Bein
verloren hatte oder einen Arm. Ein paar Minunten innere
Wärme für einen, der die kalte Hand des Todes noch spürte
oder der Angst vor der Zukunft bekam. Aber Giap brachte es
nicht fertig, zu Tung jetzt von Cognac zu sprechen. Der Arzt
würde selbst am besten wissen, welchen Gebrauch man von
dem Alkohol machte. Vielleicht brauchte er ihn, um Wunden
zu desinfizieren.

«Alter Freund», sagte er, als er sich erhob, «sei mir nicht böse,
daß ich dich nicht besser trösten konnte. Du weißt, ich bin kein
Schönredner. Manchmal habe ich ebensolche Stunden wie du.
Unser Sieg wird auch mit Tränen erkauft. Es ist nicht leicht, das
zu wissen. Und jetzt leg dich ein paar Stunden schlafen.» Er
senkte seine Stimme noch mehr. «Heute nacht greifen wir die
fünf Befestigungen an, die die Franzosen ‹Dominique› nennen.
Du wirst Arbeit bekommen. Laß es mich sofort wissen, wenn ich
dir helfen kann.» Er gab dem Arzt die Hand.

Im Gehen drehte er sich noch einmal um und fügte hinzu: «Jeder unserer Jungen, dem du das Leben erhältst, wird dich wie
einen Vater lieben, denk immer daran!»

Er warf einen letzten Blick auf die Hütten des Lazaretts und auf die Kuppe des Pou-Fa-Berges, hinter dem Dien Bien Phu lag, dann ging er.

Im Hauptquartier angekommen, ließ er Van Tien Dung rufen, der an der Angriffsplanung beteiligt gewesen war. Ihm trug er auf: «Du mußt vor dem Losschlagen noch alle unsere Kommandeure erreichen. Wie du es machst, ist deine Sache. Persönliche Weisung von mir: Alle Kräfte auf die Vertiefung der Laufgräben konzentrieren! Wenigstens zwei Meter fünfzig tief müssen sie sein!»

«Das wird Schweiß kosten», bemerkte Van Tien Dung, ein Mann mit schmalen, asketisch anmutenden Zügen und einem kurz geschorenen Haarschopf.

Der Oberkommandierende stimmte ihm zu: «Schweiß kostet es, ja. Und Blut wird es sparen.» Er sah, daß hinter Van Tien Dung ein Soldat auftauchte, der ihm vage bekannt vorkam. «Was hat er auf dem Herzen?»

«Es ist der Beauftragte für Frontagitation», stellte Van Tien Dung den Mann vor.

Giap erinnerte sich nun daran, ihm an anderen Frontabschnitten schon begegnet zu sein. Er schüttelte ihm die Hand und erkundigte sich: «Was hast du diesmal vor? Wieder die aus den französischen Lagern besorgten Lautsprecher dabei?»

«Die Technik und die Sprecher, Genosse Oberkommandierender», meldete der Agitator. «Sie müssen persönlich die Erlaubnis geben, daß wir in die vordersten Gräben dürfen, sonst können die da drüben unsere Stimmen nicht hören.»

«Wieder Franzosen dabei?» wollte Giap wissen.

Der Agitator zählte auf: «Drei Franzosen, die vor längerer Zeit schon Schluß gemacht haben. Sind von uns aufgenommen worden. Mutige Leute. Zwei Algerier und ein Deutscher sind ebenfalls zu uns gekommen, weil sie ein Ende wollen.»

Giap überlegte. In der Volksarmee gab es seit Jahren schon Männer, die dem französischen Expeditionskorps angehört hatten, bis der Krieg sie anwiderte. Von den französischen Behörden wurden sie steckbrieflich gesucht als Deserteure. Wenige nur, aber sie hatten sich nicht etwa elegant aus dem Krieg geschlichen, indem sie sich gefangengaben. Sie waren bereit gewesen, ihr Leben erneut einzusetzen, diesmal allerdings, um den

Flugblätter der Volksarmee an die französischen Soldaten. Sie informierten über die aussichtslose Lage des Expeditionskorps in Dien Bien Phu

Krieg schneller zu beenden. Man durfte sie nicht unnötig gefährden.

«Gut», entschied er schließlich. «Ich genehmige den Einsatz. Über die Orte entscheiden die jeweiligen Kommandeure. Aber – keiner der Leute operiert von einem Graben aus, der weniger Tiefe als zwei Meter fünfzig hat. Verstanden?»

Als der Agitator das bestätigte, trug Giap ihm auf: «Übermitteln Sie den Männern meinen Respekt. Ich wünsche, daß es ihnen gelingt, möglichst viele ihrer Landsleute vor dem Tod für die französischen Kolonialisten zu retten. Wer immer zu uns kommt – er wird versorgt, wenn er verletzt ist, er wird anständig behandelt, und sobald der Krieg zu Ende ist, kann er heimkehren. Falls er zu Hause Rache fürchtet, kann er auch bei uns bleiben.

Ein entsprechender Beschluß ist von der Regierung bereits gefaßt worden.»

192

Im letzten grauen Tageslicht langte der alte Mann mit dem schwer beladenen Fahrrad in der Nähe des Hauptlazaretts an. Wie alle anderen Dan Cong hatte er in den Lenker des Rades einen halbmeterlangen Bambusstock geschoben, um es besser balancieren zu können. Der Mann hatte weißes Haar, war spindeldürr, trug kurze schwarze Hosen und eine Jacke, die um seinen mageren Oberkörper schlotterte. Als er am Sammelplatz ankam, schwankte er leicht, aber er brachte es fertig, noch mit lauter Stimme zu verkünden: «Hier ist Bui Duc angekommen, aus Tai Nguyen! Ich habe vier Säcke voller Medizin geladen ...» Dann fiel er um, neben seinem Rad.

Professor Tung, der aus dem Lazarett kam, sah den Alten. Er lief hinzu. Es kam nicht selten vor, daß Transportarbeiter in dem Ehrgeiz, ihre Last schnell ans Ziel zu schaffen, alle ihre Kräfte verbrauchten und dann am Ankunftsort einfach einschliefen. Tung hob die Lider des Mannes an, fühlte nach seinem Puls, dann rief er: «Schnell, zwei Träger!»

Der Alte wurde unter das Zeltdach gebracht. Eine Krankenschwester öffnete seine Jacke. Der Mann hatte gehungert, man sah es ihm an. Tung wußte, nur noch ein Herzmedikament würde ihn retten können. Aber es gab keine Herzmedikamente. So versuchte er es mit Massage. Rhythmisch drückte er auf die Rippen, unter denen das Herz nur noch schwach schlug. Nach Minuten stand ihm der Schweiß auf der Stirn. Die Schwester löste ihn ab, bis auch sie keuchte.

Als Tung das einst von den Franzosen erbeutete Stethoskop auf die Brust des Alten setzte, wurde es ganz still unter dem Zeltdach. Eine Minute später setzte er das Instrument ab und senkte den Kopf. Der alte Bui Duc war am Ende seines Weges gestorben.

Als er weggetragen worden war, sagte Tung zu der immer noch schwer atmenden Schwester: «Geh 'raus, schöpf frische Luft. Du hast getan, was du konntest.»

Er traf sie später draußen, als er zu seinem Quartier ging, um den Rat Giaps zu befolgen und wenigstens ein paar Stunden zu schlafen. Das Mädchen hieß Ba, erinnerte er sich. Tien hatte sie geschickt. Sie kam aus einem Dorf der Muong, irgendwo am Schwarzen Fluß. Ba war noch nicht lange im Lazarett, aber sie war anstellig, scheute keine Arbeit und schien auch mit den anderen Schwestern und Helfern gut auszukommen. Tung sah mit Erstaunen, daß sie unweit des Höhleneingangs, wo die Leichtverletzten stationiert waren, einen Mann in der Kleidung vietnamesischer Bauern küßte, nur daß dieser Mann offensichtlich kein Vietnamese war, sondern ein Europäer.

Der Professor neigte dazu, sich in die Privatangelegenheiten seiner Mitarbeiter, vor allem in ihre Liebesprobleme, nicht ungefragt einzumischen, owohl es sich mit solchen Privatangelegenheiten bei der Volksarmee schon ein wenig anders verhielt als im zivilen Leben. So wollte er eigentlich an dem Pärchen vorbeigehen, als das Mädchen selbst ihn ansprach, ob er eine Sekunde Zeit habe.

Ich muß sie wohl haben, dachte er, wie könnte ich antworten: nein? Wobei das mit der Sekunde so eine Sache war. Erfahrungsgemäß dauerte es stets länger, wenn von Sekunden gesprochen wurde.

Ba stellte ihm den Fremden vor: «Dies ist mein Mann Gaston, Genosse Professor.»

«Ah», machte Tung überrascht. Er gab dem Mann die Hand, und als dieser ihn begrüßte, merkte Tung, daß er leidlich Vietnamesisch sprechen konnte.

«Sie sind Franzose?» fragte er. Obwohl er nicht rauchte, hatte er meist Zigaretten bei sich, er bot sie den Kollegen an, wenn es eine Pause gab. Jetzt reichte er dem Fremden die Packung hin. Der zog erfreut die Augenbrauen hoch. Es waren «Cotab», die er lange nicht geraucht hatte, eine in der Fremdenlegion bevorzugte Marke.

«Danke. Übrigens, ich heiße Janville.»

«Und was tun sie hier, Herr Janville?» Die Frage klang scharf.

Der Franzose lächelte, als er zurückgab: «Ich bin auf dem Weg zur Front. Wollte nur einmal schnell nach meiner Frau sehen.»

«Front?» Tung blickte ihn verdutzt an. Der Mann war nicht bewaffnet, er trug nur eine kleine Umhängetasche, in der sich vermutlich etwas zu essen befand und eine Flasche Wasser. Was wollte der Franzose im Hinterland der Volksarmee? Und wieso Front? Im gleichen Augenblick, als sich Tung still darüber wunderte, hörte er das Mädchen sagen: «Gaston will versuchen, ehemalige Kameraden auf der französischen Seite zur Vernunft zu bringen. Mit einem Lautsprecher. Er will sie auffordern, den Kampf einzustellen.»

Natürlich, ein Agitator, begriff Tung. Er kannte andere Franzosen, die sich schon früher entschlossen hatten, in der Volksarmee zu dienen. Ehrenhafte Männer. Es gab verwickelte Schicksale auf der Seite des Gegners. Leute, die sich vor den Verfolgungen durch die Faschisten in die Fremdenlegion gerettet hatten und sich dann plötzlich selbst als Unterdrücker in Vietnam wiederfanden. Da waren die Einsichtigen, die Müden, jene, die das Gewissen plagte. Und da waren sogar Kommunisten, die es hierher verschlagen hatte. Für sie gab es nur den Weg zu den Vietminh, weil sie aus ihrer Weltanschauung heraus unerbittliche Gegner des Kolonialsystems waren. Internationalisten. Wer weiß, wie es um das Schicksal dieses Gaston aussah? Vielleicht war ich etwas zu unfreundlich zu ihm, und er verdiente eher meine Freundschaft. Ob da eine Zigarette ausreicht, um Respekt anzudeuten? Er wandte sich an den Franzosen: «Sie gehen in die vordersten Stellungen?»

«Ja.»

«Sie waren Soldat?»

Wieder bejahte er. Da nahm ihn der Professor am Arm und schärfte ihm ein: «Nehmen Sie bitte ernst, was ich Ihnen sage: Es gibt nach meinen Erkenntnissen auf der französischen Seite Schützen, die sich darauf spezialisiert haben, die Köpfe unserer Leute zu treffen, die in den Laufgräben auftauchen. Deshalb – ziehen Sie den Kopf ein, wenn Sie nicht nur Ihre Aufgabe erfüllen wollen, sondern später zu Ihrer Frau zurückkehren!»

«Ich werde daran denken, Professor», versprach Janville, bevor er sich entfernte. «Danke!» Er verabschiedete sich, nahm dann von Ba Abschied und kündigte seinen nächsten Besuch bei ihr für die kommenden Tage an.

«Haben Sie Kinder?» erkundigte sich Tung, als der Mann gegangen war, bei der Krankenschwester. Die schüttelte den Kopf, sagte aber: «Wir werden welche haben. Später.»

Es regnete in Strömen, als Keng Gaston Janville hangabwärts führte, dorthin, wo der Graben verlief, der fast an das am weitesten östlich gelegene Befestigungswerk «Eliane» heranreichte. Die Vietnamesen hatten es in ihren Gefechtskarten mit der Bezeichnung C-1 versehen.

Ein Hügel von einem halben Dutzend, die alle zusammen «Dominique» ausmachten.

Das Wasser ergoß sich von den Hängen im Osten hinab ins Tal. Wo man nicht auf Fels stehen konnte, versank man knöcheltief im Schlamm. Keng merkte bald, daß der Franzose, den man ihm anvertraut hatte, kein Weichling war. Sie hatten vor dem Abstieg kurz miteinander gesprochen, dabei staunte Keng darüber, wie gut er die Landessprache beherrschte. Als er ihn deswegen lobte, wehrte Gaston Janville lächelnd ab: «Wie könnte ich zu faul sein, die Sprache zu lernen, in der meine Frau spricht!»

Damit war für Keng viel gesagt. Einer jener Franzosen, die man nicht lediglich wegen ihrer Haltung bewundern konnte, sondern die Freunde waren. Keng hatte Gefangene zurückgebracht, mürrische, verängstigte oder freche Gesellen, deren Rücken man lieber sah als ihre Gesichter, weil man sich immerzu beherrschen mußte, um nicht mit der Faust auszuholen. Bei diesem Gaston hatte man ein völlig anderes Gefühl. Ein Mann, der den Mut aufbrachte, mit der Volksarmee zusammen für ein schnelles Ende der Kämpfe sein Leben einzusetzen.

Keng ließ den Franzosen vor sich hergehen, als sie in den Laufgraben stiegen, und während sie vorwärtskrochen, tippte er ihm immer wieder warnend auf die Schulter, er solle sich bücken.

Gaston schleppte ein Megaphon mit sich, einen Blechtrichter, von dem ein Kabel zu einer Batterie führte, die er auf dem Rücken trug. Sie hätten ihm ein Gewehr geben sollen, dachte Keng, wie soll er sich wehren, wenn uns eine französische Patrouille überrascht? Dabei ist er selber Franzose, doch das ist eher ein Nachteil, wenn sie ihn lebend bekommen.

Er war froh, als sie auf die ersten, geduckt an den Grabenwänden hockenden Infanteristen stießen. Am Ende des Laufgrabens half der Kompanieführer dem Franzosen, die Batterie vom Rücken zu nehmen und das Megaphon in einer Mulde am Rande des Grabens zu installieren.

Es war dunkel geworden, und der Regen prasselte immer noch herab.

«Wird das Ding funktionieren?» fragte Keng.

Janville zuckte die Schultern, betätigte den Schalter, dann rief er: «Kameraden!»

Als das Wort laut und klar aus dem Trichter kam, blinzelte er Keng zu, dann begann er zu sprechen: «Hört mir zu! Ich bin Gaston Janville, Capitaine der Armee, den manche von euch aus Hanoi kennen, als Gaston le Fou! Warum wollt Ihr unbedingt sterben? Warum nicht leben wie ich? Dien Bien Phu wird von den Vietminh gestürmt werden. Keiner von euch wird das verhindern. Aber viele von euch werden das Ende nicht erleben. Deshalb macht Schluß! Vorher, ehe es zu spät ist. Die Vietminh behandeln euch bis zum Kriegsende als Gefangene. Dann könnt ihr heimkehren. Kameraden! Es fällt mir schwer, an euch zu denken, weil ich euer Schicksal voraussehe. Nutzt die Dunkelheit und kommt hierher, zu uns. Macht Schluß. Es ist nicht euer Krieg. Ihr gebt euer Leben, und andere verdienen daran. Seht das endlich ein! Wenn ihr kommt, werde ich da sein. Ich lebe. Warum nicht ihr auch? Steigt aus euren Löchern, hebt die Hände und kommt herüber. Entscheidet euch für euer Leben, bevor es zu spät ist! Laßt euch nicht weiter verheizen, werdet freie Menschen, Kameraden! Die Freiheit ist süßer als der Vinogel, den sie euch da drüben zu saufen geben, damit ihr euren Verstand vergeßt ...»

Auf Kommando schoß plötzlich ein halbes Dutzend französischer Maschinengewehre in Richtung des Sprechers. Die Geschosse schlugen in die aufgeweichte Erde, oder sie prallten an Felsbrocken ab und erzeugten einen Funkenregen, der schnell in der Nässe verlöschte. Dort, wo Gaston Janville lag, wurden Schlamm und Gesteinsbrocken von aufeinanderfolgenden Salven hochgepeitscht.

Dann trat wieder Stille ein. Doch sobald die Stimme Janvilles erneut ertönte, brach das Feuer wieder los. Die französischen Kommandeure wußten sehr wohl, wie knapp die Munitionsvorräte in der Festung waren, aber sie fürchteten noch mehr, zu viele ihrer Soldaten könnten der Stimme der Vernunft, die da aus dem Dunkel kam, folgen. Daher befahlen sie, mit Feuer aus allen

Rohren dafür zu sorgen, daß diese Stimme nicht verstanden werden konnte.

In der Nähe Janvilles erschien der Kompanieführer der Einheit, die hier lag. Er befahl Keng, sich mit dem Franzosen wieder zurückzuziehen.

«Gibt es Überläufer?» wollte Keng wissen.

«Einige Gruppen. Algerier und Marokkaner.»

«Und warum sollen wir dann aufhören, sie anzusprechen?»

Der Kompanieführer trug eine Armbanduhr. Er tippte auf das Zifferblatt und sagte: «In zehn Minuten beginnt unsere Artillerie zu feuern. Wir liegen sehr dicht am Gegner, und der Franzose mit dem Megaphon darf nicht gefährdet werden. So lautet mein Befehl.»

«Komm!» forderte Keng Janville auf. «Du hast getan, was du konntest.»

Als de Castries die Meldung bekam, auf den Stützpunkten «Eliane» und «Dominique» stellten einzelne Gruppen den Kampf ein, konnte er nur mit Mühe einen Wutanfall unterdrücken. Der alte Kolonialoffizier war es gewöhnt, daß Marokkaner wie Algerier als Vasallen Frankreichs gehorsam in der Armee dienten, ebenso wie die aus einem Dutzend Ländern zusammengewürfelten Fremdenlegionäre. Woher kam die plötzliche Aufsässigkeit? Ertrugen denn diese Kolonialsoldaten nicht die geringste Gefechtsbelastung? Natürlich waren sie es gewöhnt, als Polizeitruppe zu operieren, wobei oft schon ihre Autorität genügte, um Widerstand klein zu halten, zu unterdrücken. Hielten sie dem Angriff einer gegnerischen Armee, die ebenfalls mit Maschinenwaffen und Artillerie ausgerüstet war, nicht mehr stand?

De Castries entschloß sich schnell: Die beiden östlichen Stützpunkte mußten gesichert werden. Fielen sie dem Gegner durch einen Überraschungsangriff in die Hand, dann war der Fall der zentralen Befestigungen, seines eigenen Kommandozentrums nur noch eine Frage von Tagen. Also beorderte er zwei Kompanien französische Fallschirmjäger, die den verzweigten Stützpunkt «Huguette» bei der Hauptlandepiste verteidigten, auf das linke Ufer des Nam Youm, um die unzuverlässigen afrikanischen Soldaten auf «Eliane» und «Dominique» abzulösen.

Die Fallschirmjäger hatten die in der Nähe von de Castries' Hauptquartier gelegene Muong-Thanh-Brücke, die hier über den Nam Youm führte, noch nicht hinter sich, als auf den Kuppen von «Eliane» und «Dominique» die ersten Granaten einschlugen. Kein Zweifel, die Volksarmee begann die konzentrierte Beschießung, die einen Angriff einleitete. Hals über Kopf stürzten die Fallschirmjäger sich in die Laufgräben, um die neuen Stellungen zu erreichen. Aber unter dem Eindruck des Feuers, das auf die Befestigungen niederging, wurden sie bald langsamer, vorsichtiger.

De Castries lief in den Radioraum. Die Sprechverbindung mit Hanoi funktionierte. Cogny war am anderen Ende. Er ließ sich kurz berichten, was in der Festung vor sich ging. Dann, als er begriffen hatte, daß dies der erwartete Angriff auf die Befestigungen am linken Nam-Youm-Ufer war, fragte er de Castries: «Wie schlimm ist es wirklich, Oberst?»

«Sehr schlimm! Die Desertionen bei den Kolonialtruppen nehmen zu. Auch aus den Einheiten der Legion sind mir Abgänge gemeldet worden.»

«Wir schicken noch zwei Bataillone», entschied Cogny, um ihn zu beruhigen. Er wußte zwar noch nicht, wo er sie abziehen sollte, aber er spürte, de Castries brauchte Ermutigung. Der Oberst machte ihn aufmerksam: «Sie können nur noch auf dem rechten Ufer des Nam Youm abspringen. Am bestem unmittelbar über dem Kommandostand, aus dem ich jetzt spreche.»

«Klar», bestätigte Cogny! «Wie stark ist das Feuer?»

«Sehr stark. ‹Eliane› und ‹Dominique› bekommen das meiste ab. Aber wir hier im Zentrum werden auch beschossen. Das gilt vor allem den Geschützen, die wir hier stehen haben.»

«Fahren Sie Gegenangriffe», riet Cogny. «Setzen Sie die restlichen Panzer ein. Bringen Sie das Konzept der Vietminh durcheinander. Wenn Sie sich auf reine Verteidigung beschränken, sind Sie verloren. – Wie können wir von hier aus noch helfen?»

De Castries unterließ es, ihn darauf hinzuweisen, daß die Panzer nicht mehr genügend Betriebsstoff hatten, um Gegenangriffe zu fahren. Die Vietminh hatten die meisten Treibstofflager längst zerschossen, einige standen noch in Flammen. So verlangte de Castries: «Flugzeuge!» Er schärfte Cogny ein. «Schicken Sie Bomber. Zwecklos, die kleinen Jagdmaschinen herzubeordern. Wir brauchen nicht ein paar Bordkanonensalven, wir brauchen Tonnen von Sprengbomben und Napalm auf die östlichen Hänge. Die vietnamesische Artillerie ist bis jetzt nicht ernstlich angekratzt worden. Man muß sie ausschalten, oder wir sind verloren. Setzen Sie die Hänge in Brand, das ist die einzige Chance. Napalm. Etwas anderes hilft nicht mehr.»

Cogny befahl sofort den Start von B-26-Bombern, obwohl die Piloten murrten, als sie die Wetterkarten bekamen: dichte Regenwolken über der Festung. Das hieß, die Ziele würden nur schwer aus größerer Höhe auszumachen sein. Und in geringer Höhe lauerte der sichere Tod aus den Rohren der Vietminh-Flak.

Eine halbe Stunde später waren die B-26 über der Festung. Sie stürzten sich auf das Gelände zwischen den Berghängen und den Befestigungen «Eliane» und «Dominique». Die inzwischen angebrochene Nacht wurde von den Napalmbränden erleuchtet. Das brennende Flammöl lief wie Lava aus einem Vulkan hangabwärts. Schlugen Sprengbomben in diese glühenden Sturzbäche, spritzten Flammenzungen Hunderte von Metern weit. Da, wo das Napalm wütete, wo es sein Ziel traf, gab es keine Rettung. Die Getroffenen verbrannten buchstäblich bei lebendigem Leibe. Der Kampf wurde unbarmherziger, als er jemals vorher gewesen war.

Die auf «Eliane» und «Dominique» zustrebenden Fallschrimjäger sahen aus den Stützpunkten flüchtende Marokkaner und Algerier auf sich zulaufen. Sie hielten sie nicht auf. Das taten die Posten an der Brücke. Dort wurden die Flüchtenden zurückgetrieben. Doch der Schock des Artilleriefeuers saß ihnen so sehr in den Knochen, daß die meisten nicht mehr dem Befehl folgten, in ihre alten Stellungen zurückzukehren. Viele suchten Schutz an der ausgewaschenen Uferböschung des Nam Youm. Hier gruben sie sich Löcher, in denen sie fortan hausten. Deserteure innerhalb der eigenen Befestigungsanlagen. Militärpolizisten, die sie ausheben wollten, wurden mit MPi-Salven empfangen. Ihre Verpflegung bestritten sie aus den nun fast ununterbrochen auf das Zentrum herabregnenden Fallschirmabwürfen. Nach und nach gesellten sich Mädchen aus dem ehemaligen Frontbordell zu ihnen, die es überdrüssig waren, fortwährend Verwundete zu schleppen oder Gräber für Gefallene schaufeln zu müssen, die nicht mehr ausgeflogen werden konnten, weil keine Maschine mehr landete.

Im Hauptquartier von General Giap ging eine knappe Stunde, nachdem die Infanterie zum Sturm angetreten war, die Meldung ein, der erste Stützpunkt von «Dominique» sei eingenommen worden, der Hügel mit der Bezeichnung C-1. Nach einer weiteren Stunde fiel der Stützpunkt E-1, und kurz vor Mitternacht, bevor der 31. März 1954 anbrach, besetzte die Volksarmee auch den beherrschenden Hügel D-1.

Um die Kuppe A-1, die weiter südlich lag und zu «Eliane» gehörte, wurde hart gekämpft. Giap sah voraus, daß der Gegner sich nicht so schnell mit dem Verlust der Hälfte seiner Befestigungen auf dem linken Ufer des Nam Youm abfinden würde. Man mußte mit Gegenangriffen rechnen. Der General traf seine Vorkehrungen.

Die Artillerie beschoß das Festungszentrum und die gegnerischen Artilleriestellungen. Flak störte die anfliegenden Bomber, so daß sie nur selten zum gezielten Abwurf kamen. Gleichzeitig ließ Giap Reserven nachziehen, die die im Kampf um «Eliane» und «Dominique» entstandenen Verluste ausgleichen konnten und erschöpfte Einheiten ablösten. Er erinnerte seine Kommandeure ausdrücklich daran, dieser Angriff würde nicht Sache einer einzigen Nacht sein, sondern mehrere Tage und Nächte dauern. Doch der Kampf, so schärfte Giap seinem Stab schon nach der ersten Stunde ein, mußte elastisch geführt werden. Es galt in jedem Falle, sorgsam abzuwägen, ob eine bereits eroberte Stellung um einen hohen Preis an Menschenleben unbedingt gehalten werden mußte, oder ob man den Gegner nicht viel stärker dadurch zermürbte, daß man ihn in ein längeres Hin und Her verwickelte, das ihm Geländegewinn nur unter empfindlichen, sich wiederholenden Verlusten ermöglichte.

Es gelang de Castries nicht, dieses taktische Konzept der Vietminh zu erkennen. Er fand daher auch kein geeignetes Gegenmittel. Seine beiden Fallschirmjägerkompanien, die er nach «Eliane» und «Dominique» verlegt hatte, sollten die Einbrüche der

Vietminh in die Befestigungssysteme zurückschlagen. Sie griffen, wutentbrannt über die anfänglichen Geländerverluste, sofort an, als sie die beiden Befestigungsanlagen erreicht hatten. Prompt liefen sie in eine elastische Verteidigung, die sie vorstoßen ließ, um sie danach sofort wieder anzugreifen, bevor sie sich richtig festsetzen konnten.

De Castries beorderte, um den Angriffen Schwung zu verleihen, noch in der Nacht fünf weitere Kompanien Fallschirmjäger und Fremdenlegionäre aus Stellungen an der Westflanke der Festung nach «Eliane» und «Dominique». Sieben Chaffee-Panzer, die, teils beschädigt, übriggeblieben waren, wurden ebenfalls eingesetzt.

Als de Castries am Morgen Cogny über Sprechfunk Bericht erstattete, sagte er: «Wir haben Teilerfolge. Weder ‹Eliane› noch ‹Dominique› sind völlig aufgegeben worden. Wir haben uns dort in die Angreifer förmlich verkrallt. Sie können nicht vorrücken. Wir aber auch nicht, wenn wir nicht neue Kräfte bekommen ...»

Er erinnerte an das Versprechen, zwei weitere Bataillone abzusetzen.

Cogny erwiderte mürrisch: «Ich bekomme vorerst nur eins. Mehr gesteht mir Navarre nicht zu. Aber ich lasse in allen Einheiten Freiwillige suchen, die bereit sind, bei euch zu kämpfen.»

«Munition wird hier ebenfalls dringend gebraucht», mahnte de Castries.

Cogny sah die Chance, dem Oberkommandierenden Navarre, dessen Weisungen ihm immer unbequemer wurden, einen weiteren schwarzen Fleck anzuhängen. Er rief: «Was meinen Sie, wie ich mit Navarre um jede einzelne Maschine ringen muß, die zu Ihnen fliegt! Ich habe ihm alles vorgerechnet. Daß ihr dort täglich 300 Tonnen Nachschub braucht, wir zu deren Beförderung etwa 200 ‹Dakotas› haben müßten, aber nur 100 haben und deshalb kaum mehr als 150 Tonnen am Tag schaffen. Vorausgesetzt, es gibt keinen Nebel oder Wolkenbrüche. Was tut der große Chef? Er will die Amerikaner bitten. Aber vor ein paar Tagen noch hat er erklärt, wir brauchten keine erhöhte amerikanische Hilfe, wir schafften es allein. Chennault, der CAT-Chef, saß dabei. Er hat die Ohren gespitzt. Jeder weiß, alles was er hört, landet bei der amerikanischen Aufklärung, nur Navarre nicht!

Übrigens – jetzt sitzt er in der Maison de France und schäumt wieder mal vor Wut, weil ich ihm habe sagen lassen, ich würde zunächst ausschlafen, dann einen Bericht hören und danach erst seinem Befehl folgen und bei ihm zum Rapport erscheinen. Himmel, er braucht nicht viel zu sagen, und ich platze! Heute bin ich nicht aufgelegt, mir kluge Reden anzuhören.»

In der Tat gab es an diesem letzten Märztag des Jahres 1954 zwischen Navarre und dem Tongking-Oberkommandierenden Cogny erneut einen handfesten Streit. Cogny erkärte wenige Minuten nach dem Gespräch mit de Castries seinem Chef, er wünsche nicht im geringsten für die Katastrophe verantwortlich gemacht zu werden, die über Dien Bien Phu hereingebrochen sei. Diese Kesselschlacht sei einzig und allein die Idee Navarres. Wenn er, Cogny, rangmäßig in der Lage gewesen wäre, sie zu verhindern, hätte er es getan. Es sei nicht erst heute klar, wie wahnsinnig es war, sich freiwillig mit einer Menge Truppen in eine Talmulde zu begeben und dort zu warten, bis der Gegner sozusagen im Tigersprung von den umliegenden Hängen herabstürmte.

Navarre, nachdem er sich vergewissert hatte, daß niemand ihnen zuhörte, kanzelte Cogny als einen trägen, von der Kolonialatmosphäre angekränkelten Nichtstuer ab. Seine Aufklärung habe versagt. Die von ihm in Dien Bien Phu eingesetzten Verbände seien größtenteils unzuverlässig, die Desertionen bewiesen es. Die Leute scheuten den Nahkampf mit den Vietminh; sie verließen sich lediglich auf Nachschub aus der Luft, wobei Vinogel das wichtigste sei, was sie verlangten.

«Sie haben de Castries zwei Bataillone zugesagt», tobte Navarre, «das ist Ihre Sache! Ich befehle: Das 1. Fallschirmregiment stellt ein Bataillon für Dien Bien Phu ab, dazu eine Batterie rückstoßfreier Geschütze. Und das ist alles. Mehr gibt es nur, wenn der Sieg für de Castries abzusehen ist. Außerdem – es ergeht von Ihnen eine Weisung an de Castries: Ihm wird offiziell klargemacht, daß in Dien Bien Phu die Ehre Frankreichs auf dem Spiel steht. Er soll das gefälligst berücksichtigen. Und er soll die Kampfmoral seiner Soldaten auf die Höhe der Erfordernisse bringen, egal, wie er das macht. Dien Bien Phu wird nicht aufgegeben. Selbst bei Verlust der äußeren Befestigungsposten wird

Nachschub per Fallschirm, weil die Landepiste unbenutzbar ist. Die meisten Lasten gingen jedoch im Niemandsland oder über den vietnamesischen Stellungen nieder. Nur der kleinere Teil der Abwürfe landete tatsächlich in der Festung

«In jenem Tal, durch das ein obskurer Fluß verläuft, und wo die vietnamesische Ortschaft Dien Bien Phu stand, liegt heute mehr Nylon als alle Pariserinnen zusammengenommen an ihren hübschen Beinen tragen» — schrieb ein US-Korrespondent nach einem Flug über die eroberte Festung. Die Landschaft war tatsächlich übersät von den Fallschirmen, die in der letzten Phase der Kämpfe noch Munition, Waffen und Verpflegung zu den französischen Truppen trugen

der innere Kern der Festung unbedingt weiter verteidigt. Ich habe sie besichtigt, ich weiß, daß das möglich ist. Also soll de Castries es möglich machen. Der zentrale Sektor erstreckt sich vom Kommandostand de Castries' im Norden angefangen über die Stützpunkte ‹Junon› und ‹Claudine› bis zu ‹Isabelle›, der am weitesten südlich gelegen ist, an der Straße nach Laos. Ich wünsche, daß de Castries sofort einen entsprechenden Befehl von Ihnen erhält!»

In Dien Bien Phu halten die Verteidiger den ganzen Tag über Ausschau nach den Transportmaschinen, die Material und Ersatz für die ausgefallenen Mannschaften bringen sollen. Aber Hanoi hat Sturzregen und läßt keine Maschine starten. So schleichen sich nur einige von den US-Trägern kommende «Helldiver» im Tiefflug in das Tal, um in die unvermindert andauernden Erdkämpfe einzugreifen, die auf dem linken Flußufer toben, zwischen den Hügelstellungen von «Dominique» und «Eliane», wo Gräben, Bunker und Einmannlöcher immer wieder ihre Besitzer wechseln.

Die Amerikaner setzen für diese Flüge Piloten ein, die in der Bekämpfung von Erdzielen noch wenig Erfahrung haben, sie sollen in Dien Bien Phu lernen, sollen Gefechtspraxis erwerben. Für viele ist es der letzte Flug. Zwei von ihnen werden gleich am Morgen kurz hintereinander von der Vietminh-Flak abgeschossen, bevor sie noch Ziele für ihre Napalmkanister finden. Als sie in hohen Flammensäulen verbrannt sind, machen sich die anderen davon. Wo sie ihre Bomben abwerfen, erfahren die Verteidiger von Dien Bien Phu nie.

Der Talkessel wird immer stärker zur Flugzeugfalle, seitdem die Volksarmee die Höhen «Gabrielle» und «Beatrice» hält und in den Morgenstunden noch weitere 3,7-cm-Kanonen auf den in der Nacht eroberten Kuppen «Dominique» und «Eliane» in Stellung gebracht hat. Während um ein paar Außenbefestigungen dieser Stützpunkte noch weiter gekämpft wird, beherrschen nur einige hundert Meter entfernt die Fla-Kanoniere auf den anderen Höhen bereits den Luftraum.

Im Augenblick unterschätzt de Castries noch den Verlust mehrerer der am weitesten nördlich gelegenen Hügelbefestigungen von «Dominique». Er glaubt, die Kuppe, die von den Vietnamesen C-1 genannt wird und um die noch wechselvolle Gefechte toben, sei entscheidend. Dabei übersieht er, daß von der Straße nach Tuan Giao, vorbei an dem längst eroberten Stützpunkt «Beatrice» und den eben eingenommenen Außenstellungen von «Dominique», ungesehen, sozusagen im Schatten der Gefechte, eine Abteilung Vietminh-Infanterie nach der anderen in das bisher sicherste Gebiet des Tales eindringt. Männer mit Maschinenpistolen, Gewehren, Granatwerfern, rückstoßfreien Geschützen und Handgranaten. Sie werden in Kürze die restlichen Widerstandsnester von «Dominique» und «Eliane» umgangen haben und sie von ihrer Verbindung zum Kommandozentrum abschneiden.

Zwischen den Hügeln des linken Flußufers hat sich das Gelände in eine schauerliche Mondlandschaft verwandelt. Trichter neben Trichter, angefüllt mit stinkendem Brackwasser, in dem Überreste von Toten schwimmen, aufgedunsen, verfärbt. Wohin man auch blickt, sieht man die weißen, sich langsam schwärzenden Kleckse der Fallschirme, die zu Hunderten herumliegen. Oft sind die daran befestigten Lasten nicht geborgen worden. Holzkisten mit Verpflegung oder Munition, mit Verbandzeug oder Handgranaten sind geborsten, ihr Inhalt versinkt im Schlamm, den der Frühlungsregen verursacht. Heiligenbilder und Präservative liegen herum. Zigaretten und Morphium-Ampullen, niemand kann sie unter dem andauernden Feuer der Artillerie sicherstellen. So verderben Mullbinden und Käse, Radiobatterien und Zimmermannsnägel, alles, was die Maschinen von Hanoi heranschleppen und was nicht ohnehin zwischen den Stellungen der Angreifer landet, wo es Soldaten der Volksarmee aufsammeln, um mit der willkommenen Beute die eigene, schwerer gewordene Versorgung aufzubessern.

Der Kampf um das linke Ufer des Nam Youm zerlegte sich so gleichsam in Hunderte von erbitterten Einzelgefechten, die Minuten dauerten, Stunden, Tage. Es wurde mit dem Gewehr gekämpft und mit der MPi, mit dem Bajonett und der Pistole, dem Messer oder mit nackten Fäusten. Die wenigen Bäume, die es noch im Tal gibt, sind kahl, von Detonationen und Flammen in bizarre schwarze Gebilde verwandelt.

In den Zickzackgräben der Franzosen, die diese anspruchsvoll «Metro» nennen, die aber meist nur hüfthoch ausgehoben sind, zeigt sich ab und zu ein Kopf. Es ist nicht mehr möglich, sich in den Gräben flach hinzulegen, wenn die Geschosse der vietnamesischen Granatwerfer heranfauchen, denn das Regenwasser steht kniehoch darin; ein Liegender würde ertrinken. Hier und da haben Fremdenlegionäre aus aufgesammeltem Munitionskistenholz ein kleines Feuer angezündet, über dem sie eine aus Ame-

Raymonde Dien, eine junge Französin, war eine der herausragenden Gestalten der Volksbewegung, die in Frankreich gegen den schmutzigen Krieg in Vietnam entstanden war. Raymonde Dien stoppte einen für das französische Expeditionskorps bestimmten Eisenbahnzug voller Munition, indem sie sich auf die Schienen legte.

rika stammende Instant-Mahlzeit aufwärmen oder ihre Schuhe trocknen. Man wäscht sich nicht mehr in der Festung, man rasiert sich auch nicht. Also gleichen die französischen Soldaten zerlumpten, verdreckten Elendsgestalten aus einer Horror-Bildersammlung.

Von Zeit zu Zeit schwärmen Kommandos aus, die herumliegende Tote zusammentragen. Routiniert brechen sie die Identifikationshälfte der Erkennungsmarken ab, verstauen sie in einer Tasche und schleifen die Leichen zu einem nicht mehr benutzten Grabenstück, wo sie sie eilig mit ein paar Schaufeln Schlamm bewerfen.

Tiere gibt es hier nicht mehr. Selbst die Geier meiden das von den Detonationen geschüttelte, qualmende, durch Flammen immer wieder in bleiches Licht getauchte Tal unter den grauschwarzen Wolken. Dabei wird es Frühling. Der April, der gerade begonnen hat, bringt neben seinen reichen Regenfällen milde Luft, die zuweilen schon so warm ist, daß sie – wenigstens an den Tagen – den Schweiß auf die Haut treibt.

In diesen ersten Apriltagen vollzieht sich auf dem linken Ufer des Nam Youm eine Entwicklung, die freilich noch manche Chance für die Franzosen offenläßt, die aber letztlich für die Volksarmee den Weg zum Sieg markiert. Von den Befestigungsanlagen des Stützpunktes «Dominique» sind schließlich alle bis auf die Kuppe C-1 gefallen. Dort verteidigen sich hartnäckig französische Soldaten, die Verbindung zum Zentrum halten. Sie bereiten den Gegenangriff vor, wie er schon auf «Eliane» erfolgt war, dem südlich von «Dominique» gelegenen Stützpunkt. Dort hatten Infanteristen der Volksarmee in der ersten Angriffsnacht außer den Nebenwerken auch die Hauptbefestigung, den Hügel A-1, zu zwei Dritteln erobert. Aber bereits gegen Morgen, am 31. März, setzten die Franzosen Panzer und Artillerie massiert zum Angriff ein, und es gelang ihnen, den größeren Teil der vom Feuer zerdroschenen Anlagen wieder zu besetzen. Die Volksarmee gruppierte ihre Kräfte um und griff ihrerseits in der Nacht zum 1. April erneut an. Dabei besetzte sie die alten Positionen auf der Kuppe. Doch dieser Zustand währte nur wenige Stunden, denn die Franzosen, für die der Hügel A-1 extrem wichtig war, weil von seiner Spitze die Vietminh-Artillerie im direkten Beschuß die zentralen Befestigungen eindecken konnte, krallten sich hier, von ihren Kommandeuren angefeuert, buchstäblich in jeden Quadratmeter Boden. Sie konnten etwa ein Drittel der Hügelkuppe erneut in ihren Besitz bringen.

Die Volksarmee trat ihrerseits in der Nacht vom 1. zum 2. April wieder zum Angriff an. Es entspannen sich erbitterte Nahkämpfe, die von der Volksarmee nun, in Erkenntnis der gegnerischen Absichten, zunächst dort mit wechselnden Schwerpunkten geführt wurden.

Für die Franzosen bedeutete das einen Verschleiß ihrer ohnehin begrenzten Mannschaftsbestände und Munitionsvorräte. So mußten sie am 2. April die westlich des Verteidigungszentrums gelegene Befestigung «Françoise» räumen, um Truppen für das linke Ufer frei zu machen. Da die nördlich von «Françoise» gelegenen Befestigungen («Huguette»), die die Hauptlandepiste umgaben, den Zugang zum Zentrum von Norden her blockieren sollten, zum Teil ebenfalls bereits in den Händen der Volksarmee waren, blieb nur noch die Anlage «Junon/Claudine», weiter südlich, als Flankenschutz.

Auf dem linken Ufer allerdings wirkten sich die Truppenverschiebungen zunächst günstig für die Franzosen aus. Es blieb vorerst dabei, daß sie etwa die Hälfte der Kuppe A-1 noch behaupten konnten, wobei jedoch zwischen dieser Befestigung und dem Flußufer bereits Abteilungen der Volksarmee operierten.

Inzwischen regnete es vom Himmel herab Verstärkung für die Invasoren. Nach und nach wurden insgesamt zwei weitere Bataillone Fallschirmjäger und Freiwillige aus verschiedenen Einheiten direkt über dem Zentrum von Dien Bien Phu abgesetzt. Sie fanden ein Chaos von Gräben und Unterständen vor, in dem es ihnen schwerfiel, sich zu orientieren.

Oberst de Castries hatte sich in den letzten Tagen immer seltener außerhalb seines Kommandobunkers blicken lassen. Es hieß, seine Stimmung sei tief depressiv angesichts der hohen Verluste und der immer auswegloser werdenden Lage. An seiner Stelle organisierte Oberstleutnant Langlais, dessen anfängliches Draufgängertum inzwischen stark gedämpft war, den Widerstand. De Castries ließ ihm freie Hand, ohne ihm ausdrücklich das Kommando zu übergeben, wozu er ohnehin erst Navarres Erlaubnis hätte einholen müssen.

Neben dem Festhalten an den beiden letzten Postitionen auf dem linken Ufer sorgte Langlais durch unentwegte Hilferufe an Hanoi vor allem dafür, daß die Luftstreitkräfte immer mehr Bomben und Napalm über den Bergketten im Westen abwarfen. Trotzdem gelang es nicht, die dort befindliche schwere Artillerie der Volksarmee und ihre rückwärtigen Dienste entscheidend zu treffen. Es gab erhebliche Verluste, aber die Einheiten waren, wo es nur irgend ging, in tiefen Felshöhlen geschützt untergebracht. Für die französischen und amerikanischen Flieger wurde der Himmel über Dien Bien Phu von Tag zu Tag gefährlicher, weil die Volksarmee immer mehr leichte Flak nachzog und sie bereits im Talkessel selbst einsetzen konnte. So gerieten auch die Nachschubabwürfe mit Lastenfallschirmen durcheinander. Die Maschinen konnten das Zentrum der Festung nicht mehr wie üblich aus nördlicher oder nordöstlicher Richtung in Abwurfhöhe anfliegen, weil sie hier in starkes Abwehrfeuer gerieten, das jetzt auch schon aus den eroberten Anlagen von «Huguette» kam. Deshalb wählten sie andere Anflugrouten und blieben in größeren Höhen, worunter die Zielgenauigkeit zunehmend litt.

Dadurch gingen Hunderte Tonnen Munition, Ausrüstung und Verpflegung über den Linien der Volksarmee nieder. Soldatentrupps bargen das Gut und brachten es in den Nächten zu schnell organisierten Verteilungsstellen.

Gaston Janville sprach jede Nacht durch sein Megaphon. Er rief seinen ehemaligen französischen Kameraden zu, sie wären gut beraten, wenn sie endlich Schluß machten, zumal ihre 10,5-cm-Granaten ohnehin schon bei der Volksarmee eingetroffen wären. «Bringt euch zu uns in Sicherheit, bevor wir sie mit vielem Dank an euch zurückschießen!»

Überläufer berichteten ihm, er und die anderen Sprecher würden jetzt besser gehört, weil die MG-Munition so knapp geworden sei, daß nur noch auf sicher erkannte Ziele geschossen werden dürfte. Aber die meisten Franzosen hätten Angst vor den Vietminh. Sie glaubten, man würde sie zu Tode foltern, aus Rache für die unzähligen Strafexpeditionen, die Frankreichs Soldaten seit ihrem ersten Tag in Vietnam gegen die Bevölkerung unternommen hatten.

Eines Tages fand de Castries heraus, daß die Einheiten der Volksarmee, die zwischen dem linken Ufer des Nam Youm und den ehemaligen Anlagen von «Dominique» nun ungestört ihre Vorbereitungen für weitere Angriffe betreiben konnten, weil die auf «Dominique» übriggebliebenen Widerstandsnester sich nur noch selbst verteidigten, statt Angriffe zu führen. Er bestand darauf, den bis an das Flußufer vorgedrungenen Einheiten der Vietminh den Rückzug abzuschneiden.

«Allein ein Angriff kann uns helfen!» beschwor er seine Stabsoffiziere, die voller Skepsis zuhörten. Oberstleutnant Langlais war diesmal der einzige, der es wagte, Bedenken zu äußern, als er hörte, daß für einen solchen Gegenangriff nötige Kräfte unter anderem aus den letzten noch existierenden Stützpunkten von

«Huguette» abgezogen werden sollten. Er deutete an, damit wäre diese Anlage praktisch aufgegeben und die Vietminh erhielten die Möglichkeit, von Norden her – aus Richtung der dann ungeschützt liegenden Hauptlandepiste – ins Zentrum vorzudringen. Doch er wurde von de Castries brüsk belehrt, dort im Norden habe der Gegner nichts weiter an Kräften stehen, ein Angriff von dort sei ausgeschlossen. Da Langlais seinem Vorgesetzten nicht offen widersprechen wollte, stimmte er schließlich dem Gegenangriff zu.

In der Nacht zum 9. April erklangen die heiseren Rufe der Clairons, die Frankreichs Soldaten aus den Gräben reißen sollten. Der Angriff stieß in eine gegnerische Verteidigung, die zwar überrascht war, aber nicht die Übersicht verlor. Das Oberkommando der Volksarmee ordnete eine elastische Verteidigung an mit dem Hauptziel, möglichst viele gegnerische Solaten außer Gefecht zu setzten und den Geländegewinn erst an zweiter Stelle zu sehen. Vier Tage und Nächte ging es hin und her. Jedes Zurückweichen der Volksarmee ließ bei den Franzosen neue Hoffnung aufkommen. Bis die nächste Angriffswelle der Vietnamesen sie wieder zurückschlug. Etwa tausend französische Soldaten kostete dieses Unternehmen das Leben. Es brachte ihnen nicht viel mehr ein als die Chance, sich auf einem Teil der Kuppe C-1 festzusetzen und ihre Köpfe zu ducken. Die Operationen der Volksarmee westlich der Kuppe, auf den Fluß zu, gingen weiter. Hier wurde bereits die letzte Etappe des Angriffs vorbereitet, der Sprung hinüber zum Zentrum.

Inzwischen ging die Beschießung der zentralen Verteidigungsanlagen ununterbrochen weiter. Immer stärker konnten jetzt schon Granatwerfer eingesetzt werden. Aus der Festung, die einmal das gesamte Tal beherrscht hatte, war ein kleiner Landflekken von nicht viel mehr als zwei Quadratkilometern geworden, völlig von seinen Nachschubbasen abgeschnitten, unzulänglich ausgebaut, besetzt mit noch etwa zehntausend Soldaten, von denen allerdings mehr als die Hälfte bereits durch Verletzungen kampfunfähig war. Der Rest war bis auf einen geringen Kern stark demoralisiert, Erkältungskrankheiten, Diarrhoe und Fieberanfälle grassierten. Zu offensiven Aktionen war diese Truppe nicht mehr fähig. Weder de Castries noch sein Stellvertreter

Langlais noch die forsch auftretenden Fallschirmtruppenkommandeure zweifelten daran, daß das Ende näherrückte. Gerüchte um Entsatzaktionen von Laos her machten die Runde. Vom Eingreifen der Amerikaner wurde gemunkelt, auch von der Atombombe. Doch das alles vermochte die Kampfmoral nicht mehr zu heben.

In dieser Situation lancierte Navarre von Saigon aus an das Verteidigungsministerium in Paris den Antrag, Oberst de Castries zum Brigadegeneral zu befördern.

Er rief damit im Ministerrat eine scharfe Debatte hervor, in der viele, die die Lage von Dien Bien Phu als aussichtslos beurteilten, ihre Ablehnung offen äußerten. Welchen Sinn sollte es haben, dem Gegner, der in absehbarer Zeit die Reste der Festung überrennen würde, noch den Gefallen zu tun, ihm einen General zum Geschenk zu machen? Sein Triumph würde um so größer sein. Dagegen aber standen jene, die weiterhin gegen jede Vernunft den Mythos der unbesiegbaren französischen Armee hochhielten und eine Beförderung de Castries' als Ansporn für alle dort kämpfenden Soldaten sahen, die Ehre Frankreichs bis zum Sieg zu verteidigen. Sie setzten sich schließlich durch, und es blieb Cogny vorbehalten, das makabre Schauspiel zu inszenieren.

Am 15. April sprach der Tongking-Oberkommandierende mit dem Kommandeur der Festung, der aus seiner Lethargie nur noch zeitweilig erwachte. Er teilte ihm seine Ernennung mit und fügte mit mühsam unterdrückter Ironie hinzu: «Es wird Ihnen eine zusätzliche Freude sein, daß Sie und Ihre Truppen heute in einem Tagesbefehl an die gesamte französische Armee als leuchtendes Beispiel erwähnt werden ...»

Die beiden Schulterstücke mit den zwei Sternen wurden zusammen mit Getränken und Zigaretten in einen Container verpackt und in der Nacht über der Festung abgeworfen. Sie landeten im Vietminh-Gebiet. Im Kommandobunker fertigten daraufhin die Stabsoffiziere aus eingefärbtem Stoff, Blech und Pappe neue Schulterstücke an, die dem Kommandanten dann feierlich überreicht wurden. Die Beförderungsfeier verlief wenig freudig. Es war kein Cognac mehr vorhanden, also mußten die Offiziere mit verdünntem Vinogel anstoßen. Geraucht wurden anschließend die seit Wochen schimmelnden Zigaretten aus der Saigoner Produktion, Cotab und Melia, die allerdings ebenfalls immer knapper geworden waren. Ab und zu duckten sich die Herren unwillkürlich, wenn in der Nähe des Unterstandes eine Granate der Volksarmee einschlug und von der Decke des Unterstandes nasse Erdkrümel in die Blechbecher mit dem säuerlichen Festgetränk rieselten.

«Kannst du noch stehen, mein Mädchen?» erkundigte sich im Operationsraum des Feldlazaretts Professor Tung bei der Schwester Ba, die mit Pinzette und Mull neben ihm stand. Er sah, wie sie nickte, aber er hatte seine Zweifel, denn sie standen nun schon seit sechs Stunden hier und hatten in dieser Zeit drei schwere Kopfverletzungen operiert.

Tung war längst aufgefallen, wie anstellig sich Ba zeigte und wie zuverlässig sie war. Sie hatte Geschick und vor allem ruhige Hände. Später, dachte er, müßte man sie studieren lassen, sie gäbe eine gute Ärztin ab. Später – wann war das? Die Arbeit im Feldlazarett war eine der schwersten, die sich Tung jemals hatte vorstellen können.

In den letzten Tagen war die Temperatur gestiegen. Der Sommer kündigte sich an, hier in den Bergen, wo der Frühling stets nur eine kurze Episode zwischen Regen und Hitze blieb. Waren es während des Regens die Kakerlaken und Spinnen, die sich ins Trockene verzogen und erhebliche Störungen verursachen konnten, wenn sie während der Operation plötzlich ungeniert über die Wunde krochen, an der ein Chirurg gerade arbeitete, so waren es jetzt die Fliegen und Mücken, die Medizinern wie Verletzten das Leben zur Hölle machten. Bewegte ein Arzt bei der Operation impulsiv sein Bein, um einen zustechenden Moskito abzuwehren, konnte das Skalpell abgleiten, er konnte eine Ader verlieren, womit unter den gegebenen Umständen das Schicksal des Operierten besiegelt war. Die Insekten waren in der nach dem Regen aufkommenden feuchten Wärme geradezu toll in ihrer Stechwut, die der Geruch von Blut und Eiter, der wie eine Wolke über dem Lazarett stand, noch verstärkte.

Doch die Stiche waren bei weitem nicht das einzige. Sie verursachten hartnäckige Entzündungen, langwierige Eiterungen, weil die Fliegen ihre Eier bevorzugt in noch nicht versorgte Wunden legten oder unter die locker sitzenden Verbände aus Kreppapier, das oft in Ermangelung anderen Verbandmaterials benutzt werden mußte. Professor Tung experimentierte mit allerlei Kräutern und Salben, um dem Insektenproblem beizukommen.

Er war ein Mann, der die Kunst der modernen Chirurgie meisterhaft beherrschte und sie vor dieser Schlacht in einer Hochschule im Gebiet von Tuyen Quang, das seit langem befreit war, gelehrt hatte. Doch der geistig wie körperlich gleichermaßen äußerst bewegliche Mann hatte über der modernen Medizin nicht vergessen, daß es in vielen Gegenden des Landes Kenner der traditionellen Heilkunde gab, die so manches Leiden durch Pflanzenextrakte, Kräutertees und selbstangesetzte Salben zu heilen pflegten. Tung teilte nicht die Arroganz vieler approbierter Mediziner gegenüber den alten überlieferten Rezepturen. Vieles davon eignete sich hervorragend als Ergänzung zu den modernen Methoden, vor allem bei der Lage Vietnams, das weder genügend ausgebildete Ärzte besaß noch pharmazeutische Fabriken, die Sulfonamide oder Antibiotika herstellen konnten. Hier mußte man sich wohl noch für lange Zeit auf überlieferte Heilpraktiken stützen.

Während der Professor am zerschossenen Oberschenkelknochen eines Pioniers arbeitete, Splitter absaugte und die Blutgefäße nähte, knurrte er unter dem Mulltuch hervor: «Ich weiß ganz genau, die Leute hier in den Bergen kennen ein Kraut, das die Moskitos fernhält. Sie stopfen es unter ihre Schlafstätten! Es ist ein Farn. Aber – es gibt mindestens zehntausend verschiedene Farne. Welches ist es? Ich werde bis an mein Lebensende suchen und mich beißen lassen müssen!»

Wütend stampfte er mit dem linken Fuß auf. Doch der Moskito, der sich an seinem nackten Knöchel festgesaugt hatte, ließ sich dadurch nicht weiter beeindrucken. Schimpfend arbeitete Tung weiter.

Ob ich es verantworten kann, eines der Mädchen mit einer Fliegenklappe unter den Tisch zu beordern? Sie brauchte immer nur zuzuschlagen, wenn sich eines dieser Tierchen auf meine Haut setzt. Er mußte unwillkürlich lachen. Ba blickte ihn erstaunt an. Eben war er noch wütend gewesen. Habe ich etwas falsch gemacht? Sie hatte schnell gelernt, ihm zur Hand zu gehen, wenn er operierte, obgleich es am Anfang für sie schwer gewesen war zu verstehen, was er meinte, etwa wenn er ein Instrument von ihr verlangte. Hier gab es keinen normalen Ausbildungsgang, wie man ihn in Krankenhäusern in friedlichen Ländern haben mochte – hier gab es die Erfahrungen aus erster Hand. Man lernte, während man um einen Menschen kämpfte, mit dem Professor zusammen oder mit einem der anderen, jüngeren Ärzte

Als Ba bei der ersten Amputation, die sie miterlebte, den Arm des Soldaten hielt, während Tung mit einer feinzahnigen Stahlsäge den Knochen oberhalb des Ellbogens abtrennte, nahm sie sich vor, stark zu sein und nicht zur Seite zu blicken. Aber als sie den abgesägten Arm des jungen Soldaten plötzlich, von seinem Körper getrennt, in der Hand hielt, fiel sie um.

Sie kam zu sich, als ihr der Professor einen mit Kampferöl getränkten Lappen unter die Nase hielt. Er redete ihr so lange besänftigend zu, bis sie den Schock überwunden hatte, und als sie sich später schämte, weil sie versagt hatte, tröstete er sie: «Das mußt du nicht so tragisch nehmen, Mädchen! Jeder von uns spürt seinen Magen, anfangs, aber auch später immer wieder einmal. Was meinst du, wie viele von den Ärzten, die hier Tag und Nacht ihre Arbeit tun, bei ihrer ersten Operation umgefallen sind! Alle sind wir nur Menschen.»

Jetzt, noch bevor er zu Ende operiert hatte, bedeutete er einem unterstellten Arzt weiterzumachen. Er flitzte aus der Hütte, in der sich die Chirurgie befand, verschwand im Wald und erschien erst nach geraumer Zeit wieder, als der Verwundete bereits auf die Liegestation transportiert war. Tung war gelb im Gesicht. Eine alte Malaria, die ihn von Zeit zu Zeit plagte. Doch diesmal quälte ihn noch dazu eine hartnäckige Diarrhoe, von der er insgeheim den Verdacht hatte, daß sie vom gleichen Stamme war wie die Ruhr, die in diesen Tagen eine Menge Männer bekommen hatten.

Er hockte sich ermattet auf eine Kiste und blätterte in seinem Notizbuch, in das die verschiedensten traditionellen Heilmittel eingetragen waren. Viele davon hatte das Lazarett vorrätig. Tung suchte in den Beuteln mit den Kräutern, rieb sie, roch daran, bis er gefunden hatte, was er suchte. Er schüttelte eine Handvoll in einen Topf, übergoß sie mit heißem Wasser, das stets in Kesseln über den Feuerstellen brodelte, und ließ das Gebräu ziehen.

«Ba!» rief er. Als sie kam, bestätigte er ihr säuerlich lächelnd, daß es ihm wieder blendend ginge. Das Mädchen glaubte ihm nicht. Die meisten der im Lazarett arbeitenden Ärzte, die Tung unterstellt waren, hatten bei ihm studiert, und sie kannten diesen zähen Mann, der sich nie schonte, sehr genau. Sie waren längst hinter die Ursache seiner plötzlichen Läufe zum Wald gekommen und hatten darüber gesprochen.

«Sie sind krank, Professor?» forschte Ba.

Zu ihrem Erstaunen sah er sie lächelnd an und antwortete: «Natürlich, ich bin krank, Mädchen. Wir sind hier alle krank. Oder siehst du einen, der von sich sagen könnte, er wäre kerngesund?»

«Sagen tun es die meisten.»

Er wollte nicht weiter darüber reden. Ein Blick in den Topf belehrte ihn, daß der Sud lange genug gezogen hatte. Aus einer Transportkiste nahm Tung noch ein Fläschchen tiefbrauner Opiumtinktur und ließ ein paar Tropfen davon in den Topf rinnen. Solche Opiumtinktur war in den meisten Dörfern heute noch das verbreitetste Mittel gegen die häufig aus den unerforschlichsten Gründen auftretenden Diarrhoen. Er trank das Gemisch auf einen Zug aus, schüttelte sich, verzog das Gesicht und brummte etwas von Teufelszeug. Aber dann wandte er sich sogleich an Ba und forderte sie auf mitzukommen: «Ich habe eine Arbeit für dich. Jemand muß alle vier Stunden meine Fliegen kontrollieren! Und wenn ich gerade operiere, mußt du das tun!»

Seine «Fliegen» waren Kulturen, die er angesetzt hatte. Sie befanden sich in einer der Grashütten, in denen Medikamente gelagert wurden. Es handelte sich um ein Dutzend flacher, mit Deckeln versehener Glasschalen, in die der Professor verschiedene Fliegenarten und andere Insekten gesperrt hatte, die hier ihre Brut abluden. Eine Batterie kleiner Flaschen enthielt verschiedene Kräuterextrakte. Tung beträufelte besonders markierte Schalen regelmäßig mit diesen Extrakten, um herauszufinden, welche davon das Absetzen der Insekteneier beeinflußten. Er war auf der Suche nach einem Mittel, das ihm half, die von den Insekten und ihren Larven verursachten Infektionen einzudämmen. Tung spürte, er war nahe am Ziel. Beim Durchsehen der Schalen stellte er erneut fest, daß die große gelbe Fliege, die zu den vermehrungsfreudigsten seiner Sammlung gehörte, immer noch keine Eier abgesetzt hatte.

«Siehst du», machte er das Mädchen aufmerksam, «wir kriegen sie!»

Er nahm eine Flasche, zog daraus eine winzige Menge Flüssigkeit in eine ausgediente Injektionsssspritze und entleerte sie erneut in die Schale mit der gelben, schillernden Fliege.

«Alle vier Stunden machst du das jetzt», beauftragte er Ba. «Du kannst leichter von einer Operation weglaufen, für ein paar Minuten, als ich. Und du paßt gut auf, daß dir nicht etwa die Fliege entwischt! Übrigens, der Extrakt besteht zum größten Teil aus lange gekochter Chinabaumrinde. Gallebitter und äußerst gehaltvoll, aber in Wunden unschädlich. Nur die Fliegen – denen vertreibt es nach meiner Beobachtung den Vermehrungstrieb. Wie eigenartig, nicht? Wenn das noch zwei Tage so geht, haben wir gewonnen!»

Er legte sich ein paar Stunden schlafen. In der Ferne, hinter den Bergen, grummelte Artilleriefeuer. Ab und zu waren vom Fahrweg, der unweit des Lazaretts durch den Wald führte, die anfeuernden Rufe der Transportkolonnenführer zu hören. «Tien len!»

Der Professor schlief gut. Als sich der Tag neigte, trafen Transporte mit Verwundeten ein, und Tung machte sich fertig. Ba, die sich schon im Operationsraum aufhielt, begrüßte er lachend: «Na, wie geht es den Fliegen?»

«Die gelbe hat immer noch nichts abgesetzt», gab das Mädchen Auskunft. Tung lächelte vergnügt. Er war bekannt für seinen Humor, und jeder kannte seine Art, manchmal auch über ernste Dinge zu scherzen. Jetzt sagte er triumphierend: «Siehst du, Mädchen, so ist das im Leben: Wenn wir hier gesiegt haben, wird niemand mehr davon reden, daß der Sieg letzten Endes auch dadurch errungen wurde, weil wir herausfanden, wie man einer Fliege das Eierlegen vergällt!»

Der erste, den sie auf den Tisch bekamen, war ein Pionier mit einem Splitter im Schädel. Ein kräftiger Mann, der den Professor schweigend anblickte, als der sich seinen Kopf besah.

«Hm, mein Sohn», beruhigte der ihn, «sieht so aus, als ob du uns eine Menge Arbeit bereiten wirst. Nun, du hast deine Pflicht getan, jetzt tun wir unsere. Hab keine Angst, wir schaffen das bestimmt.»

Zwei Stunden arbeitete Tung verbissen. Er öffnete den Schädel, entfernte den Splitter, und dann saugte er mit einem selbstkonstruierten Instrument alle eingedrungenen Fremdkörper ab. Das dauerte lange. Endlich war er zufrieden. Er knurrte durch das nasse Mundtuch: «Was würde aus dir, mein Junge, wenn du nicht ausgerechnet mir verhindertem Erfinder in die Hände gefallen wärst!»

Er hätte dingend in den Wald gemußt, aber er bezwang sich, weil jetzt die heikelste Arbeit kam, die keinen Aufschub duldete. Auf einen Wink hin setzte einer der anderen Ärzte ein Gerät in Gang, in dem durch das Drehen einer Kurbel Strom erzeugt wurde. Man konnte damit immer nur ein paar Tage arbeiten, dann mußte das Behelfsgerät repariert werden. In modernen Krankenhäusern gab es zum Verschließen der verletzten Blutgefäße im Kopfbereich hochtechnische Vorrichtungen. Über solche Instrumente verfügte Tung nicht. Er hatte sich den Generator selbst gebastelt, und der junge Arzt, der jetzt die Kurbel drehte, wodurch ein Edelmetalldraht zum Glühen gebracht wurde, tat das nicht zum ersten Mal. Er hatte mit dem Professor zusammen die ersten Experimente an diesem Gerät vorgenommen.

Als der Draht die genügende Hitze erreicht hatte, übernahm ihn Tung und setzte ihn an. Er fluchte verhalten dabei, weil ihn wieder die Moskitos in die nackten Beine stachen, aber er führte den Draht mit zusammengebissenen Zähnen so genau, daß nach einer weiteren Stunde die Operation geschafft und der Schädel des Verwundeten wieder geschlossen war. Er drückte Ba den Draht in die Hand und rief dem kurbelnden Arzt zu: «Aufhören!» Dann sauste er aus dem Raum, am Ausgang noch zurückrufend: «Der Pionier kann in die Liegehütte!»

Keiner lachte. Als Tung vom Wald zurückkam, sah er, daß bereits mehrere andere Verwundete eingetroffen waren. Er rief nach Ba, zeigte ihr die Kräutermischung und die Opiumtropfen und trug ihr auf, einen weiteren Topf des höllisch bitteren Gebräus anzusetzen. In einer Pause zwischen zwei Operationen trank er ihn, verdrehte die Augen und schimpfte dann, während er weiterarbeitete: «Was muß ein Mann wie ich eigentlich noch alles durchmachen, bis er endlich in einem anständigen Krankenhaus Blinddärme und Gallensteine operieren kann, ohne daß irgendwo geschossen wird?»

Jetzt lächelten die jüngeren Ärzte. Jeder von ihnen wußte, daß ihr Professor so gar nicht der Mann war, der sich mit Blinddärmen und Gallenblasen zufriedengeben würde.

Am nächsten Abend, bevor noch die ersten Verwundeten des Tages das Lazarett erreichten, erschien Keng etwas kleinlaut. Er brachte Gaston Janville mit, der seltsam gestelzt ging.

Ba sah Gaston und stürzte freudig auf ihn zu, fiel ihm um den Hals und wunderte sich dann, daß er ein bißchen schwach reagierte.

«Du bist zurück! Was ist? Zu Ende? Haben wir gesiegt?»

Keng trat von einem Fuß auf den anderen, bis er sich schließlich ermannte und sie aufforderte: «Mädchen, sei so gut und hol einen Doktor. Ich bin persönlich verantwortlich für diesen Mann, und er braucht Hilfe.»

Tung kam von seinen Fliegen, freudestrahlend, weil die große gelbe immer noch keine Eier abgelegt hatte. Außerdem schien seine Diarrhoe nicht schlimmer zu werden. Als er den Franzosen sah und neben ihm den verlegenen Keng, der auf Ba einredete, trat er schnell heran und erkundigte sich: «Na, was gibts? Sehnsucht nach der Frau?»

«Genosse Professor», begann Keng, aber er stutzte, blickte auf Ba und schwieg. Tung, mißtrauisch geworden, runzelte die Stirn und sah Janville scharf an. Plötzlich fragte er ihn auf Französisch, das die anderen nicht verstanden: «Was ist? Krank? Weggelaufen? Dünnpfiff? Kannst es mir schon sagen, ich bin verschwiegener als der liebe Gott in Frankreich!»

«Er ist verletzt!» brachte Keng endlich heraus.

«Verletzt?« Tung sah kein Blut. «Wo?»

Stotternd berichtete Keng etwas von einem unglücklichen Treffer, aber als Janville merkte, daß Tung nicht daraus schlau wurde, sagte er auf Französisch: «Ich müßte mich umdrehen,

220

Professor. Ich … habe nicht flach genug auf der Erde gelegen. Sie haben mich an der Backe erwischt …»

Plötzlich begriff Tung. Er verkniff sich ein Lachen. Ba befahl er ernst: «Geh zu den Fliegen!»

Zu Janville sagte er: «Da vorn, der Eingang. Ich komme sofort. Muß mich waschen. Leg dich auf den Tisch einstweilen, und zwar bäuchlings!»

Er rannte vorsichtshalber noch einmal zum Wald, um sich zu erleichtern. Jetzt kam die Zeit, da er für Stunden ununterbrochen würde arbeiten müssen. Der Franzose war nur der Anfang.

Als er sich dann gewaschen hatte und zu Janville trat, drehte der verlegen den Kopf und murmelte: «Es tut mir leid, daß ich Ihnen auch noch Arbeit mache. Aber da vorn, auf der Kuppe C-1, ist die Hölle los. Und wir waren keine zehn Meter von den anderen entfernt …»

Tung nickte zum Zeichen, daß er alles verstanden hatte, während er sein Mundtuch festzog. Janville murmelte sarkastisch: «Nicht gerade sehr heldenhaft, wenn man ausgerechnet in den Hintern geschossen wird!»

«Ein Schuß ist ein Schuß», bemerkte der Professor gleichmütig. «Du hast ihn ja nicht im Kino abgekriegt, also mach dir keine Gedanken darüber! Und jetzt sei still und erschrick nicht. Du bekommst erst mal eine Spritze, gewissermaßen zur Begrüßung. Ich warne dich, die Nadeln, die wir haben, sind vermutlich schon unter Napoleon verwendet worden. Der Krieg geht schon zu lange, weißt du …»

Und ob ich das weiß, dachte Janville, aber dann spürte er den Einstich doch kaum, und gleich darauf wußte er von gar nichts mehr.

Draußen, vor dem Operationsraum, kochte ein einbeiniger Heilgehilfe an einem offenen Feuer, über dem zwei Aluminiumtöpfe – ehemals französisches Armeegerät – hingen, Wasser. In dem einen Topf lagen Spritzen, im anderen Nadeln. Auf ein Zeichen Tungs holte der Heilgehilfe die leere Spritze ab, nahm sie auseinander und warf sie wieder in das kochende Wasser. Dann fischte er die nächste heraus, weil ja jetzt die Arbeit losging. Er schlenkerte sie trocken, angelte mit einer Pinzette aus dem anderen Topf eine Nadel, setzte sie auf, prüfte die Funktion und stellte sich bereit. Tung hatte ihm beigebracht, jedesmal, wenn er eine neue Spritze anbrachte, laut und deutlich zu melden: «Steril, Genosse Professor!» Das tat er jetzt auch.

Eine halbe Stunde später erschien Tung bei Ba, diesmal lachend. Sie sah ihn mißtrauisch an, aber er lachte weiter.

«Ist er gesund?»

«Kerngesund, bis auf zwei winzige Löcher im Hintern. Glatter Durchschuß. In zwei Wochen kann er wieder sitzen.»

Als er sah, wie das Mädchen zu weinen begann, tröstete er sie auf seine unnachahmliche, väterliche Art: «Na, na, Kleine! Alles ist doch gut! Es hätte ihn an einer wesentlich schlimmeren Stelle treffen können, wenn man bedenkt. Aber er hat Glück gehabt. Du auch. Ich hab mir deinen Mann genau angesehen, und dabei habe ich mir gedacht, eigentlich sollten die beiden eine Menge Kinder haben. Nicht unbedingt jetzt, ich meine, wenn Frieden sein wird, eben. Medizinisch gesehen gibt's da überhaupt keine Hindernisse ...»

Mort pour la France

Anh Chu salutierte, als General Giap an ihm vorbeiging und die Felsgrotte betrat, in der das Oberkommando vor der Parteiführung über den nächsten und vermutlich letzten Angriffszug Vortrag halten sollte.

Noch war Ho Chi Minh nicht eingetroffen. Es hieß, er sei bei einer Flak-Batterie auf den Hügeln von «Anne-Marie», die soeben eine «Bearcat» abgeschossen hatte. Pham Van Dong würde fehlen, er war nach Genf abgereist: Der Beginn der Außenministerkonferenz über die Beendigung der Kriege in Korea und Indochina war auf den 26. April 1954 festgesetzt worden. Bis dahin war nur noch etwas mehr als eine Woche Zeit.

Auf «Anne-Marie» hatten die Kanoniere Ho Chi Minh eingeladen, die Wirkung eines Kriegsgerätes mitzuerleben, das sie in den letzten Tagen erst installiert hatten. Es handelte sich um einen der eigentlich schon etwas aus der Mode gekommenen Flak-Scheinwerfer, zu dem ein Dieselaggregat den Strom lieferte. Nach Eroberung der meisten Stützpunkte von «Huguette», die zuvor die Anflugschneise gesichert hatten, war der Abwurf von Fallschirmlasten auf die zentrale Kommandostelle der Franzosen immer schwieriger geworden. Die Lasten konnten jetzt nur noch aus nordwestlicher Richtung angeflogen werden, und die Maschinen mußten steil herabstoßen, im Sturzflug ihre Ladung abwerfen und dann wieder hochziehen. Das war der Augenblick, in dem die Flugzeuge am langsamsten und demzufolge auch am verwundbarsten waren. Die Volksarmisten konnten die gegnerischen Maschinen jedoch von den eroberten Stellungen auf «Huguette» nicht sehen, denn sie kamen fast nur noch nachts, um der Gefahr auszuweichen. Hier half der Scheinwerfer auf verblüffende Weise. Sobald eine Maschine hinabstieß, wurde er eingeschaltet. Sein Strahl gabelte sie auf wie ein Insekt, und die Kanoniere auf «Huguette» konnten sie nun durch ihre Fadenkreuze exakt anvisieren: ein im Lichtstrahl gleißendes Ziel. Während Ho Chi Minh auf «Anne-Marie» weilte, gab es zwei Abschüsse. Dann stellten die Franzosen die Flüge ein. Aber die Kanoniere bestürmten den Präsidenten, noch zu bleiben, bis sie ihn zum Zeugen eines dritten Abschusses machen könnten.

«Ich danke euch», sagte Ho Chi Minh, als er sich trotzdem verabschiedete, weil er wußte, daß das Oberkommando wartete. «Leider muß ich ins Hauptquartier zurück. Wir haben die Schlacht noch nicht gewonnen. Der letzte Schlag will sorgsam geplant sein. Wir wollen, daß möglichst wenige von euch verletzt werden oder sterben müssen. Wenn wir über dem Bunker des französischen Kommandanten da drüben unsere Fahne aufpflanzen, haben die Franzosen nicht nur eine gewaltige Schlacht verloren, sondern ganz Indochina. Jeder in der Welt weiß es. Jeder wartet darauf, daß wir siegen. Aber nur wenige denken daran, daß unsere eigentliche Arbeit erst nach dem Sieg beginnt, wenn wir das Land aufbauen, das uns dann endlich wieder gehört. Wie es unseren Vorvätern gehört hat. Wir brauchen dafür jeden von euch. Und jetzt, meine Söhne, laßt mich gehen! Uns gegenüber liegen die Absolventen der traditionsreichsten Kriegsschulen Frankreichs. Wir, die vietnamesischen Bauern und Arbeiter, werden sie schlagen. Viele von uns werden danach erst beginnen, das ABC zu lernen.»

Die Kanoniere auf «Anne-Marie» schossen die dritte «Bearcat», die soeben eine Ladung Napalm zwischen «Eliane» und «Dominique» geworfen hatte, in der Kurve ab, die sie über de Castries Bunker zog. Die Maschine zerplatzte in der Luft; sie hatte noch kleinere Bomben an Bord gehabt.

Ho Chi Minh nickte Anh Chu lächelnd zu, der ihm berichtete, daß alle ihn erwarteten. Dann verschwand er in der Felsgrotte, wo es Licht gab und Tische mit Karten, um die jetzt Truong Chinh, Giap und seine Stabsoffiziere standen. General Giap hielt selbst Vortrag. Er ließ eine große Situationskarte an der Felswand befestigen, und dann bezeichnete er alle Widerstandsnester, die

die französischen Truppen noch auf dem linken Ufer des Nam Youm behaupteten. «Kein Zweifel», sagte der General, «nur von dieser Seite aus können wir ihren Widerstand tatsächlich brechen. Ein Angriff allein von Westen her wäre in der ersten Phase einfacher. Dort gibt es nur noch drei ernst zu nehmende Befestigungen, die zum Komplex ‹Françoise› gehören. Sie könnten wir schnell nehmen. Aber danach würden sich die Hauptkräfte des Gegners am Flußufer neu gruppieren, und wir müßten dort mit viel stärkerem Widerstand rechnen, wenn wir den Fluß überqueren wollten. Ich gebe der Zersplitterung der gegnerischen Truppen den Vorzug. Wir dürfen unsere Logistik nicht überfordern. Der Feind muß nach Meinung des Oberkommandos auf dem linken Flußufer entscheidend geschlagen werden. Danach ist die Forcierung des Nam Youm die letzte Etappe zu de Castries' Kommandobunker. Um aber dem Gegner keinen schulmäßigen Angriff zu liefern, auf den er sich schnell einstellen kann, lassen wir ihn bis zum letzten Augenblick im unklaren, wo wir wirklich mit aller Kraft zuschlagen werden. Deshalb sollten auch die Einheiten der 308. Division mit angreifen, die vor den ‹Françoise›-Widerstandsnestern liegen, westlich des gegnerischen Zentrums. Mag doch der Feind über unseren Hauptschwerpunkt so durcheinandergeraten, daß er Verstärkungen von einer Seite des Flusses auf die andere wirft – uns kann das nur Verluste ersparen.»

Hauptbollwerke der Franzosen auf dem linken Ufer waren immer noch die beiden Höhen A-1 und C-1, die zu «Eliane» und «Dominique» gehört hatten. Von der nördlich gelegenen Höhe C-1 hatte die Volksarmee nach zermürbenden Kämpfen nur die Hälfte behaupten können. Von der südlicher gelegenen A-1 beherrschte der Gegner immer noch die Kuppe. Beide Stellungen waren wichtig, sie lenkten das Feuer der feindlichen Geschütze und ermöglichten die Übersicht über die von der Volksarmee vorgetriebenen Grabensysteme. Deshalb mußten sie zuerst vollständig eliminiert werden.

Daneben existierten unmittelbar in der linken Uferzone noch die weniger beherrschenden, aber für den Flußübergang hinderlichen Stützpunkte 508 und 508-A. Zwischen C-1 und dem Fluß lag die kleine Hügelkuppe C-2, dazu kam ein Bunkersystem nördlich der Muong-Thanh-Brücke, als Position 506 bezeichnet. Südlich dieser Brückenköpfe am Ostufer lag noch die Stellung 509. Zwischen den Hügeln und dem Fluß gab es die kleineren Bunker 505 und 505-A sowie weit südlich die zu «Eliane» gehörende Stellung A-3, die – mit Ausnahme des Gipfels – vom Gegner gehalten wurde.

Am Westrand der Festung, so erklärte Giap auf der Situationskarte, existierten noch die größeren französischen Stützpunkte «Junon» und «Claudine» sowie das Nachschubzentrum «Natascha», auf der Karte als 310, 311-A und 311-B verzeichnet. Alle diese Befestigungen mußten genommen werden, bevor zum letzten Sturm über den Fluß, auf den Kommandobunker von de Castries, angesetzt werden konnte. Übrig blieb dann nur noch im Süden, unterhalb der ehemaligen Hubschrauberpiste, der Stützpunkt «Isabelle». Der lag aber so isoliert, am Ausgang des Tales, daß er für den Kampf um de Castries Kommandobunker kaum Bedeutung hatte. Ebenso würde man einige Systeme von «Junon» und «Claudine» zwar abschneiden, aber es sollten keine Anstrengungen gemacht werden, sie unbedingt sofort zu erobern. Man mußte an ihnen vorbeistoßen und so den Kampf immer näher ans Zentrum des Gegners herantragen. Die restlichen Widerstandsnester würden dann das Vorrücken der Volksarmee nicht ernstlich behindern und nach und nach den Kampf aufgeben. Wichtig war, daß während der gesamten dritten Phase des Angriffs die Artillerie nicht lediglich die jeweiligen taktischen Ziele niederkämpfte, sondern auch das Zentrum weiter mit Feuer belegte. Der Gegner durfte nirgendwo Ruhe haben, die Chance, sich zu sammeln.

General Giap zeichnete rote Pfeile in die an der Felsenwand hängende Karte. Sie deuteten seine Vorschläge für die Hauptstoßrichtung an. Dann, den Stift aus der Hand legend, schlug er vor: «Das Oberkommando hält für den Angriffsbeginn die Nacht des 1. Mai geeignet. Bis dahin sind alle pioniertechnischen und logistischen Vorbereitungen abgeschlossen. Die Ruhephase, die wir unseren Stoßeinheiten verordnet haben, dürfte bis zu diesem Datum auch lang genug gewesen sein ...» Er zählte noch eine Anzahl weiterer Voraussetzungen auf, die den Sieg sichern sollten. Dann bat er um die Bestätigung seiner Vorschläge.

Ho Chi Minh erkundigte sich: «Sind die Salvengeschütze eingetroffen?»

Giap bestätigte die Ankunft einiger «Katjuschas», fügte aber
hinzu: «Wir halten sie vorläufig in Bereitschaft. Stellung sollen
sie erst dann beziehen, wenn sich Schwerpunkte im Gefecht her-
ausgebildet haben, an denen sie entscheidend eingreifen können.»

«Das ist gut», bemerkte Ho Chi Minh. «Man darf dem Feind
nicht zu früh alles zeigen, was man hat.» Dann schlug er vor:
«Ich denke, wir alle gehen jetzt für zehn Minuten an die frische
Luft, lassen unsere Gedanken sich abklären, danach treffen wir
uns wieder hier.»

Anh Chu und seine Mannschaft zogen einen Sicherungskreis
um die aus der Grotte Kommenden, obwohl es hier keine spür-
baren Sicherheitsprobleme gab.

Eine Viertelstunde später versammelten sich die Männer erneut in der Grotte. Sie stimmten dem Vorschlag des Oberkommandos zu, den General Giap unterbreitet hatte, mit einigen un-
wesentlichen Änderungen. An die Kommandeure erging der
knappe Befehl: «Die Kampfaufgabe für die dritte Angriffsphase
besteht in der Eroberung der noch in gegnerischer Hand befindlichen Stützpunkte auf dem linken Flußufer sowie in der Aus-
schaltung möglichst vieler gegnerischer Positionen und Kräfte im
Westen. Dadurch muß der Einschließungsring um das gegnerische Zentrum entscheidend verengt und das Feuer aller unserer
Waffen auf dieses Zentrum sowie auf den Luftraum darüber
konzentriert werden, um den Generalangriff einzuleiten ...»

Durch die engen, inzwischen vertieften Laufgrabensysteme hasteten die Trägerkolonnen mit Munition zu den vordersten Linien
der Volksarmee. Verpflegung wurde herangebracht, wenngleich
es oft nicht der geliebte klebrig gekochte Reis war, sondern französisches Beutegut, Brot, Trockenobst oder Keks.

Wann immer der Beschuß es zuließ, wurden Verwundete zu-
rückgeschleppt, meist in den Nächten, oder solange der zähe
Morgennebel, für den das Tal von Dien Bien Phu berüchtigt war,
wie ein Schleier über der Ebene lag.

Es war eine nur von den Perlenschnüren der Leuchtspurgeschosse zerfurchte, gelegentlich von Leuchtkugeln der nervösen französischen Verteidiger erhellte Nacht, als Keng der Unsichtbare weit südlich seines üblichen Standortes an der Spitze einer langen Trägerkolonne durch die Büsche schlich, die das Feuer um den Stützpunkt A-1 überlebt hatten. Auf dieser Kuppe, von den Franzosen «Eliane» genannt, hielt sich immer noch eine durch Fallschirmtruppen verstärkte Kampfgruppe der Franzosen. Sie war nur schwer anzugreifen, das hatte Keng durch sein Fernglas erkennen können.

Der Angriff mußte steile Hänge hinauf geführt werden. Das verlangsamte das Tempo. Und – die Franzosen hatten auf der Kuppe ihre besten Schützen postiert. Sie saßen, wenn die Artillerie sie beschoß, in tiefen Erdbunkern, die nur durch Volltreffer zu gefährden gewesen wären. Doch auf dieser winzigen Zielfläche waren Volltreffer nur schwer anzubringen.

General Giap, der vor annähernd zwei Wochen das Gelände besichtigt hatte, war zu der Entscheidung gelangt: Wenn wir von oben nicht an sie herankommen, packen wir sie von unten! Seitdem arbeiteten Pioniere der Volksarmee in aller Stille an unterirdischen Gängen, die hangaufwärts zur Spitze der Kuppe vorgetrieben wurden.

Die Franzosen hatten von den Erdarbeiten unvermeidlich Wind bekommen, obwohl die ausgeschachtete Erde weit außerhalb ihres Sichtbereiches, im östlichen Vorgelände der Berge, verstreut wurde. Sie vermuteten, daß eines Tages Vietminh-Soldaten am Ende der Stollen auftauchen würden und bereiteten sich auf den Empfang vor. Die Kolonialsoldaten freuten sich förmlich auf den ersten, dessen Kopf sichtbar werden würde. Sie waren bereit, ein Tontaubenschießen darauf zu veranstalten.

Wie so oft, seitdem der Kampf der Vietnamesen um ihre Unabhängigkeit geführt wurde, irrte die Kolonialarmee auch diesmal wieder. Die Soldaten Frankreichs, vor allem die Generale, wollten ihrem Gegner einfach keine Klugheit zutrauen, kein taktisches Geschick, keinen Einfallsreichtum im Kampf. An jenem Hügel A-1 wurde das exemplarisch. Seit Tagen schon gab es in den unterirdischen Stollen unter der Kuppe lediglich noch Pioniere der Volksarmee, die sorgfältig den von den Trägerkolonnen herangeschleppten Sprengstoff so verdämmten und mit

228

Zündmechanismen kuppelten, daß die Wirkung verheerend sein mußte. Alles wurde verwendet: ordentliche Sprengsätze wie alte Dynamitstangen, Blindgänger von französischen Artilleriegeschossen und Fliegerbomben, wegen ihres Kalibers unbrauchbare Beutemunition und Handgranaten, zu denen die Zündkapseln fehlten. So waren die Stollenenden buchstäblich zum Platzen vollgestopft mit hochbrisanter Füllung, direkt unter den Füßen der Franzosen, die darauf lauerten, daß der erste Vietminh-Soldat sich aus einem solchen Stollen herausbuddeln würde.

Die Zündschnüre lagen bereit, waren angeschlossen, aber noch immer brachten Trägerkolonnen weiteres Sprengmaterial. Die Pioniere packten es zu dem übrigen, verdämmten es und zogen neue Schnüre.

Der Trupp, den Keng führte, war der letzte, der Sprengstoff brachte. Es waren im rückwärtigen Gebiet entschärfte und in Stücke gesägte Fliegerbomben, dazu einige Minen und Reste von Werfergranaten. Der Kommandeur der in den Stollen arbeitenden Pioniere besah sich die Sachen genau. Erst als er alles überprüft hatte, gab er seinen Männern den Befehl, das Sprengmaterial zu verdämmen. Keng fragte ihn: «Was macht ihr damit, da unten?»

Der Kommandeur sah ihn lächelnd an. «Du bist neugierig, Bruder!»

«Sagen wir wißbegierig», wich Keng aus. «Was soll all dieses Geröll da unten wirklich?»

Der Kommandeur hatte Befehl, mit niemandem als seinen Pionieren über die Aktion zu sprechen, er antwortete nur: «Führ die Träger wieder zurück, bevor der Himmel hell wird!»

Ein wenig ahnte Keng natürlich, was da geschehen sollte. Nur hatte er keine Vorstellung vom Umgang mit Sprengstoff. Er wußte nicht, daß sich die zerstörende Wirkung solcher Ladungen in dem Maße verstärkte, in dem sie bei der Zündung durch Verdämmung in engem Raum eingeschlossen waren.

Als er den Trägertrupp sicher zurückgebracht hatte und sich längst wieder bei seinem Funker in der vorgeschobenen Beobachtungsstelle befand, von wo aus man sehen konnte, wie die Besatzung des Kommandobunkers eine Leuchtrakete nach der anderen hochschoß, teilte er dem Funker seine Vermutungen mit.

Der kleine Quang Do fror gegen Morgen immer am schlimmsten. Deshalb hörte er auch gar nicht genau darauf, was Keng ihm berichtete. Er sagte mit klappernden Zähnen lediglich: «Sie werden ein Feuerwerk machen mit dem Zeug. Wozu es auch aufheben, der Krieg geht dem Ende zu. Bald werde ich hoffentlich wieder Uhren reparieren können, und nachts nicht bibbern ...»

«Du bist arg empfindlich», spottete Keng.

Der Funker gab mürrisch zurück: «Ja, ich friere jämmerlich! Warum soll ich es verschweigen? Und ich habe einen Furunkel im Genick und eine Blase am linken Fuß und einen verknacksten Knöchel rechts. Willst du, daß ich ein lustiges Lied singe?»

Keng schmunzelte, weil es ihm gelungen war, den Kleinen aus seiner Ruhe aufzuscheuchen. Er mochte diesen Jungen, der das komplizierte Funkgerät zu bedienen verstand und der aus dem Halbschlaf hochfuhr, wenn es den leisesten Piepston von sich gab. Dann war Quang Do hellwach, dann fror er auch nicht wie sonst häufig.

«Singen müßte ich dir verbieten», konterte Keng. «Aber ich kann dir Hoffnung machen – riechst du nicht, was in der Luft ist?»

«Leichengeruch.»

«Das meine ich nicht.»

«Vielleicht meinst du den Angriff, der liegt in der Luft, ja. In einer Luft, die nach Leichen riecht.»

«Sommer», sagte Keng sachlich. «Die Luft schmeckt danach! Ich habe das Gespür dafür von den Leuten gelernt, die früher hier gewohnt haben. Sie können den Sommer auf die Stunde genau voraussagen. In vier Tagen ist der 1. Mai ...»

«Da sind wir in den befreiten Gebieten immer auf die Straße gegangen», erinnerte sich der Funker. «Die Mädchen zogen bunte Kleider an, wenn sie welche hatten. Manche steckten sich auch bloß Blüten ins Haar. Wir hatten einen Spaßvogel bei uns, der malte einmal ein Schild und hing es über die Straße. Darauf stand: ‹Wir kämpfen unter anderem dafür, daß die Mädchen später das ganze Jahr bunte Kleider tragen!›»

«Warum nicht», meinte Keng. «Sie sehen darin schöner aus als in blauen Hosen. Manche Leute machen eben wegen bunter Kleider Revolution.»

Quang Do knurrte: «Im Augenblick würde ich sie sogar machen, um ein Feuer anzuzünden und mich daran wärmen zu dürfen!»

Der Unterstand, der de Castries als Kommandozentrale dient und den sich Keng im ersten Frühlicht wieder durch sein Fernglas besieht, besteht aus einer tief ausgehobenen Grube, die mit Baumstämmen abgedeckt ist. Auf die Stämme sind mehrere Lagen Säcke voller Erde geschichtet, einen Meter hoch vielleicht. Über diesen Erdsäcken liegen halbrund gebogene Wellblechplatten. Noch hat kein Volltreffer hier eingeschlagen. Was würde übrigbleiben, wenn die Vietminh-Artillerie eine Granate auf das Wellblech setzte?

Am Morgen drängeln sich Offiziere in den Bunker. Dazwischen eine junge Frau, Geneviéve de Galard. Sie ist nicht gerade ausnehmend hübsch, trotzdem zieht sie überall die Blicke der Männer auf sich. Geneviéve de Galard gehört zu jenen jungen Damen, die sich in Frankreich aus ungeklärten Gründen für den militärischen Hilfsdienst im Expeditionskorps gemeldet haben. Vielleicht war es Liebeskummer, vielleicht Abenteuerlust, wer kann das wissen? Jetzt trägt sie verschmutztes Militärzeug und ist blaß. Sie hat Angst. Mit einem der letzten noch auf der Piste landenden Transportflugzeuge war sie als Begleiterin mitgekommen. Sie hatte einige Tage dableiben und dann zurückfliegen wollen. Doch es war keine Maschine mehr gekommen.

Um die marokkanischen Huren, die sich in den Löchern am Flußufer verstecken, macht sich General de Castries keine Sorgen, aber die Anwesenheit dieser jungen Dame irritiert ihn. Deshalb hat er sich etwas ausgedacht, das sie im Falle der endgültigen Aufgabe der Festung wenigstens vor der regulären Gefangenschaft bewahren soll.

Zuerst erscheint de Castries' persönliche Ordonnanz, ein hünenhafter Nordafrikaner mit kahlgeschorenem Kopf und gezwirbeltem Schnurrbart. Er hat ein Kästchen in der Hand, darin liegt das Kreuz der Ehrenlegion, das man irgendeinem toten Piloten abgenommen hat. De Castries hat beschlossen, es der Galard anzustecken.

«Attention!» kommandiert einer. De Castries tritt ein. Er ist
mürrisch wie immer in der letzten Zeit, denn es gibt nicht einmal mehr antständigen Kaffee morgens, weil kein reines Wasser
vorhanden ist. Nachdem er sich vor der Dame aufgebaut hat, hält
er eine kurze Rede, in der er das Heldentum der jungen Frau betont, hiergeblieben zu sein, wo es um die Ehre Frankreichs
ginge. Es hört sich alles ziemlich eingelernt an. Schließlich heftet
er ihr das Kreuz an die Bluse und schüttelt ihr die Hand. Dann
erteilt er Befehl: «Angesichts der näherkommenden Gefahr haben Sie ab sofort Dienst als Krankenpflegerin im Lazarett zu leisten. Der Chefarzt ist informiert. Sie sind verpflichtet, Lazarettkleidung mit deutlich sichtbarem rotem Kreuz zu tragen. Frankreich dankt Ihnen. Der Appell ist beendet.»

Die Offiziere gehen auseinander. Keiner grinst. Dafür ist die
Lage zu aussichtslos. Die Galard schleicht hinüber ins Lazarett.

Am Morgenhimmel erscheint ein Dutzend «Dakotas». Die vorgezogene leichte Flak der Volksarmee beginnt zu schießen. Sogleich löst sich die Formation der Maschinen auf, jede sucht sich
einen eigenen Weg aus den um sie platzenden Geschossen. Nach
kurzer Pause schießt auch die Artillerie der Volksarmee wieder.
Im Tal steigen Erdfontänen auf. Die «Dakotas» verschwinden. Es
ist nicht mehr möglich, auf den winzigen Punkt, der sich immer
noch Festung nennt, Container abzuwerfen, ohne dabei abgeschossen zu werden.

«Jetzt verspüre ich den Sommer auch», bemerkte Quang Do
plötzlich. In der Tat ist die Luft mit Anbruch des Tages ungewöhnlich schnell warm geworden, feucht und schwül. Keng deutete auf die Bergkuppen im Westen, über denen sich schwarzblaue, drohende Wolken auftürmten. Eine halbe Stunde später
prasselte der erste warme Gewitterregen des Sommers auf die
Landschaft herab.

In seinem Bunker spricht de Castries über das noch intakte
Sprechfunkgerät mit Cogny in Hanoi. Dieser klagt, das Wetter
sei gegenwärtig unberechenbar, der Sommermonsun kündige

sich an. Für de Castries ist das nur insofern interessant, als sich dadurch die Zahl der Maschinen, die in Gia Lam starten, um wenigstens den Versuch eines Abwurfs über Dien Bien Phu zu wagen, noch mehr verringert. Die Piloten der «Flying Tigers», die anstelle von regulären Piloten die riesigen C-119-Maschinen fliegen, weigern sich aufzusteigen.

«Gibt es Fortschritte bei den Entsatzeinheiten in Laos?» will de Castries wissen.

Seit Tagen nahmen die Gerüchte zu, von dort sei eine Marschgruppe nach Dien Bien Phu unterwegs, um die Vietminh im Rücken anzugreifen, was der zerschlagenen Festung Hilfe in letzter Stunde bringen soll. Aber Cogny kann nur mitteilen, besagte Marschgruppe sei in der Gegend von Muong Khoua stekkengeblieben. An ein Weiterkommen sei vorerst nicht zu denken. Dann entschließt er sich zur Flucht nach vorn: «Ich empfehle, dieser Gruppe entgegenzumarschieren. Ausbruch, ja.»

Cogny hat über diese Variante nicht mit Navarre gesprochen, und er ist sich der Heuchelei durchaus bewußt, die hinter seinem Rat steckt. «Der Oberbefehlshaber hat jede Form der Kapitulation, selbst unter schwierigsten Bedingungen, streng verboten. Da wir keinen Massenselbstmord wollen, lieber de Castries, bleibt nur ein Ausbruch. Dem Gegner ein zerstörtes Objekt hinterlassen und sich ihm entziehen. Ich sehe eine Chance in der Südrichtung. Die Vietminh sind im Augenblick nicht auf Verfolgung eingestellt; das Überraschungsmoment wäre auf eurer Seite. Also ...»

Er gibt allerdings keinen ausdrücklichen Befehl dafür. So ist es für ihn einfacher, die Verantwortung de Castries zuzuschieben, falls er den Ausbruch tatsächlich wagt und – überlebt. Doch daran glaubt Cogny längst schon nicht mehr, denn er ist über die Lage der Truppen in der Festung im Bilde. «Sobald das Wetter es zuläßt, setzen wir weitere Freiwillige bei euch ab. Frische Kräfte. Sie könnten euren Durchbruch decken.»

Er bleibt unbestimmt. De Castries merkt es, aber er weiß, daß er auf keine Unterstützung mehr rechnen kann. Durchbruch? Wäre das vielleicht eine Chance? –

Oberstleutnant Langlais läßt die Stabsoffiziere rufen, die sich meist weit weg vom Kommandobunker in Erdlöchern vor dem

Dauerfeuer verstecken. Ein halbes Dutzend trifft nach und nach ein, verdreckt, regennaß, müde. Langlais teilt ihnen mit, daß eine Ausbruchsaktion mit dem Codenamen «Albatros» beschlossen worden ist. Dann zeichnet er in die Situationskarte drei Ausfallrouten ein, südwärts gerichtet. Er stellt sich vor, daß die noch verbliebenen etwa zweitausend kampffähigen Männer in drei Gruppen vorgehen sollen, jeweils den Belagerungsring durchbrechen und dann auf dem Weg durch schmale Flußtäler und dichten Dschungel in Richtung auf Muong Khoua marschieren, wo angeblich die Entsatzkräfte stehen.

Die Stabsoffiziere sind bereits zu demoralisiert, um sich über die Idee noch zu erregen. Sie nicken träge zu Langlais' Vorschlägen. Im übrigen wissen sie, daß es ihnen nicht einmal gelingen würde, den Ring der Volksarmee zu durchbrechen, geschweige denn, hundert Kilometer durch unwegsamen Regenwald südwärts zu marschieren. Dafür sind die in der Festung verbliebenen Soldaten bereits zu geschwächt, ihre Munitionsvorräte zu stark zusammengeschmolzen. Nein, mit dieser Truppe ist kein Angriff mehr zu führen! Am Ende schlägt Langlais vor, die Offiziere sollen erst einmal die Marschgruppen zusammenstellen, dann werde man weitersehen.

Als die anderen gegangen sind und Langlais mit de Castries allein ist, sagt er zu ihm: «Es ist aussichtslos. Zu spät. Retten kann uns nur noch ein Waffenstillstand, aber den müßte unsere Regierung in Genf aushandeln, wie die Dinge liegen ...»

In Genf war inzwischen der Frühling eingezogen. Im Konferenzgebäude am Stadtrand hatten die Außenminister der Sowjetunion, Frankreichs, der USA, Großbritanniens, der Ministerpräsident der Demokratischen Republik Vietnam, Pham Van Dong, der Ministerpräsident Chinas sowie die Delegierten Nord- und Südkoreas erste Kontakte aufgenommen. «Kaiser» Bao Dai, nach seiner von den Japanern initiierten Karriere formal nun von den Franzosen als Chef einer im Süden Vietnams existierenden Teilregierung eingesetzt, weigerte sich, nach Genf zu kommen. Er hielt sich an der Côte d' Azur auf, wohin er bereits den größten Teil seines Geldes transferiert hatte. Hunderte von Journalisten umschwärmten das Konferenzgebäude; die meisten versuchten, mit Pham Van Dong zu sprechen. Ob er für einen sofortigen Waffenstillstand in Dien Bien Phu sei?

Ministerpräsident Pham Van Dong erklärte, er sei nach Genf gekommen, um hier den Frieden für ganz Indochina zu erreichen und die Souveränität der drei vom französischen Kolonialheer gegenwärtig noch besetzten Länder.

Der Außenminister der USA, John Foster Dulles, hielt sich im Hintergrund. Dort zog er seine Fäden. Offiziell beobachtete sein Unterstaatssekretär Walter Bedell Smith die Konferenz. Währenddessen traf Dulles in einer von der CIA gemieteten Villa mit seinem britischen Kollegen Eden zusammen und informierte ihn über die Haltung der USA in der Indochinafrage.

Eden, der den französischen Vorschlag eines Waffenstillstands in Indochina zu unterstützen gedachte, ebenso wie das voraussichtlich die UdSSR und China auch tun würden, sah sich plötzlich in einem Dilemma. Einerseits hatte er klare Instruktionen von Premier Churchill, sich auf keinerlei militärische Hilfe für den Krieg der Franzosen in Indochina festzulegen, zumal das britische Empire gerade in seinen eigenen Kolonien Ärger zur Genüge hatte. Andrerseits aber mußte Eden den politischen Gesichtspunkten beipflichten, die Dulles ihm als Ergebnis der Studie einer Sonderkommission des Kongresses darlegte, die Präsident Eisenhower inzwischen zur Richtschnur seiner Entscheidungen gemacht hatte.

«Wir haben in den letzten Jahren der Frage viel Aufmerksamkeit gewidmet, wie man dem asiatischen Kommunismus am wirksamsten begegnen könnte», sagte Dulles. Dabei rückte er seine Brille zurecht und gab sich Mühe, so gelassen wie möglich zu erscheinen. Er würde es nicht schaffen, die Engländer umzustimmen, doch es genügte, wenn sie insgeheim bei ihren diplomatischen und sonstigen Aktivitäten die Hauptlinie der US-Politik stillschweigend billigten, statt sie demonstrativ abzulehnen.

«Sehen Sie, Sir Anthony», fuhr er fort, während sich Eden, ganz Diplomat, mit der Beobachtung eines Sonnenkringels beschäftigte, der auf der Tapete erschienen war, «wir werden dem französischen Vorschlag für einen Waffenstillstand nicht zustimmen, weil wir überzeugt sind, er zerstört im französischen Volk den moralischen Ansporn, sich gegen den Kommunismus zu wehren. Weil wir die Ausbreitung des kommunistischen Systems in Indochina verhindern möchten, haben wir der französischen Regierung die Bedingungen genannt, unter denen wir sie umfassender als bisher unterstützen würden ...»

Eden unterbrach ihn nicht, dafür war er zu höflich, aber er nutzte die Pause, die Dulles machte, um ihn zu fragen: «Stimmt es, daß die USA für Indochina eine UNO-Aktion im Stil der Korea-Intervention anregen wollen?»

«Das ist einer von insgesamt fünf Vorschlägen, die wir haben. Der letzte übrigens. Abhängig von der Erfüllung der ersten vier: Alle Indochinastaaten erhalten Souveränität und organisieren ihren Staatsapparat unter unserer Kontrolle. Die Vereinigten Staaten tragen die Hauptverantwortung für die Aufstellung und Ausbildung einheimischer Streitkräfte, ebenso zeichnen sie für die militärische Planung verantwortlich. Und schließlich: Die französischen Streitkräfte in Indochina kämpfen weiter gegen die Ausbreitung des Kommunismus dort, ohne bei Stabilisierung der Lage den Abzug unserer Militärkontingente zu verlangen, die wir auf ihre Bitte in den letzten Jahren in diesen Raum verlegt haben.»

Es klang spitz, als Eden sich erkundigte: «Gibt es Anzeichen dafür, daß die französische Seite darauf eingehen will?»

Dulles antwortete ebenso spitz: «Es gibt Anzeichen dafür, daß die französische Seite in Indochina am Ende ist, militärisch wie politisch. Sie wird wohl oder übel auf unsere Vorschläge eingehen müssen, Sir Anthony.»

Eden lächelte. Er hatte verstanden. Die USA legten ihr ökonomisches und militärisches Potential in die Waagschale. Frankreich wurde ausmanövriert.

Bis zu diesem Zeitpunkt war eine lange Entwicklung vor sich gegangen. 1952 hatten die USA dem vom zweiten Weltkrieg noch erschöpften und ausgepowerten Frankreich vorerst mit monatlich sechstausend Tonnen Kriegsmaterial aus Restbeständen geholfen, seinen kolonialen Machtanspruch über Indochina aufrechtzuerhalten. In dem Jahr waren etwa zweieinhalb Milliarden Dollar zusammengekommen. 1953 trugen die USA bereits 70 Prozent der Kosten, die Frankreich aus seinem Indochinakrieg entstanden. 1954 sollten es an die 80 Prozent werden, wie aus Washington verlautete. Die Interessenlage war durchschaubar.

Um Dulles zu verstehen zu geben, daß Großbritannien immerhin eine lange Tradition in der verschlungenen Kunst der Diplomatie besaß, fügte Eden die Frage an: «Ich gehe doch wohl recht in der Annahme, daß die Vereinigten Staaten durchaus bereit wären, einzelne ihrer Vorschläge noch im Gespräch mit Verbündeten zu modifizieren, oder?»

Dulles nickte gönnerhaft. «Natürlich können wir unter uns über dieses oder jenes sprechen. Den USA geht es um ein Prinzip: Schon mit kommunistischen Repräsentanten zu sprechen, auf einer Konferenz wie dieser hier, bedeutet ihre Anerkennung. Seitens der Vereinigten Staaten wird es das nicht geben. Wir bleiben deshalb in der Rolle des Beobachters. Wir werden auch keinerlei Erklärungen oder Abkommen unterzeichnen. Und Maßnahmen für die Zukunft behalten wir uns vor.»

«Ich fürchte, die Franzosen werden sich mit einer Weiterführung ihrer Militäroperationen in Vietnam schwertun», bemerkte Eden kühl. «Haben Sie einmal einen Blick in die französischen Zeitungen geworfen?»

«Ich bekomme Zusammenfassungen. Die französische Presse ist bis auf wenige Ausnahmen kommunistisch unterwandert.»

«Immerhin existiert eine allgemeine Stimmung gegen die Weiterführung des Krieges. Tausende von Leuten demonstrieren. Junge Mädchen, wie ich höre, blockieren mit dem eigenen Körper die Bahngleise für Transportzüge. Nach meinen Erfahrungen wird die Regierung das nicht auf die Dauer ignorieren können.»

«Gesindel!» schimpfte Dulles. «Sie sollten dieses Pack in seine Löcher treiben und dann das machen, was man Politik nennen könnte!»

Eden verzog säuerlich das Gesicht. Es war das Höchste, was ein Mann seiner Erziehung sich an Gefühlsäußerungen zu leisten pflegte. «Nicht daß ich Ihre Definitionen anfechten möchte, Mister Dulles, auch Ihre Vorschläge für die Eindämmung des asiatischen Kommunismus sind plausibel. Können wir uns darauf einigen, daß Großbritannien die Einschätzung der Lage, die Sie mir vermittelt haben, durchaus teilt, daß wir aber aus Gründen, die uns eine aktive Teilnahme an Aktionen Ihres Staates im fraglichen Gebiet unmöglich machen, zunächst den Abschluß eines Waffenstillstandes befürworten werden? Das läßt uns die Möglichkeit offen, jede spätere Aktivität der Vereinigten Staaten mit der Begründung, die Lage habe sich verändert, zu befürworten. Ob wir sie unterstützen und auf welche Weise, ist eine Frage des Zeitpunktes. Gestatten Sie, daß ich Sie auf einen Vorteil dieser Verfahrensweise aufmerksam mache: Wir erzeugen dadurch bei unseren Gegenspielern Hoffnungen, die genutzt werden können, um Zeit zu gewinnen ...»

Dulles kannte Eden lange genug, um von dessen Geschmeidigkeit nicht mehr überrascht zu sein. Deshalb gab er sich zufrieden. Ein Spiel mit verteilten Rollen war immer aussichtsreich. Die Zukunft würde ohnehin so aussehen, daß die Vereinigten Staaten in Vietnam ihr entscheidendes Engagement entfalteten.

«Ich danke Ihnen, Sir», sagte er. «Ich werde meinen Unterstaatssekretär sogleich informieren. Sind Sie einverstanden, daß wir uns bei neuen Entwicklungen sofort verständigen?»

Eden antwortete mit der alten englischen Floskel: «Wir bleiben in Kontakt!»

Was Mister Dulles seinem britischen Kollegen nicht mitgeteilt hatte, war die tatsächliche, für Uneingeweihte nicht erkennbare Höhe, zu der die Vereinigten Staaten heute bereits ihr stilles Engagement in Indochina aufgestockt hatten, vorerst im Einverständnis mit den dortigen französischen Kommandostellen, aber im vollen Bewußtsein, daß diese Kommandostellen bald nicht mehr existieren würden. So hatte US-General O'Daniel inzwischen mit Navarre eine intensive Zusammenarbeit auf militärischem Gebiet eingeleitet.

Aus der MAAG, wie sich die US-«Hilfs- und Beratermission» auch genannt hatte, war eine Art kleiner Generalstab geworden. In Anbetracht der Stärke der Vietminh besonders in den nördlichen Landesteilen wurde der Schwerpunkt des US-Engagements zunächst im Süden aufgebaut, mit Saigon als Zentrum. Immer mehr sogenannte «Techniker» trafen dort ein, Flugzeugwarte und Bodenpersonal. Ausbilder und Funker gingen in der südvietnamesischen Metropole an Land und nahmen ihre Tätigkeit auf, die darin bestand, den Resten der von den Franzosen ausgehaltenen antikommunistischen Streitkräfte modernes Kriegsmaterial zu liefern und eine zeitgemäße Ausbildung zu verpassen. Vor allem aber veranlaßte der Außenminister der USA seinen Bruder Allen, Chef der Central Intelligence Agency, zu einer zukunftsträchtigen Maßnahme: Die Agentur sollte dafür sorgen, daß man, gewissermaßen an den Franzosen vorbei, im Süden Vietnams eine verdeckt operierende Organisation aufbaute, die mit unkonventionellen Kampfmethoden den Boden für eine spätere Ausweitung des US-Einflusses vorbereitete.

Allen Welsh Dulles, ein Spezialist der verdeckten Aktionen, legte das Ziel so fest: «Die Einheit wird als SMM bezeichnet, Saigon-Militär-Mission. Sie etabliert sich unauffällig in Vietnam und unterstüzt geeignete vietnamesische Kräfte (nicht französische!) in allen Formen der verdeckten Kriegführung, die der Bekämpfung des Kommunismus in dieser Region dienen. Die dort befindlichen französischen Streitkräfte sind als befreundete Verbündete zu betrachten.»

Der CIA-Chef wußte in dem Augenblick, in dem sein Bruder ihm die Sache angetragen hatte, wer einzig und allein als Leiter dafür in Frage kam. Es mußte der fähigste und in Asien erfahrenste Mann sein, den die Agentur im Augenlick aufbieten konnte: Colonel Edward G. Lansdale. Noch hielt er sich in Manila auf, wo er über längere Zeit tätig gewesen war, bei der Bekämpfung der kommunistischen Rebellenarmee HUK, die mit seiner sachkundigen Hilfe so gut wie ausgeschaltet werden konnte. Hier hatte er viele seiner Ideen, wie man eine bewaffnete Befreiungsbewegung nicht nur offensiv bekämpfen, sondern auch von innen heraus zersetzen konnte, auf ihre Brauchbarkeit erprobt, gemeinsam mit seinem Busenfreund Ramon Magsaysay, der jetzt das Land regierte, im Interesse der Vereinigten Staaten, die dort ihre größten See- und Luftstützpunkte außerhalb des Mutterlandes aufbauten. Lansdale war kein Mann, den man einfach kommandieren konnte. Er war ein rarer Spezialist, mit dem man sich über seine nächste Arbeit freundlich verständigen mußte.

Der gutaussehende, durchtrainierte Mittvierziger aus Detroit, sprachbegabt und von bewundernswerter Kombinationsgabe, hatte eine Offizierskarriere in der Air Force hinter sich und ein Studium an der Universität Los Angeles. Während des zweiten

Weltkrieges bereits mit Aufklärungsaufgaben betraut, war er von jenen, die seine Fähigkeiten gut kannten, sogleich nach Gründung der CIA von dieser engagiert worden und hatte in Asien eine Vielzahl delikater Aufträge ausgeführt.

Lansdale hatte den bemerkenswerten Vorzug, daß er sich auf glattestem diplomatischem Parkett ebenso sicher zu bewegen wußte wie auf einem verminten Dschungelpfad. Er konnte auf einer Cocktailparty eine Botschaftersgattin bezaubern, brachte es aber ebensogut fertig, in einer Hongkonger Spelunke einen Ganoven ausfindig zu machen, der für ein paar hundert Dollar einen durchreisenden Staatsmann beliebiger Nationalität erstach, worauf Lansdale dann dafür sorgte, daß die größten Boulevardzeitungen den Mord den Kommunisten anlasteten.

«Bemerkenswerte Aufgabe, Sir», bekräftigte Lansdale, als er von Dulles persönlich informiert worden war, welche Sache man ihm nach seinem Erfolg auf den Philippinen antragen wollte. Er überlegte, wen er auf dem neuen Schauplatz kannte, von früher noch, auf wen er sich würde stützen können und wen er zu seinen engsten Mitarbeitern berufen würde.

«Es ist eine Langzeitaufgabe, Colonel», betonte Dulles. «Sie wird sich voraussichtlich über Jahre hinziehen. Beendet ist sie erst dann, wenn wir Indochina fest im Griff haben. So fest wie die Philippinen. Es ist sozusagen der weiche Unterleib Asiens. Der Pazifik ist ein amerikanisches Meer und wird es bleiben. Indochina ist, so gesehen, unser wichtigster Vorposten auf dem gegenüberliegenden Festland ...»

«Ich verstehe, Sir. Wie sind meine Vollmachten beschaffen?»

«Sie unterstehen mir direkt. Weisungen von niemandem sonst. Weder von unserem Botschafter in Vietnam noch von General O'Daniels, der unsere Beratermission der Streitkräfte leitet. In der ersten Phase wird Ihnen der Chef des United States Information Service als Kontaktperson zur vietnamesischen Seite zur Verfügung stehen. Getarnt werden Sie als stellvertretender Air-Force-Attaché.»

Am Ende des Gespräches waren die beiden Männer sich einig. Colonel Lansdale würde auf seine Art den Weg für eine ständige Erweiterung des US-Engagements bahnen, indem er den verdeckten Kampf gegen den Kommunismus in ganz Vietnam organisierte. Er begab sich zu seinem Hotel in Washington, trank erst einmal in Ruhe einen Whisky ohne Eis und Wasser. Danach begann er, seine Reisevorbereitungen zu treffen.

Für seine französischen Verbündeten dachte sich in diesen Tagen der Bruder des CIA-Chefs, Außenminister John Foster Dulles, noch einen zusätzlichen psychologischen Trick aus, der helfen sollte, den Zusammenbruch der Kampfmoral des französischen Expeditionskorps so lange hinauszuzögern, bis die Vorbereitungen der Vereinigten Staaten eine ungefährdete Übernahme des Kriegsschauplatzes gewährleisteten.

«Sie suchen Caldera auf», eröffnete der Außenminister dem Kurier, der in wenigen Stunden mit einer Sondermaschine nach Manila fliegen sollte, ein junger forscher Air-Force-Major, der nicht seinen ersten Auftrag dieser Art ausführte. «Ich wünsche, daß er nach Hanoi fliegt. Sofort. Alles, was er zu tun hat, steht in meiner Botschaft. Ich wünsche ferner, daß er mich nach Kenntnisnahme sofort über Seekabel anruft. Gute Reise!»

General Caldera, ein Karrieresoldat, der seinen Stab auf der US-Air-Force-Basis Clark Field unweit der philippinischen Hauptstadt hatte, empfing den Kurier mit einiger Skepsis. Er kommandierte die Fernost-Luftflotte der Vereinigten Staaten, ein gewaltiges Kampfpotential, und er war es gewohnt, Befehle nur von seinen militärischen Vorgesetzten im Generalstab entgegenzunehmen. Dies hier war etwas anderes. Vor Tagen war er bereits aus dem Pentagon benachrichtigt worden, er möge den Vorschlag, den ihm Dulles unterbreiten werde, unbedingt mit größter Umsicht in die Tat umsetzen.

«Was ist das nun», erkundigte sich Caldera, nachdem er die Botschaft gelesen hatte, bei dem wartenden Kurier, «ein Vorschlag oder ein Befehl?»

Der Major antwortete vorsichtig: «Ich bin lediglich der Überbringer, Sir. Vom Inhalt habe ich keine Kenntnis.»

Caldera hatte auf seine Frage auch gar keine Antwort erwartet. Sie war lediglich eine Unmutsäußerung, weil kein Militär es schätzte, wenn Zivilisten ihm sagten, was er zu tun habe. Er griff zum Telefon und ließ über Funk in Hanoi anfragen, wen er dort antreffe, wenn er in etwa zwölf Stunden hinkäme. Dann entließ er den Kurier mit dem Rat, sofort zurückzufliegen. «Es könnte sonst sein, daß ich früher in Hanoi bin, als Sie Mister Dulles die Übergabe seiner Botschaft melden!»

Minuten später erhielt Caldera Antwort. Er würde außer dem französischen Hochkommissar Maurice Dejean mit Cogny und einem von Navarre aus Saigon entsandten Luftwaffenoffizier verhandeln können.

«Verhandeln ist gut!» amüsierte sich Caldera, als er später in seiner viermotorigen C-121 saß und auf die dünne Wolkenschicht blickte, die unter der Maschine wie ein Daunenbett ausgebreitet lag. «Ich komme mir eher vor wie ein Taschenspieler, der noch jung im Metier ist und an Lampenfieber leidet!»

Doch als er in Hanoi Dulles' Auftrag ausführte, war das befürchtete Lampenfieber verflogen; er fühlte sich sicher wie immer. Es gelang ihm, die Franzosen, mit denen er verhandelte, über die wahren Hintergründe seiner Mission zu täuschen, so wie es von Dulles beabsichtigt gewesen war. Bis auf Cogny. Der alte Fuchs zweifelte zwar auch nicht an der Ehrlichkeit des amerikanischen Angebots, doch er bezweifelte die beabsichtigte Wirkung.

Caldera hatte den Franzosen vorgeschlagen, auf eine Variante des ehemaligen Planes «Vulture» auszuweichen, die in letzter Minute das Blatt bei Dien Bien Phu wenden sollte. Statt der politisch nicht akzeptablen Atombombenabwürfe sollte konventionelle Hilfe geleistet werden. Bis zu achtzig der viermotorigen B-29-Bomber des Fernost-Geschwaders, das inzwischen zum Strategischen Bomberkommando der USA gehörte, sollten in drei aufeinanderfolgenden Nächten den Ring der Vietminh-Belagerungstruppen um die Dschungelfestung gleichsam aufbrechen, ihn so zerschlagen, daß rasch per Fallschirm abgesetzte neue französische Truppen die Schlacht doch noch für Frankreich entschieden.

Die B-29 könnten, so rechnete Caldera seinen Zuhörern vor, über die Entfernung von Clark Field bis Dien Bien Phu und zurück mit acht Tonnen Bomben beladen werden. Die Verbände des Strategischen Bomberkommandos seien auf Flächenbombardements aus großen Höhen trainiert, so daß bei größtmöglicher Wirkung der Bombenteppiche eigene Verluste nicht zu befürchten wären, weil die Rohrflak der Vietminh die von den Viermotorigen geflogenen Höhen nicht mehr abdecken könnte. Caldera betonte, daß es sich um ein Angebot direkt aus Washington handle, und man solle es bitte als Ersatzlösung für die nicht zustande gekommenen Atombombenabwürfe betrachten.

Bei den drei Franzosen löste das Angebot nachdenkliche Mienen aus. Die B-29 war als gefürchtete Waffe bekannt. Manche nannten sie den «Schutzengel des Pazifik». Die Bezeichnung war nicht spontan entstanden. Nachdem die eben in Dienst gestellten B-29 von der Insel Tinian aus im August 1945 zwei Atombomben mit barbarischen Folgen über Japan abgeworfen hatten, war amerikanischen Psychologen eingefallen, daß man mit geschickter Reklame ein negatives Image in ein positives umkehren konnte. Die These bestätigte sich schon knapp fünf Jahre später, als während des Korea-Krieges B-29-Geschwader unübersehbare Teile dieses Landes mit ihren Bombenteppichen verwüsteten. Da avancierte die Maschine im offiziellen Sprachgebrauch zur «Waffe, die unsere Hemisphäre verteidigt».

Cogny unterließ eine Bemerkung, daß er die Schlacht um Dien Bien Phu so oder so für verloren halte und es in ganz Indochina keine neuen, kampfstarken Luftlandeeinheiten mehr gebe, die nach Flächenbombardements in dem zerschlagenen Talkessel landen könnten. Er hatte von Navarre die Weisung bekommen, die Amerikaner zu weiterer Hilfe zu ermutigen.

Dejean, obwohl es nicht seine unmittelbare Sorge war, erkundigte sich nach den Kosten. Er erfuhr, daß Caldera dafür nicht zuständig sei, das wäre Sache der Regierungen.

Navarres Luftwaffenchef, General Lauzin, brachte schließlich zur Sprache, wie der Einsatz der Riesenbomber technisch zu lösen sei. Ihm war bekannt, daß die B-29 in einer Dienstgipfelhöhe von etwa zehntausend Metern operierten und nicht über herkömmliche Bodensicht-Zielgeräte abwarfen, sondern vermittels eines Systems von Funkleitstrahlen den Abwurfimpuls sozusagen blind empfingen, sobald sie exakt über dem Zielgebiet waren.

Die Frage forderte von Caldera, endgültig seine Fähigkeiten als Täuschungsspezialist zu beweisen. Er sagte: «Ich denke, wir brauchen insgesamt nur drei Peilbaken für die Zielpeilung. Eine

östlich der Festung, je eine weitere nordwestlich und südwestlich.»

«Sie sprechen von Vietminh-Gebiet, Sir», machte Lauzin ihn
aufmerksam. «Wie sollen wir diese Anlagen dort installieren?»

Treuherzig gab Caldera zurück: «Wir haben auf unseren Trägern im Golf draußen Spezialflugzeuge, die solche Anlagen binnen einiger Stunden an Ort und Stelle bringen können.»

Dann wartete er darauf, daß seine Gegenspieler die schlechten
Karten aufdeckten, die sie hatten. Er brauchte nicht lange zu
warten, denn Cogny erkundigte sich beiläufig: «Soll das heißen,
wir müßten die Plätze ausfindig machen und absichern?»

«In möglichst ungefährdetem Gelände, ja.»

«Funkpeilstationen samt eigenen Generatoren?»

«Ja. Es handelt sich um relativ leichte Dieselaggregate. Wir
würden sie liefern, selbstverständlich. Auch installieren. Nur die
Absicherung … die wäre zu klären, von Ihrer Seite.»

Damit hatte er sozusagen das fünfte As aus dem Ärmel gezogen. Er präsentierte es so unbefangen, daß Cogny an seiner Kom-
petenz zu zweifeln begann.

«Wie stellen Sie sich das vor, Sir? Wissen Sie, wie es in Vietnam aussieht? Wir sind froh, wenn die Vietminh uns hier im
Delta noch nicht das Fell über die Ohren ziehen. Da drüben aber,
im Bergland, im Dschungel, gibt es keinen Pfad mehr, der nicht
von den Vietminh beherrscht wird. Kein Dorf, in dem sie nicht
ihre Leute haben.»

Jetzt, fand Caldera, war es an der Zeit, ein betroffenes Gesicht
zu machen, ratlos zu erscheinen. Schweigen trat ein. Lauzin erkundigte sich schließlich, ob es nicht vielleicht möglich wäre, die
Bombardierungen vermittels aus der Luft abgeworfener Leucht-
bombenbündel auszuführen, einer Technik, die im zweiten
Weltkrieg angewendet worden war. «Die sogenannten Christ-
bäume …»

Caldera schüttelte, den Betrübten spielend, den Kopf. «Leider
nein. Wir haben da negative Erfahrungen aus Korea. Sobald es
am Boden konzentriertes Artilleriefeuer gibt, können die B-
29-Besatzungen aus den von ihnen beflogenen Höhen Feuer-
schläge, etwa von Salvengeschützen, nicht mehr von solchen
Leuchtmarkierungen unterscheiden. Die Sache wird zum

Glücksspiel. Bei acht Tonnen pro Maschine ein gefährliches Risiko. Verstehen Sie mich recht – es geht mir nicht um unsere Besatzungen, die sind sicher. Aber wie die Dinge liegen, haben Sie ja Ihre Truppen da unten disloziert, und ein versehentlich auf das Zentrum Ihrer Festung abgelegter Teppich – nein, das wäre das Ende für die Art von Befestigung, die man mir beschrieben hat ...»

«Die Verantwortung möchte ich nicht tragen», bestätigte Cogny mürrisch.

Caldera sah seine Rechnung aufgehen, die eigentlich die Rechnung des schlauen Mister Dulles war. Er verhielt sich weiter entgegenkommend und schlug vor, die französische Seite solle die Sache in Ruhe nochmals durchdenken und nach Lösungsmöglichkeiten für die Peilsender suchen. Er selbst halte seine Einheiten einsatzbereit. Binnen genau zweiundsiebzig Stunden seien sie abflugfertig.

Er machte seine Sache so geschickt, daß seine französischen Gesprächspartner sichtlich gerührt waren von der brüderlichen Art, in der das große Amerika freizügig seine Hilfe anbot.

Ähnlich wie schon zuvor, als es um den möglichen Einsatz von Atombomben gegangen war, gelang es Dulles mit diesem Trick, den Franzosen gegenüber wiederum den Eindruck der Bereitschaft zu uneigennützigem Engagement zu erwecken. Lediglich die fatalen Umstände seien es, so meinte selbst Hochkommissar Dejean beim Abflug Calderas, daß sich da so vertrackte Schwierigkeiten ergaben.

Die Vereinigten Staaten lauerten gespannt auf ihre Chance in Indochina. Aber sie waren gute Pokerspieler. Mit ausdruckslosfreundlichem Gesicht warteten sie ab, bis der Gegenspieler Frankreich todsicher am Ende war. Die Vietminh betrachteten sie vorerst weder als Verhandlungspartner noch als ernsthafte Gegner. Sie nahmen lediglich zur Kenntnis, daß die Volksmacht ihre stärksten Kräfte im Norden des Landes konzentrierte, mit dem Ziel, die Franzosen dort endgültig zum Aufgeben zu zwingen. Daraus erwuchs die Chance, das amerikanische Vorgehen vom Süden aus zu beginnen. Saigon, das Mekong-Delta, danach würde man von sicheren Positionen weiter nordwärts vorstoßen können. Weitgesteckt waren die amerikanischen Pläne, während Frankreich immer tiefer in das Dilemma einer unabänderlichen Niederlage rutschte.

Wenn Gaston Janville nicht in den schlammigen vorderen Laufgräben hockte und über den Lautsprecher seine Landsleute zur Vernunft zu bewegen versuchte, saß er neuerdings in einer der Hütten in der Nähe von Tuan Giao und versah eine Arbeit, die ihn abwechselnd traurig, verschlossen oder wütend machte.

Eines Tages, als seine Schußverletzung soweit abgeheilt war, daß er wieder herumzulaufen begann und vorsichtig probierte, sich irgendwo hinzusetzen, wobei er dann anfangs noch scharf die Luft zwischen den zusammengebissenen Zähnen einsog, erschien der Leiter des Agitatorenteams bei ihm, der Soldat mit den perfekten Französisch-Kenntnissen und der scheinbar unerschöpflichen Geduld, der Janville und die anderen auf ihren Einsatz an der Front vorbereitet hatte.

«Du kannst wieder sitzen, wie ich sehe. Ich bin froh, daß es so abgegangen ist.»

Janville, der wußte, daß der Agitator gern rauchte, hielt ihm eine Schachtel «Cotab» hin, wie man sie vorn, zwischen den Laufgräben, in Mengen auflesen konnte, Beute aus fehlgeworfenen, geplatzten Containern der Franzosen.

«Danke.» Der Agitator zog eine Zigarette aus der Packung.

«Du kannst sie behalten und nachher einen ganzen Sack davon mitnehmen, für die anderen. Ich habe sie mit Keng für das Lazarett eingesammelt, aber sie reichen auch für euch.»

Der Agitator rieb sein aus einer Patronenhülse gefertigtes Feuerzeug an, sog genußvoll den Rauch ein, dann sagte er beiläufig: «So wahr ich hier stehe, ich werde nach dem Krieg vorschlagen, eine unserer Zigarettensorten ‹Dien Bien Phu› zu benennen!»

«Du stehst nicht, du sitzt», bemerkte Janville trocken.

Der andere gab, auf seinen Ton eingehend, zurück: «Wobei mir im Gegenteil zu dir der Hintern nicht weh tut. Oder ?»

Janville grinste. «Immerhin kann ich überhaupt wieder sitzen, das ist doch was, wie? Und – weißt du, wem ich es verdanke? Einem bildhübschen Mäuschen, das mir die delikaten Partien zweimal am Tag mit einer Wundersalbe aus der Trickkiste von Professor Tung einreibt. Ätsch!»

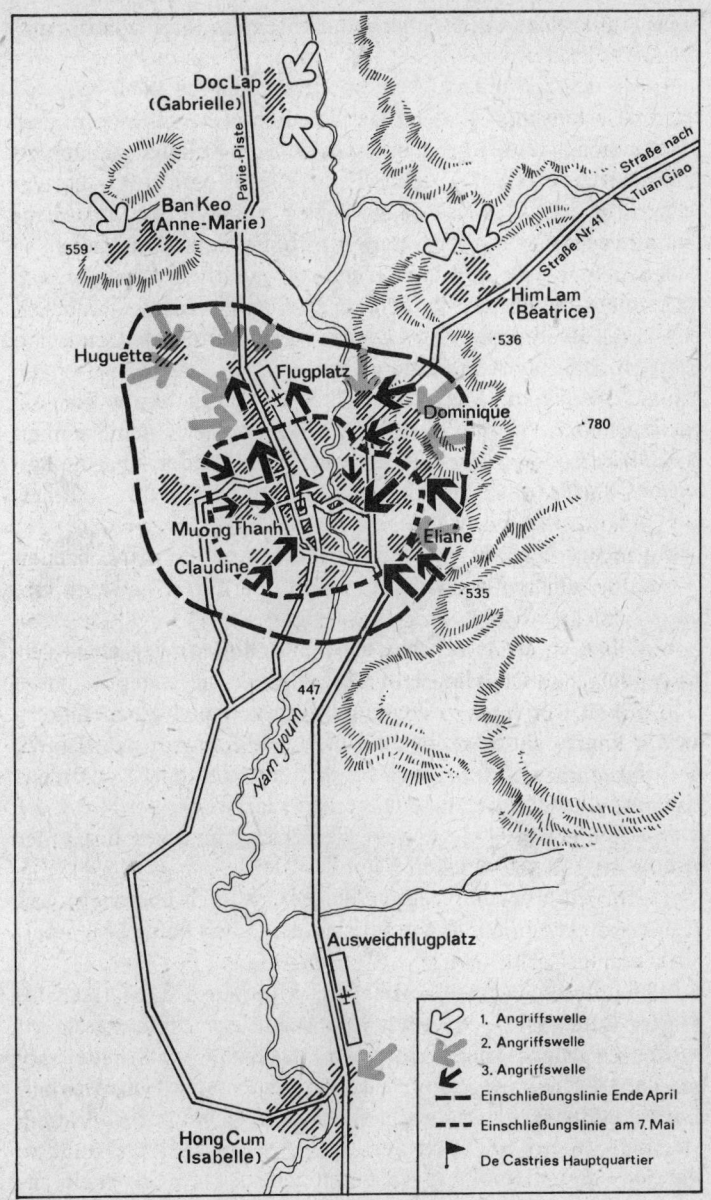

DocLap
(Gabrielle)

Ban Keo
(Anne-Marie)

559.

Straße nach
Tuan Giao

Him Lam
(Béatrice)

Straße Nr. 41

.536

Huguette

Flugplatz

Dominique

.780

Muong Thanh

Eliane

Claudine

.535

447

Nam Youm

Ausweichflugplatz

1. Angriffswelle

2. Angriffswelle

3. Angriffswelle

Einschließungslinie Ende April

Einschließungslinie am 7. Mai

De Castries Hauptquartier

Hong Cum
(Isabelle)

Der Agitator konnte sich zusammenreimen, daß Janvilles aufgetragene Heiterkeit eine Art Selbstschutz gegen das war, was er hier mit ansehen mußte. Aber andrerseits hatten Leute wie dieser «Narr» seine vorher hauptsächlich theoretischen Erkenntnisse über die Möglichkeit, das Bewußtsein von Kolonialsoldaten zu verändern, mit einem praktischen Beispiel bereichert. Es war notwendig geworden, darüber Klarheit zu gewinnen, angesichts der zahllosen Gefangenen, um die sich die Volksarmee allein in den letzten Tagen zu kümmern hatte. Janville würde da auch noch manches leisten können. Jetzt aber war der Agitator gekommen, um ihn für einen Dienst zu gewinnen, den man den französischen Toten zu leisten hatte.

Kolonialsoldaten oder nicht, hatte der Oberkommandierende entschieden, es waren menschliche Wesen, sie hatten Familien zu Hause, Eltern, Frauen, heranwachsende Kinder, und die hatten ein Recht, später zu erfahren, wo ihre Söhne, ihre Männer, ihre Väter gestorben waren.

Eine Frage des Taktes, wenngleich die nun Toten zu Lebzeiten oft genug williges Werkzeug für Mord und Terror gewesen waren.

«Wir brauchen Listen über die Leute, die wir begraben», erklärte der Agitator. «Mit dem Vermerk, wo sie liegen. Namen, Heimatanschriften, die Dienstnummern von den Blechmarken, die sie tragen. Doch wir haben nicht viele Soldaten, die Französisch beherrschen und das alles erledigen könnten. Andrerseits können wir die Toten nicht lange liegenlassen bei der Hitze, die jetzt kommt, dem Regen, dem Gewürm, das sich sofort unter ihren Körpern sammelt ...»

«Ja, ja!» unterbrach ihn Janville, «du hast mich überzeugt. Laß mir Papier da und schick mir alle bei den Toten gefundenen persönlichen Dokumente!»

Nun füllte er tagsüber, wenn das Wummern der Granateinschläge hinter den Bergketten vom Wind leise herübergetragen wurde, zwischen den Leichtverletzten sitzend, im Schatten hoher Baumkronen, Zeile um Zeile mit den Namen französischer, marokkanischer, algerischer, italienischer, deutscher und anderer Toter. Manchmal stutzte er und versuchte sich zu erinnern: Habe ich diesen Namen nicht schon gehört? Nein, es ist ein anderer Goddard oder Bouvét. Den ich kenne, der stammte nicht aus Marseille, der, damals, kam aus der Normandie ...

In der Nacht, einer der letzten des Aprils 1954, brach Janville wieder mit Keng zur Front auf. Vorher besuchte er Professor Tung, bei dem er sich abmeldete. Der Arzt befühlte die Narben ein letztes Mal, nickte und meinte: «In Ordnung. Das ist gut abgegangen. Ich wünsche Ihnen Erfolg. Schon deshalb, weil jetzt da drüben jeder einzelne Mann zählt, der Schluß macht.»

Er rief Ba heran, die gerade ausgewaschene Binden aufwikkelte. Für ein paar Minuten waren die beiden allein. Sie sprachen wenig, lehnten ihre Körper aneinander, und Ba flüsterte: «Du mußt durchkommen, hörst du!»

Er beruhigte sie, von jetzt ab krieche er lieber im ärgsten Schlamm, dafür sorge schon ein leicht ziehendes Gefühl in den Narben, das erinnere ihn an die nötige Vorsicht.

Tung kam noch einmal zurück. Er schwenkte zwei rechteckige Mullflecke, an die Bänder angenäht waren. «Das habe ich für den Angriff vorbereitet», erklärte er. «Es liegen so viele verweste Leichen da zwischen den Trichtern, der Gestank nimmt den Soldaten den Atem. Außerdem ist es eine Frage der Hygiene.»

Er zeigte Gaston und Keng, wie man die Lappen, dem Mundtuch eines Chirurgen ähnlich, vor Mund und Nase binden konnte.

Über den Bergketten zuckten Blitze durch qualmschwarze Wolkenmassen, an deren Unterseite sich der in unregelmäßigen Abständen aufleuchtende Widerschein der Granateinschläge brach. Die beiden Männer schlichen durch teilweise eingestürzte Laufgräben auf eine französische Befestigung zu, die in ihren Karten die Bezeichnung 505 trug und an der Straße lag, die nach Tuan Giao führte. Die Franzosen hatten sie als Außenposten von «Dominique» aufgebaut. Weil sie am weitesten östlich lag, war sie bisher noch nicht eingenommen worden. Jetzt aber waren Stoßtrupps der Volksarmee bereit, sie zu erobern. Der Kommandeur empfing Janville, den er bereits kannte, mit einer Schachtel Pariser Konfekt, von dem er lachend anbot. «Bedient euch, wir haben Feiertag heute, und da kam uns der Container mit dem süßen Zeug gerade recht!»

«Feiertag?» versuchte sich Gaston Janville zu erinnern. Er hatte sich Mühe gegeben, die vietnamesischen Feiertage einigermaßen im Gedächtnis zu speichern. Aber was war heute? Tet war doch vorbei.

«Der erste Mai!» klärte ihn der Kommandeur auf. Janville blickte Keng an. Der zog verlegen die Brauen hoch, auch er hatte diesen Tag vergessen, weil er von der Morgendämmerung an von einem Posten zum anderen unterwegs gewesen war.

«Dann also», sagte er jetzt und griff in die dargebotene Schachtel, «feiern wir den ersten Mai auf diese Weise!»

«Ihr habt zwei Stunden Zeit», erklärte der Kommandeur.

«Nicht länger? Warum?»

«In genau drei Stunden sind wir da drüben.» Der Kommandeur deutete zu den Sandsackbarrikaden der Franzosen hinüber. Janville verstand. Der Angriff.

Leichtes Gewehrfeuer setzte ein, als er danach das Megaphon in Betrieb setzte. Aber das Feuer blieb schwach. Die Munition wurde bei den Franzosen immer knapper, sie waren angewiesen, erst das Feuer zu eröffnen, wenn Angreifer in Sicht kamen. Niemand wagte es heute, den Aufrufen Janvilles zu folgen. Er fluchte, aber es war wohl nicht zu ändern.

Die Stoßtruppen der Volksarmee hatten in den letzten Wochen oft den Angriff auf die vor ihnen liegenden Stellungen trainiert. Ihre taktischen Methoden waren besser geworden. Als das Angriffssignal kam, hatten die leichten Granatwerfer die gegnerischen Barrikaden bereits arg zusammengeschossen. Und jetzt tauchten überall Schützen auf, die überlebende Verteidiger unter gezieltes Gewehrfeuer nahmen. Währenddessen sprangen die Angreifer vorwärts. Es dauerte nicht einmal die vom Kommandeur vorausgesagte Stunde, dann war die Befestigung 505 gefallen. Ein paar unrasierte, verdreckte Gestalten mit eingefallenen Gesichtern schlichen, die Hände über dem Kopf verschränkt, ins Hinterland.

Gaston Janville war nicht zu halten. Keng konnte kaum folgen, als er zwischen die Sandsäcke sprang, wo neben allen möglichen weggeworfenen Waffen und Ausrüstungsstücken Tote und Verletzte lagen.

«Ihr Idioten!» schrie Janville wütend. «Warum habt ihr nicht auf mich gehört? Muß man euch denn erst zu Krüppeln machen, bevor ihr aufhört, euch für die Großverdiener Frankreichs zu schlagen? Ihr blutigen Idioten, die ihr seid …!»

Er hatte Tränen der Wut in den Augen. Plötzlich setzte Regen ein, schlagartig, prasselnd, ein tropisches Gewitter, dessen Donnerschläge im Lärm der Schlacht untergingen. Endlich gelang es Keng, den Tobenden zu beruhigen. Er deckte eine Zeltplane über sich und ihn, und darunter gelang es ihnen, Zigaretten anzuzünden.

Als der Regen aussetzte, griffen die Stoßtruppen bereits in Richtung Flußufer an.

«Komm», forderte Keng Janville auf, «wir sind allein, und hier können wir nicht bleiben.»

Janville rutschte aus, als er sich in Bewegung setzte. Er hatte auf dem Bein eines verschütteten Toten gestanden, in der Annahme, es sei ein Ast. Jetzt hatte der Sturzregen den Dreck vom Gesicht des Franzosen gewaschen. Als über dem Nachbarstützpunkt, von nervösen Legionären abgefeuert, eine Leuchtkugel hochzischte und ihr weißes Licht über die Gegend ausbreitete, erkannte Janville das Gesicht des Toten. Er beugte sich herab, um sicher zu sein. Ja, er war es. An seinen Namen erinnerte er sich nicht, nur, daß er damals in Laos, als Janville schon ein kampferfahrener Soldat war, frisch aus der Heimat gekommen war. Unbefangen. Wollte gegen die «Wilden» kämpfen. Dabei war er nicht einmal dumm, aber trotzdem bereit, für jeden noch so hirnverbrannten Befehl sein Leben einzusetzen. Schwärmte von den Mädchen zu Hause. Vorbei. Zwanzig Jahre vielleicht, und dann in den Dreck von Dien Bien Phu gestampft. «Mort pour la France» würden die Eltern unter sein Bild drucken lassen, «Gestorben für Frankreich». Es würde einen schönen, glattrasierten, blauäugigen Jungen mit kurzem Blondhaar zeigen. Nicht das, was hier von ihm noch lag.

«Hauen wir ab», sagte Janville zu dem still neben ihm stehenden Keng. «Versuchen wir, ob wir woanders mehr ausrichten können …»

Der letzte Bunker

Das Feuer der vietnamesischen Artillerie hielt auch zwei Tage nach dem 1. Mai noch ununterbrochen an. In regelmäßigen Abständen schossen die schnell aus ihren Kasematten gezogenen Geschütze und wurden sogleich wieder in die sichere Deckung zurückgeschoben. Endlose Kolonnen freiwilliger Träger hatten während der Schlacht weiterhin Munition aus dem Hinterland herangebracht; es waren Lastwagen unterwegs, Büffelkarren und Fahrräder, selbst einzelne Granaten wurden von Männern oder Frauen in der Umgebung von Tuan Giao abgeliefert.

Jeder war dem Aufruf der örtlichen Parteileitungen gefolgt, etwas zum Sieg beizutragen. So schleppten die Freiwilligen nicht nur Granaten heran, die ununterbrochenes Feuer auf die französischen Stellungen ermöglichten – Frauen in Bergdörfern nähten aus der gescheckten Seide der Fallschirme des Gegners Tarnbezüge für Helme und Lastwagenkabinen, sie bastelten Sandalen aus Gummireifen, färbten Stoffe für Uniformen oder stellten Nahrungsmittel her. Erdnüsse, die auf den Feldern gezogen wurden, konnten mit geschmolzenem Rohrzucker zu einer süßen Knabberei verarbeitet werden, die den Soldaten den Hunger nahm, bis die Verpflegung eintraf. Tabak wurde in Portionen verpackt, zusammen mit Reispapier oder mit Maisblättern, so daß die Kämpfer sich Zigaretten drehen konnten. Nicht zuletzt die Lazarette stützten sich auf die Hilfe der Dorfleute. Ältere Frauen und junge Mädchen versahen Tausende Handreichungen, die den langen Tag über nötig waren. Sie wuschen Binden aus, zupften Baumwolle zu Wattepolstern, schnitten Bambus, der für Schienen gebraucht wurde.

Hatte das Oberkommando anfangs noch gewisse Bedenken

gehabt, die Logistik für die größte Schlacht in der Geschichte der vietnamesischen Befreiungskräfte zu sichern, so ergab sich bald, daß die vereinten Anstrengungen Hunderttausender die technischen Vorteile aufwogen, über die die Franzosen verfügten.

Keng, der Unsichtbare, saß am Nachmittag des 3. Mai zwischen zerstörten Sandsackbarrikaden auf dem schon vor Wochen eroberten Stützpunkt Him Lam und rauchte.

Er hatte den Arzt Nguyen Duong Quang hierher geführt, einen Mann aus der Schule Professor Tungs, der den Auftrag hatte, im eroberten Vorgelände der Festung kleine Behelfslazarette und Verbandplätze einzurichten. Mehr als ein ausgbildeter Sanitäter oder ein Medizinstudent, der seine Ausbildung unterbrochen hatte, um Hifle zu leisten, standen dafür meist nicht zur Verfügung.

Auch Ausrüstung gab es kaum. Aber man konnte auf dem bereits erorberten Schlachtfeld eine Menge Brauchbares auflesen: Fallschirme, aus denen sich Zelte oder Unterlagen für Schwerverletzte nähen ließen, Container mit Sanitätsmaterial, das für die Franzosen bestimmt gewesen war, Kanister und Eßgeschirre, ja selbst chirurgische Bestecke lagen im Schlamm. Dabei war nicht lediglich an die Verletzten der Volksarmee gedacht. Es gab einen Befehl, in den Sanitätseinrichtungen auch verwundete Gegner zu behandeln.

Mittlerweile mehrte sich die Zahl der verletzten Festungsverteidiger, die zu versorgen waren. Für die mehr als 12 000 Kolonialsoldaten in Dien Bien Phu hatte es schon bei Beginn der Kämpfe nur eine absolut ungenügende, auf falschen Voraussetzungen aufgebaute ärztliche Versorgung gegeben. Die Schlacht hatte das Sanitätswesen der Franzosen auf einen einzigen, halb unterirdischen Bunker reduziert, in dem ein Stabsarzt mit einigen Gehilfen Tag und Nacht arbeitete. Wer versorgt war, wurde vor den Bunker hingelegt und war sogleich wieder dem Feuer ausgesetzt, dem Regen, der Hitze und Kälte. Mehr und mehr hatten sich die Abstellplätze im Zentrum der Festung in Leichenhalden verwandelt.

Aufklärer der Volksarmee, die in den Nächten ins verteidigte Feindgebiet eingedrungen waren, hatten berichtet, von durchschnittlich dreißig Soldaten, die sich in einem Widerstandsnest

Panorama der gefallenen Festung Dien Bien Phu. In den Zelten werden
Verwundete versorgt

befanden, seien zehn schwerverletzt, die Hälfte der anderen sei
krank oder durch leichtere Verletzungen nur noch bedingt
kampffähig. Es war abzusehen, daß die Besatzung von Dien Bien
Phu, falls sie tatsächlich auf Befehl ihrer Vorgesetzten den Kampf
weiterführte, nach der erzwungenen Kapitulation äußerst hilfs-
bedürftig sein würde. Eine für die Volksarmee nahezu unlösbare
Aufgabe. Aber das Oberkommando hatte bereits jetzt Maßnahmen eingeleitet, um nach der unvermeidlichen Niederlage der
Franzosen dennoch humanitäre Hilfe möglich zu machen.

Als Keng, an seiner Zigarette saugend, nachdenklich südwärts
blickte, sah er zwischen «Dominique» und dem Flußufer eine
Qualmwolke aufsteigen. Eines der Treibstofflager vermutlich,
das die übriggebliebenen Panzer der Franzosen versorgen sollte
und nun in Flammen aufging.

Über dem Tal hingen niedrige Wolkenbänke. Sie würden sich

254

im Verlaufe der nächsten Stunden, vielleicht gegen Abend schon, zu Gewittern zusammenschieben. An den Hängen, wo die Granaten den Boden noch nicht umgepflügt hatten, nahm das Grün jene zarte und doch saftige Färbung an, die es bis zum Eintritt der trockenen Hitze behielt. Manche Stellen schimmerten weiß, rötlich und blau, das waren schnellwüchsige Wildblumen, die es um diese Zeit in den Bergen in Mengen gab.

Ein Soldat kam und richtete Keng aus: «Der Doktor wird noch ein paar Stunden zu tun haben. Du sollst aber unbedingt auf ihn warten. Er kennt die Pfade zurück nicht. So kurz vor dem Sieg möchte er nicht noch aus Versehen bei den Franzosen landen!»

«Klar, ich warte», antwortete Keng.

Helfer des Arztes bauten am rückwärtigen Hang von Him Lam Unterkünfte aus Bambusstangen und der gescheckten Seide französischer Fallschirme. Irgendwo hatten sie ein Dieselaggregat aufgetrieben, das noch funktionierte, und jetzt setzten sie es mit erbeutetem Treibstoff in Gang. Verletzte kamen aus den vorderen Stellungen. Man brauchte Licht, um sie zu behandeln.

Keng lehnte sich zurück und legte ein Schläfchen ein. Man mußte jede Ruhepause nutzen. Wer weiß, was die Nacht brachte.

Er wurde durch das ohrenbetäubende Geknatter der 3,7-cm-Flak aus dem Schlaf gerissen. Von Nordwesten her stürzten sich drei B-26 ins Tal. Sie setzten Fallschirmspringer ab. Für Keng kam das nicht überraschend. Der Funker Quang Do hatte bereits seit Tagen von französischen Funkstationen die im Klartext verbreitete Meldung abgehört, Teile des 1. Kolonialfallschirmbataillons würden nach Dien Bien Phu herangebracht werden, um die Verteidigung zu stärken; ausgeruhte Soldaten mit großer Kampferfahrung, entschlossen, ihren Kameraden in der Festung beizustehen. Nun purzelten sie aus den Maschinen, kleine dunkle Pünktchen, über denen sich in Sekundenschnelle die Schirme entfalteten.

Keng konnte sehen, daß nicht wenige am linken Flußufer niedergingen. Er zweifelte daran, daß diese Verstärkungen noch wirksam werden könnten. Die Aufklärer berichteten, es gebe dort keine zusammenhängende Front mehr, nur hier und da vereinzelte Bunker, deren Besatzungen es kaum noch wagten, sich bemerkbar zu machen, wenn sie nicht gerade direkt angegriffen wurden. Die Volksarmee hatte seit einiger Zeit die Taktik angewendet, solche verlorenen Widerstandsnester nicht unbedingt sofort zu erobern – man sparte Kräfte, wenn man sie von ihren Verbindungen abschnitt und durch laufenden Beschuß, vor allem aus Granatwerfern, zermürbte. Sie würden von selbst aufgeben, wenn das Zentrum der Festung fiel.

Eine der B-26 ging plötzlich, während sie hochzog, in eine steile Kurve und raste geradewegs auf die Bergketten im Osten zu. Der linke Motor begann zu qualmen. Dem Qualm folgten Flammen. Die Maschine schoß vorwärts, viel zu tief, um vielleicht die Hänge zu überfliegen. Ein paar Sekunden später bohrte sie sich mit einem grellen Blitz in die spärlich bewachsenen Felsen.

Auch Capitaine Pouget, der hier zum ersten Mal in seinem Leben mit einem Fallschirm absprang, hatte gesehen, wie die B-26 zerbarst, deren Kopilot ihm und den anderen noch vor Sekunden das Zeichen zum Absprung gegeben hatte. Jetzt lebte in dem zerschmetterten Flugapparat niemand mehr. Pouget, der in einen halb mit Wasser gefüllten Trichter gekrochen war, weil nach seiner unsanften Landung von irgendwoher auf ihn geschossen wurde, wagte nicht, sofort herauszukriechen. Noch wußte er nicht genau, wo er sich befand, obwohl er in den letzten Wochen wahrlich genügend Zeit gehabt hatte, Gefechtskarten und Luftaufnahmen der Festung zu studieren. Die Wirklichkeit sah anders aus als die Fotos und Karten im Stab des Oberbefehlshabers Navarre in Saigon, wo Pouget bis vor einigen Tagen persönlicher Adjutant des Generals gewesen war.

Cognys Drängen, neue Verstärkungen zu senden, war von Navarre schließlich mit dem Befehl quittiert worden, das 1. Kolonialfallschirmbataillon einzusetzen. Pouget gehörte nicht dazu. Er kam auf persönlichen Befehl des Oberkommandierenden hierher, mit der Botschaft an de Castries, seine Entsendung sei als Teil des energischen Engagements des Oberkommandierenden für die Festung zu betrachten.

Ob ich de Castries noch lebend antreffe? Pouget hob nur ein wenig den Kopf, um sich zu orientieren, als das nächste Geschoß am Rande des Trichters einschlug. Kein Zweifel, er war entdeckt. Doch nun hatte er wenigstens sehen können, daß er sich inmitten der ehemals zu «Eliane» gehörenden Stellungen befand: zerwühltes Erdreich, Leichen, Ausrüstungsgegenstände, stinkende Wasserlachen, aggressive Moskitos, dazu ein Scharfschütze, der auf ihn lauerte. Nach einer Weile begann Pouget leise zu rufen. Vielleicht gelang es ihm doch, seine Kameraden, die hier in der Nähe liegen mußten, aufmerksam zu machen. Sie würden ihn herausholen. Doch vorerst meldete sich niemand auf sein Rufen, selbst als er seine Stimme immer lauter werden ließ.

Der Trupp, der nach Einbruch der Dunkelheit an dem Trichter vorbeischlich, in dem Pouget lag, hätte beinahe das Feuer eröffnet, als er angerufen wurde. Es waren drei bärtige, schmutzige, wenig soldatenhaft aussehende Legionäre, die zum Flußufer unterwegs waren, um Wasser zu schöpfen. Seit Tagen schon funktionierte nirgendwo mehr eine Filteranlage, und die Soldaten waren auf die gelbe, schlammige Brühe aus dem Nam Youm angewiesen, wenn sie nicht verdursten wollten.

«Bleib liegen, wir nehmen dich auf dem Rückweg mit!» rief

In Genf wurde das Ende des französischen Indochinakrieges besiegelt. Zur Verhandlung war Pham Van Dong (2. v. r.) angereist, ebenso der Außenminister Chinas Tschou En-lai (1. v. r.) und der 1. Stellvertreter des Außenministers der UdSSR Gromyko (3. v. r., mit Hut).

einer der drei ihm zu, nachdem er sich vergewissert hatte, daß Pouget nicht verwundet war. Zum Tragen hatte keiner der drei Lust.

Pouget wartete ungeduldig. Es war kühl geworden, sobald die Dunkelheit einsetzte, und er war von einigen Regenschauern am Nachmittag völlig durchnäßt. Als der Trupp wieder bei ihm anlangte, waren es nur noch zwei Männer. Sie schleppten rostige Blechcontainer mit Flußwasser.

«Den dritten haben die Marokkaner erstochen», gab der Anführer mürrisch Auskunft.

«Marokkaner?»

Statt zu antworten, erkundigte sich der Anführer, ein Caporal, der aus Korsika stammte, bei Pouget:

«Wer bist du? Nachschub?»

Als er hörte, daß in der verdreckten Springercombi ein Capitaine steckte, noch dazu der Adjutant des Oberkommandierenden, schüttelte er verständnislos den Kopf. «Warum schicken sie dich hierher? Bist du bestraft worden?»

«Nein! Für mich ist das keine Strafe, sondern eine Ehre, euch in dieser schwierigen Lage zu helfen!»

Die beiden Legionäre hatten keine Lust, mit dem Offizier über Ehre zu streiten. Der Anführer sagte nur: «Nun gut. Hier wirst du krepieren, wie wir alle, wenn nicht bald Schluß ist.»

«Schluß?»

«Schluß», bestätigte der Caporal. «Wir sitzen hier in der Falle, wie das berühmte Huhn, das in den Bambuskäfig gesperrt wird, um den Tiger anzulocken. Der Tiger ist da. Überall Tiger. Es wimmelt hier von ihnen.»

«Und von Marokkanern», knurrte der andere. Der Caporal bekräftigte das mit einem Fluch. Dann erklärte er dem Offizier: «Den Deutschen, den wir dabei hatten, haben sie unten am Fluß erstochen. Er wollte ihnen keine Zigaretten geben.»

«Er hatte keine mehr», brummte der zweite.

«Es gibt Messerstechereien um Zigaretten?» Pouget war verblüfft. Er kannte die Menge der Lasten, die in Containern für die Festung abgeworfen wurden.

Die beiden Männer lachten ihn aus, als er davon anfing. «Hier, mein Lieber, ist nicht Saigon, hier ist auch nicht Hanoi, sondern Dien Bien Phu. Kannst auch sagen, die Hölle. Die Container liegen bei den Vietminh. Und wir liegen im Schlamm und ducken uns. Nachdem unser General den Befehl erteilt hat, auf die Deserteure am Flußufer zu schießen, schießen die auf jeden von uns, der dort Wasser holen will. Um Patronen zu sparen, nehmen sie ihre Messer. Schon mal so eine marokkanische Klinge gesehen?» Er deutete an seinen Hals. «Geht in einem Zug durch bis zur Wirbelsäule. Wir haben den Deutschen gleich in den Fluß geworfen. Jetzt wird er schätzungsweise an ‹Isabelle› vorbeitreiben.»

Es war so dunkel geworden, daß der Schütze, der mehrmals versucht hatte, Pouget zu treffen, inzwischen das Feuer eingestellt hatte. Die beiden Wasserholer nahmen den Capitaine mit nach «Eliane», wo auf der von der Volksarmee A-1 genannten Kuppe immer noch eine Gruppe Franzosen hockte, die infolge ihrer günstigen Position schwer anzugreifen war. Pouget ließ sich von einem dort das Kommando führenden Lieutenant die Lage erläutern. Er lauschte auch auf Geräusche im Erdinneren, auf die man ihn aufmerksam machte. Aber es waren nur ganz leise, sporadische Geräusche, und er maß ihnen weiter keine Bedeutung bei. Dann meldete er sich über das noch intakte Sprechfunkgerät bei de Castries: «Der Oberkommandierende hat mich geschickt, um dadurch seine enge Verbundenheit zu den Verteidigern von Dien Bien Phu zu beweisen, mon Général ...»

«Danke», antwortete de Castries knapp. «Was hat er sonst noch geschickt?»

«Teile des 1. Kolonialfallschirmbataillons sind auf dem Weg ...»

«Ja, ich weiß.» De Castries hatte keine Lust, sich mit diesem eigenartigen Neuzugang weiter zu unterhalten. Er befahl: «Sie bleiben auf ‹Eliane›. Da Sie in der Festung neu sind, kann ich Ihnen nicht das Kommando über den dortigen Stützpunkt übergeben. Ich bin sicher, Sie werden trotzdem das Beste tun, um die Ehre Frankreichs zu verteidigen.»

Pouget merkte, daß es eine Floskel war, aber das verwirrte ihn nun schon nicht mehr sonderlich. Seit seinem Absprung schien sich die Welt gedreht zu haben. Alles, was in Saigon noch gegolten hatte, verlor hier an Bedeutung, in diesem Talkessel voller Stacheldrahthindernisse und Granateinschläge, von Gräben zerfurcht, vom Regen in eine Schlammwüste verwandelt, in der stoppelbärtige Landstreichergestalten etwas taten, was General de Castries als die Verteidigung der Ehre Frankreichs bezeichnete.

In der Nacht saß Pouget, immer noch in seiner durchnäßten Uniform, für die es keine Trocknungsmöglichkeit gab, vor dem Unterstand und kaute auf dem ekelhaft geschmacklosen Kekskonzentrat herum, das die Legionäre aus amerikanischen Containern geholt hatten. Es trug den verlockenden Namen «Pacific-Ration». Nach einer Weile spuckte Pouget es aus. Er probierte ein paar getrocknete Feigen aus der selben Packung. Bei der dritten warnte ihn der neben ihm sitzende Legionär: «Paß auf, wieviel du davon frißt! Du scheißt Fontänen in die Luft. Und die Vietminh lieben Offiziersärsche als Ziel ...»

Vor dem Eingang des Hauptquartiers der Volksarmee hatte Anh Chu einen kleinen Tisch aufstellen lassen und ein paar Sitzbänke. Die Offiziere schätzten es, sich vor oder nach langen Beratungen hier bei einem Becher Tee zu entspannen. Dazu gab es meist ein bißchen Backwerk aus einem der nächsten Dörfer. Ho Chi Minh hatte soeben eine Nachricht bekanntgegeben, die Pham Van Dong aus Genf geschickt hatte: Die Verhandlungen hätten begonnen. Frankreichs Unterhändler habe Interesse an einer schnellen Einstellung der Feindseligkeiten gezeigt. Auch die Briten seien damit einverstanden wie selbstverständlich die sowjetischen und chinesischen Abgesandten. Von den USA sei keine Äußerung zu hören, sie zeigten sich offiziell abweisend. Von Freunden habe es die Information gegeben, sie betrieben hinter den Kulissen eifrig Propaganda gegen die sogenannte kommunistische Gefahr in Südostasien. Aber insgesamt sei Pham Van Dong zuversichtlich, daß man mit Frankreich zu einer Einigung würde kommen können.

Ho Chi Minh hatte mit dem Oberkommando über den Beginn der Generaloffensive auf die letzten französischen Stützpunkte beraten. Es galt, die Vorbereitungen zu Ende zu führen, dann sollte der Sprung über den Nam Youm ins Herz der gegnerischen Verteidigung erfolgen. Ein Herz, das nur noch müde schlug, wie Professor Tung es als Mediziner ausdrückte. Er war hinzugezogen worden, weil von der Einrichtung frontnaher Verbandstellen viel abhing. Und noch war auch hier nicht alles getan.

Ho Chi Minh erinnerte sich, als er über Pham Van Dongs Nachricht nachdachte, an die Erfahrungen, die er während des zweiten Weltkrieges und besonders unmittelbar nach Ausrufung der Republik Vietnam mit den USA gemacht hatte.

Die zur nationalen Befreiung aufgebrochenen Kräfte Vietnams hatten damals den Kampf gegen die japanischen Besatzer geführt. Diese wiederum internierten nach der Befreiung Frankreichs die bisher zu der profaschistischen Kollaborationsregierung Petain haltenden französischen Kolonialtruppen, weil sie die Gefahr witterten, daß diese sich neu orientierten. In der chinesischen Stadt Kunming, wo sich US-Geheimdienstbeamte aufhielten, ließ Ho Chi Minh damals bekanntmachen, die Befreiungskräfte Vietnams stünden selbstverständlich an der Seite der Alliierten, bis Japan geschlagen und Vietnam ein souveräner Staat sei.

Die Amerikaner nützten diese Verbündeten nach Kräften aus, vor allem ließen sie sich von ihnen bei Kommandooperationen gegen die Japaner helfen, aber die Befreiungsstreitkräfte retteten auch viele amerikanische Piloten der 14. US-Luftflotte, die bei Angriffen über Vietnam abgeschossen wurden.

Ho Chi Minh, in dessen Hauptquartier sich zeitweise Beauftragte der USA meldeten, hatte sich an Präsident Roosevelt gewandt, von dem er wußte, daß er für eine Abschaffung des Kolonialregimes in den Ländern Indochinas nach Kriegsende eintrat. Obwohl Roosevelt das Engagement der vietnamesischen Befreiungskräfte an der Seite der Alliierten verbal durchaus würdigte, verweigerte das US-Oberkommando für die Burma-China-Indien-Front selbst die Lieferung geringer Mengen von Handfeuerwaffen.

Das geschah unter dem Vorwand, es gäbe keine Garantie, daß diese Waffen nicht auch gegen französische Kolonialtruppen eingesetzt würden.

Am 17. August 1945 telegrafierte Ho Chi Minh an das US-Oberkommando in China: «Die Nationale Befreiungsfront Vietnams bittet die USA, die UN zu informieren, daß wir an ihrer Seite gegen die Japaner kämpfen. Nun hat Japan kapituliert. Wir bitten die UN, ihr feierlich gegebenes Versprechen einzulösen, daß alle Nationen Unabhängigkeit und Demokratie erhalten. Falls die UN ihr feierliches Versprechen vergessen und den Ländern Indochinas die Unabhängigkeit verweigern sollten, werden wir den Kampf weiterführen, bis wir mit unseren eigenen Kräften die Unabhängigkeit errungen haben.»

Aber die auf die Regierung des inzwischen verstorbenen Präsidenten Roosevelt folgende US-Administration hatte längst andere Ziele. Über interne Kanäle wurde erreicht, daß die Vereinten Nationen Ho Chi Minhs Nachricht unbeantwortet ließen. Sie wurde einfach abgelegt. In dieser Phase sandten die USA immer noch Emissäre zur vietnamesischen Befreiungsfront, die manches versprachen und nicht nur nichts davon hielten, sondern auch auf vielerlei Weise versuchten, im Lande Agenten anzuwerben und gegen die Befreiungskräfte gerichtete Gruppen zu bilden. Am Ende einigten sie sich mit den Franzosen darauf, daß diese die rechtmäßige Regierung Ho Chi Minh für abgesetzt erklärten und fortan den Kolonialkrieg mit Rückendeckung und Unterstützung der USA führten.

«An diesem Scheidewege haben sie uns verraten», bemerkte Ho Chi Minh jetzt, als er mit dem Teebecher in der Hand zwischen seinen Mitkämpfern stand. «Alle Nachrichten der letzten Zeit deuten darauf hin, daß sie es erneut tun werden. Mir scheint, ihr Entschluß, auf kalte Art das Erbe der französischen Herrschaft über uns anzutreten, steht fest. Wir sollten uns keinen Illusionen hingeben ...»

Van Tien Dung brütete mit Professor Tung über einer Karte des linken Flußufers. Da waren die neu zu schaffenden Sanitätsstellen eingezeichnet, aber auch schon Sammelpunkte für die zu erwartenden Gefangenen.

«Ich brauche jeden französischen Arzt, jeden Sanitäter», schärfte Tung dem jungen Stabsoffizier ein, «und alle Kommandeure sind gezielt darauf aufmerksam zu machen ...»

Van Tien Dung bestätigte, dies sei schon geschehen, und teilte Tung mit: «Der Chefarzt der Franzosen ist ein gewisser Grauwin. Aufklärer berichteten, er habe befohlen, nach Möglichkeit auch Verletzte von uns zu versorgen. Wir haben inzwischen den Befehl erteilt, ihn sofort nach Beendigung der Gefechte, sofern er sie überlebt, mit seinem Lazarett weiterarbeiten zu lassen, fürs erste jedenfalls.»

Professor Tung nickte. Er hatte bereits als er noch studierte, französische Mediziner kennengelernt und wußte, viele von ihnen hatten sich schon damals für eine Beendigung der Kolonialherrschaft ausgesprochen. Nach dem Sieg würde man sich daran zu erinnern haben. «In der Festung befinden sich noch Tausende französischer Soldaten, der größere Teil verletzt oder krank. Wir müssen sie alle übernehmen; die Verantwortung liegt dann bei uns.»

Van Tien Dung sprach mit dem Professor über die Wege, auf denen die Besiegten ins Hinterland gebracht werden sollten. In bestimmten Abständen mußten Verpflegungspunkte und Sanitätsstellen angelegt werden. So mußte man sich, noch bevor der Sieg endgültig errungen war, schon unzählige Gedanken über die Zukunft machen.

General Giap blies in seinen Teebecher, um das heiße Getränk ein wenig abzukühlen. Dann sagte er fast beiläufig: «Genossen, wir stehen vor dem letzten Gefecht. Je schneller wir es für uns entscheiden, desto eher werden die Franzosen in Genf dem Waffenstillstand zustimmen. Alles hängt von uns ab. Das Hinterland hat uns mit allem versorgt, was wir brauchen. Der Sieg ist zum Greifen nahe.»

Er nahm einen Schluck Tee.

Plötzlich wandte sich Ho Chi Minh an den Wachführer: «Ich habe dich oft hier gesehen, wie heißt du?»

«Anh Chu, Genosse Präsident.»

«Dann bist du der, der das Tagebuch schreibt?»

«Das bin ich.»

«Hüte es gut. Ich möchte es lesen, wenn diese Schlacht vorbei ist. Wir werden es vielleicht drucken, später. Die jetzt noch Kinder sind, werden alles über unsere Zeit wissen wollen. Stammst du aus Hanoi?»

«Jawohl, Genosse Präsident.»

«Und was hast du dort gemacht?»

«Ich bin Klempner von Beruf, verstehe etwas von Wasserleitungen und ähnlichem.»

Ho Chi Minh lächelte. Er liebte es, mit Soldaten zu plaudern oder mit Bauern. Auch mit Kindern beschäftigte er sich gern, sofern es seine Zeit zuließ, wobei er sich, wie jeder wußte, stets freute, wenn man ihn einfach «Onkel» nannte. Jetzt musterte er den Wachführer. «Bist du verheiratet?»

Anh Chu sagte, er sei noch ledig, und auf die Frage, ob er eine Freundin habe, antwortete er verlegen mit Ja. Der Präsident hob die Augenbrauen und riet ihm: «Schaffe dir bald eine Familie an, mein Sohn! Wenn wir frei sind, sollten alle heimkehrenden Soldaten Familien gründen.»

Am Himmel kam Flugzeuggeräusch auf. Irgendwo schlug ein Posten an eine aufgehängte Fliegerbombe, deren Pulver man entfernt hatte. Das Signal bedeutete, jeder solle in Deckung gehen.

Der Platz vor dem Hauptquartier leerte sich. Zuletzt wurde der Tisch weggeschafft. In der Felsgrotte griff General Giap wieder zu seinem Zeigestöckchen und ging damit an die Landkarte, die an der Felswand hing.

Der 6. Mai 1954 scheint ein heller, sonniger Tag zu werden. Keine Wolke ist am Himmel zu sehen; es weht ein ganz leichter Südwind. Er treibt den Qualm von den Brandstätten fort und läßt wenigstens für kurze Zeit einmal den widerlichen Leichengestank verschwinden, der über der geschundenen Landschaft hängt.

Im Bunker des Kommandanten de Castries hat Oberstleutnant Langlais mehrere Offiziere versammelt, mit denen er noch einmal die Möglichkeit eines Ausbruchs bespricht.

Schon nach den ersten Wortwechseln wird ihm klar, es gibt kaum eine Chance für den von Cogny unverbindlich gegebenen Rat, dem de Castries von Anfang an so skeptisch gegenüberstand, daß er lieber ihn, Langlais, mit den Vorbereitungen beauftragte.

Die Zahl der tatsächlich kampffähigen Soldaten in der Festung beträgt nur noch etwas über zweitausend. Abgesehen davon, ist die Munition für die Handfeuerwaffen immer knapper geworden. Handgranaten fehlen. Teils sind sie ohne Zünder abgeworfen worden, und die Bergungstrupps haben die Zünder, die sich in anderen Containern befanden als die Granaten, nicht finden können. Die Granatwerfer sind zum größten Teil ausgefallen, aber auch wenn noch welche existierten, gäbe es kaum Munition dafür. Von den Panzern, die nach der Vorstellung Cognys die erste Bresche in den Umklammerungsring der Volksarmee schlagen sollten, ist nur noch ein einziger vom Typ «Chaffee» intakt. Zwei weitere konnten als eingegrabene Geschütze verwendet werden, solange sie über Granaten verfügten. Die leichteren, gepanzerten Gefechtsfahrzeuge vom Typ «Krabbe» sowie andere gepanzerte Mannschaftswagen, die herantransportiert worden sind, ohne daß es nennenswerte Verwendungsmöglichkeiten für sie gegeben hätte, stehen ohne Kraftstoff herum. Sie sollten nach der Idee Navarres für Vorstöße in die Berge dienen. Aber dazu ist es nie gekommen.

Die Zahl der noch intakten Geschütze ist weder genau bekannt, noch weiß man im Kommandobunker, wie es um die Munitionsvorräte bestellt ist. Viele Depots sind vom Feuer der Volksarmee vernichtet worden, der größere Teil der Abwürfe ist nicht in der Festung gelandet, oder er konnte nicht geborgen werden. So gibt es es zwar in den einzelnen Widerstandsnestern noch hier und da ein funktionsfähiges Geschütz, aber es existiert kein Feuerleitzentrum mehr, und oft müssen die vorhandenen Geschütze von Soldaten bedient werden, die keine artilleristische Ausbildung besitzen, weil die ehemaligen Kanoniere tot oder verletzt sind.

«Ein konzentrierter Feuerschlag, etwa auf eine Durchbruchsstelle, ist nicht mehr möglich», konstatiert Major Bigeard, Kommandeur der Reste des 6. Kolonialfallschirmbataillons. Er ist nicht gerade als Zauderer bekannt, eher als Haudegen, der Unmögliches möglich macht. Aber die anderen spüren, selbst er hat innerlich bereits aufgegeben. Sie stimmen ihm zu. Ohne Artillerievorbereitung wäre jeder Durchbruchsversuch von Anfang an zum blutigen Scheitern verurteilt.

«Selbst wenn wir durch die Grabensysteme der Vietminh kämen – ein paar hundert Meter weiter würden wir erschöpft sein, die Hälfte der Männer würde mit herabgelassenen Hosen im Unterholz hocken, und wir wären Tontauben, frei zum Abschuß!» fährt Bigeard fort. Die anderen nicken. Bigeard kann es sich erlauben, so mit Langlais zu sprechen, vor ihm hat der Oberstleutnant Respekt. Aber auch Langlais muß eigentlich gar nicht mehr von der Unmöglichkeit eines Durchbruchs überzeugt werden. Er kennt die Lage genau. Für ihn gibt es nur das Problem, sich de Castries gegenüber damit herauszureden, daß die Kommandeure der Einheiten streikten. Denn der Verzicht auf einen Durchbruchsversuch bedeutet automatisch Aufgabe.

«Also – weiße Fahnen?» provoziert er die Versammelten. Er erhält keine Antwort. Sie alle sind nach Dien Bien Phu gekommen, um einen glorreichen Sieg zu holen, aber die Wirklichkeit hat sie in eine Art Schock versetzt. Sie weigern sich, die Aussichtslosigkeit ihrer Lage einzusehen, doch der Gedanke, geschlagen zu sein, läßt sich nicht mehr verdrängen. Vor den Vietminh zu kapitulieren – Wochen zuvor hätte eine solche Prophezeiung Lachsalven ausgelöst. Jetzt wagt keiner, offen darüber zu sprechen. Zu lange ist diese Kolonialarmee gewöhnt gewesen, Widerstand mit überlegener Technik zu brechen und den Gegner in die Kategorie unzivilisierter Banditen einzustufen. Plötzlich ist Angst da vor der Ungewißheit, die hinter der unvermeidlich gewordenen Kapitulation steht. Ihre Weltanschauung ist ins Wanken geraten: Handelt es sich tatsächlich um unzivilisierte Banditen, dann gibt es kein Überleben. Stimmt diese immer wieder verbreitete Vorstellung aber nicht, dann würde man sich fragen müssen, weshalb man so lange auf den Leim einer Propaganda gegangen ist, die mit einemmal niemand mehr verantworten will.

Demoralisierung ist ein zu sanftes Wort für den Zustand, in dem wir uns befinden, denkt Bigeard. Aber er spricht es nicht aus. Statt dessen wendet er sich an Langlais: «Gestatten Sie, daß ich zu meiner Einheit zurückkehre?»

Langlais blickt den Männern nach, wie sie, sich in den eingestürzten Laufgräben duckend, sprungweise verschwinden. Er hat darauf verzichtet, ihnen irgendwelche Maßregeln für eine Kapitulation zu erteilen. Das Oberkommando hat streng verboten, weiße Flaggen zu zeigen. Mit aller Gewalt soll selbst in der Niederlage noch das Gesicht gewahrt werden.

«Ein französischer Offizier ergibt sich diesen Kerlen nicht, er hört schlimmstenfalls auf zu kämpfen!» hatte Navarre zu Cogny gesagt, und dieser hatte es per Funk an de Castries weitergegeben. Was galt das jetzt noch?

Über dem Stützpunkt «Junon», einem kleinen Karree, von Sandsäcken eingefaßt und schon ziemlich zerfleddert, stiegen Dreckfontänen auf. Die vietnamesische Artillerie schoß ununterbrochen Streufeuer. Es war dieses Streufeuer, Tag wie Nacht, das die letzten Legionäre immer wieder in die Löcher zwang, das sie unsicher werden ließ, ob sie es bis zur nächsten Latrine schafften, zu einer Kochstelle oder zum nächsten Nachschubcontainer, der hundert Meter entfernt niedergegangen war – unerreichbar weit. Keiner staunte mehr darüber, wie es die Volksarmee wohl geschafft hatte, die Artillerie samt den schier unbegrenzten Munitionsvorräten in Stellung zu bringen. Man nahm es hin, gewöhnte sich daran, daß man einem unrühmlichen Ende entgegenging. Bei den einfachen Soldaten machte sich die ohnehin vorherrschende Landsknechtsmentalität nun immer stärker bemerkbar: Egal, wer gewinnt, Hauptsache, ich rette meine eigene Haut!

Vor dem Bunker von de Castries wurde nach Langlais gerufen. Zwei C-119-Maschinen waren im Anflug und wollten – ein Husarenstück – Container abwerfen. Sie verlangten Hinweise auf den Abwurfort. Es waren Amerikaner, die die Doppelrümpfe flogen, der eine von ihnen ein alter Bekannter, McGovern, Korea-Veteran, der seine nicht mehr wurzelfeste Existenz in die Hände von Claire Lee Chennaults «Fliegenden Tigern» gelegt hatte. Ein Riese von einem Mann und ein ausgezeichneter Pilot.

«Wir sind in zwei Minuten über euch», kam jetzt seine tiefe Stimme durch das Sprechgerät, «wohin legen wir das Ei? Schießt ihr Rauch?»

Langlais wehrte schnell ab. «Unmöglich! Rauch steigt an hundert Stellen hoch; ihr könnt euch danach nicht richten. Werft genau auf den Kommandobunker, das ist der neben dem mit dem roten Kreuz!»

«Okay. Eine Minute!»

Von «Gabrielle» und «Anne-Marie» her war das Hämmern der vietnamesischen Flak zu hören, noch vor dem Motorgeräusch der C-119. Langlais reckte den Hals, bis er die Maschinen sehen konnte. Er hielt es für ein Himmelfahrtskommando, was die beiden vollführten. Die tonnenschweren Flugzeuge lagen träge im Anflug, sie konnten, einmal in dieser Phase, nicht mehr auf konzentriertes Flakfeuer reagieren. Langsam, gleichsam schwebend, kamen sie näher; um sie herum zogen sich die Spinnenfäden der Rauchspurgeschosse; Sprenggranaten zauberten weiße Rauchballen unter ihre Tragflächen. Dann, plötzlich, waren sie über dem Bunker, eine dicht hinter der anderen, mit donnerndem Getöse, das für ein paar Sekunden selbst den Lärm der Artillerie übertönte. Riesencontainer torkelten herab, hingen zuletzt an gebündelten Fallschirmen und knallten dann zwischen die Laufgräben. Abwurf gelungen!

Als Langlais die Piloten über Sprechfunk noch eimal anrief, war die Antwort McGoverns nur noch schwer zu verstehen. Knistern, Pfeifen und Knacken störte den Empfang. Der Pilot schien nicht mehr zusammenhängend sprechen zu können. Er rief: «Motor rechts … brennt … hochziehen, aber das Gewicht … verdammt … muß wenigstens noch … Hanoi …»

Auf Langlais' Zuruf reagierte er nicht. Er konnte die Funkstelle in der Festung nicht mehr empfangen, auch Hanoi nicht oder seinen neben ihm fliegenden Kollegen. Ein paar Dutzend Kilometer hinter Dien Bien Phu purzelte die C-119 brennend und steuerlos in den Dschungel.

Resigniert legte Langlais das Sprechfunkgerät aus der Hand. Er ging zu de Castries und meldete den gelungenen Abwurf.

«Der letzte, wie mir Cogny vor einer Stunde eröffnet hat», erwiderte de Castries. «Für morgen hat die Aufklärung den nächsten Generalangriff der Vietminh angekündigt.»

Langlais nahm es zur Kenntnis. Unter seinen Füßen ließ ein naher Granateinschlag den Boden erzittern. Der General schien es nicht zu merken. Er war noch apathischer geworden. Als Langlais ihm mitteilte, die Beratung habe zu keinem Entschluß geführt, einen Durchbruch zu versuchen, nickte er nur müde. Sein Gesicht mit der markanten Hakennase war schmal geworden. Der Kommandeur von Dien Bien Phu trug Leidensmiene.

Kein Zweifel, er hatte innerlich aufgegeben. Er deutete auf die Blechkästen mit den Dokumenten, die auf dem roh gezimmerten Bunkertisch standen. «Das ist vor dem Zugriff des Gegners zu sichern. Alles verbrennen! Sie tragen dafür die Verantwortung. Bestimmen Sie auch den Zeitpunkt.»

Langlais ließ einen Rost aufstellen. In den Anfangstagen der Festung waren damit in Dien Bien Phu Steaks gegrillt worden. Jetzt schichteten ein paar Soldaten Aktenbündel darauf.

Der Oberstleutnant bewegte sich geduckt durch einen Laufgraben zum Sanitätsbunker. Es wurde Tag und Nacht operiert. Leichen lagen an einer Seite des Sandsackwalles, aufgestapelt wie Baumstämme. Andere ragten aus dem Schlamm, schmutzige Glieder, zerschmetterte Beine, Köpfe. Auf der ehemaligen Landepiste, auf dem blanken, nassen Boden, lagen versorgte Verwundete. Wen immer die operierenden Ärzte vom Tisch bringen ließen, den trugen ein paar Senegalesen, die als Pfleger arbeiteten, hinaus und legten ihn zu den anderen. Mehr konnte niemand tun. Ab und zu ging einer der Pfleger mit etwas in Wasser aufgeweichtem Keks von Mann zu Mann und gab jedem eine Handvoll. Geneviève de Galard war dabei, Wasser auszuteilen, die Schmutzbrühe aus dem Nam Youm.

«Wir hatten während des Regens Zeltplanen aufgespannt, aber

was wir damit aufgefangen haben, ist schon wieder verbraucht», entschuldigte sich die Galard, als sie Langlais' mürrischen Blick sah.

Der Oberstleutnant interessierte sich nicht mehr dafür, was die Verwundeten bekamen. So wie ihn nicht mehr interessierte, wer die Container barg, die die C-119 abgeworfen hatten. Der Tod des Piloten McGovern ließ ihn ebenso unberührt wie das Schicksal der ihm unterstellten Soldaten auf dem linken Flußufer, die in den vergangenen drei Tagen dort gestorben und in die schlammige Erde getrampelt worden waren. Auch jene, die in diesem Augenblick vielleicht fielen, denn dort drüben wühlten gerade wieder Artilleriegeschosse und Wurfgranaten den Boden zwischen den Widerstandsnestern und dem Flußufer auf. Die eiserne Brücke über dem Nam Youm lag verlassen da. Niemand konnte sie bei Tageslicht mehr passieren, ohne von vietnamesischen Scharfschützen unter Feuer genommen zu werden.

«Wir brauchen im Kommandobunker ein großes weißes Tuch, Geneviève», sagte Langlais. «Bettlakengröße. Kann aus Teilen gestückelt sein. Hauptsache, es ist schneeweiß.»

«Ich verstehe», erwiderte die Frau verängstigt. Sie trug Sanitäterkleidung, auf der Brust zusätzlich ein großes rotes Kreuz. Beklommen fragte sie: «Ob die mich am Leben lassen?»

Langlais zog es vor, die Frage zu überhören. Er erinnerte die Galard: «In einer Stunde hätte ich gern das Tuch.» Damit ging er zurück zum Kommandobunker.

Es war genau 17 Uhr, am 6. Mai 1954, als sich der Kommandeur des Sprengtrupps am Fuße des Hügels A-1, des letzten Widerstandsnestes, das vom ehemaligen Stützpunkt «Eliane» übriggeblieben war, noch einmal kurz durch ein Zeichen mit dem Kommandeur der zum Angriff bereitstehenden Truppen verständigte. Darauf stieß er den rechten Arm in die Luft, die Faust geballt. Der Pionier an der Zündanlage drückte den Hebel nieder. In derselben Sekunde flog die Hügelkuppe A-1 mit einem grollenden Donnerschlag buchstäblich in die Luft. Es dauerte nahezu eine Minute, bis die letzten Erdbrocken und Metallfetzen zur Erde zurückgetorkelt waren.

Der Kommandeur der Angriffsformation hob die Hand und

General Giap besichtigt mit Stabsoffizieren die eroberte Festung im Tal von Dien Bien Phu

schrie: «Tien len!» Es hätte dieses Kommandos zum Sturm nicht bedurft, denn neben ihm sprangen bereits die ersten Soldaten vorwärts, die Bajonette auf ihren Gewehren blitzten im letzten Licht. Maschinenpistolen knatterten, Kampfgeschrei ertönte rings um den Hügel.

Capitaine Pouget, der gerade durch sein Fernglas Einschläge im Zentrum der Festung beobachtete, wurde wie von einer unterirdischen Schleuder meterhoch in die Luft geworfen. Beim Wiederaufprall verlor er das Bewußtsein. Lockere Erde fiel auf ihn, deckte ihn zu. Hier und da gab es noch einen Legionär, der zu schießen versuchte. Doch die Angreifer waren so schnell auf der Kuppe, daß sich Widerstand nicht mehr entfalten konnte.

Als Capitaine Pouget zu sich kam und sich zu rühren begann, wurde er von einem Soldaten der Volksarmee beobachtet. In den letzten Tagen hatte dieser Soldat wie viele andere immer wieder die Forderung, sich zu ergeben, in französischer Sprache auswendig gelernt. Jetzt, als sich vor ihm die große, breitschultrige

Gestalt des Franzosen aus der lockeren Erde erhob, blinzelnd, verwirrt, rief der Volksarmist ihn an und hob das Gewehr: «Hände hoch! Sie sind Gefangener der vietnamesischen Volksarmee.»

Pouget hörte nichts davon. In seinen Ohren war ein ständiges Singen; seine Trommelfelle hatten unter der Explosion gelitten. Aber er sah den fremden Soldaten vor sich, einen schmächtigen Mann mit einem aus Bambus geflochtenen Helm, in den Flokken von Fallschirmseide eingeflochten waren. Er sah das Gewehr und das lange Bajonett. Da legte er folgsam seine Hände auf den brummenden Schädel und wartete auf den Schuß. Doch der Soldat gab einem anderen ein Zeichen. «Führ ihn nach hinten. Er war verschüttet, ist noch nicht ganz richtig beieinander ...»

In der Nacht stürmten die Angreifer noch das Widerstandsnest zwischen dem bereits eroberten Hügel C-1 auf dem ehemaligen Stützpunkt «Dominique» und dem Flußufer sowie einige weitere kleine französische Auffangstellungen zwischen C-1 und dem Nam Youm. Gegen Morgen fiel die Position 506, etwas nördlich des Zugangs zur Muong-Thanh-Brücke, die nun ungeschützt und, wie die Pioniere feststellten, unvermint vor ihnen lag. Ebenfalls gegen Morgen griffen Soldaten der Volksarmee, die in den westlichen Teil der Festung vorgedrungen waren, den südwestlich des Kommandobunkers gelegenen Stützpunkt 310 an.

Überall verbreitete sich die Nachricht, daß der Widerstand der Franzosen nachließe. Häufiger erschienen weiße Fahnen. Französische Soldaten wurden beobachtet, die ihre Waffen unbrauchbar machten oder restliches Benzin anzündeten und Munitionsbestände sprengten. Vor dem Kommandobunker de Castries' loderten auf dem Rost die Flammen, die Stabsdokumente verzehrten. Am Morgen des 7. Mai 1954 kapitulierten die letzten drei Widerstandsnester auf dem linken Flußufer, zerpflügte Erdbunker, die in den Karten der Volksarmee die Bezeichnungen 507, 508 und 509 trugen.

General Giap erschien gegen Mittag im Bereitstellungsraum der Einheiten, die auf den Befehl warteten, den Nam Youm zu überschreiten und de Castries' Kommandozentrum anzugreifen. Es lag nicht weit vom anderen Ende der Brücke, am rechten Ufer. Qualm stieg dort hoch. Die Artillerie schoß nur vorsichtig auf das Zentrum, weil unmittelbar daneben ein Lazarett mit deutlich sichtbarem rotem Kreuz lag.

Nichts, so hatte Giap sehr schnell erkannt, käme der Kolonialmacht Frankreich, die sich gern mit dem Nimbus großer Humanität schmückte, gelegener, als wenn sie der Welt Beweise liefern könnte, die Befreiungsstreitkräfte würden Regeln der Kriegführung mißachten, die Frankreich selbst allerdings jederzeit, wenn es opportun war, in den Wind geschlagen hatte. Wir werden sie so oder so besiegen, hatte der Oberkommandierende dazu geäußert, als seine Kommandeure das Problem erörterten. Jetzt bereiten sie sich da drüben auf das Ende vor, dachte der General, als er längere Zeit durch ein Scherenfernrohr den Gegner beobachtete. Er erkannte, daß es jenseits des Flusses kein geordnetes Verteidigungssystem mehr gab. Zerschmetterte Geschütze lagen herum, Treibstoffdepots qualmten. Die Verteidiger, sofern sie noch zum Widerstand fähig waren, schienen sich tiefer eingegraben zu haben, als sie das anfangs getan hatten, seinerzeit, als sie noch vom «Ritt in die Berge» träumten, von schnellen Vorstößen, von Siegen.

Giap sah auf die Uhr. Er hatte die Meldung erhalten, die Angriffsverbände seien zum letzten Vorstoß bereit. Er ließ den Kommandeur der Pioniere rufen und forderte ihn auf, durch das Scherenfernrohr zu blicken.

«Sehen Sie am Ende der Brücke Befestigungsanlagen?»

«Nein, Genosse Oberbefehlshaber», gab der andere zurück. «Der Gegner hatte dort einen Kontrollposten, um Deserteuren, die am Flußufer kampierten, den Zugang zum Zentrum zu sperren, wo sie Nahrungsmittel zu stehlen versuchten. Jetzt ist selbst dieser Posten unbesetzt. Im übrigen erkenne ich an verschiedenen Stellen weiße Fähnchen, über Erdlöchern und einzelnen Bunkern ...»

«Die habe ich auch gesehen», bestätigte der General. Er blickte wieder auf die Uhr und überlegte. Der Gegner war so hart angeschlagen, daß er sich noch nicht wieder hatte sammeln können. Nach allem, was Vo Nguyen Giap in den langen Jahren des bewaffneten Widerstandskampfes und bei der Führung der Volksarmee gelernt hatte, war dies der Augenblick, in dem man weiter zuschlagen mußte, sofern man selbst die Kraft dazu besaß.

Wir besitzen sie, dachte er. Und wir sind entschlossen, den Kampf in diesem Talkessel, von dem heute bereits die ganze Welt spricht, so schnell wie möglich zu beenden.

«Warum tun wir es dann nicht?»

Er hatte laut gesprochen, ohne es zu merken. Der Kommandeur der Pioniere, immer noch neben ihm stehend, sagte: «Ich bitte um Wiederholung, Genosse Oberkommandierender.»

Gaip sah ihn an und sagte nur ein Wort: «Angreifen!»

Etwa um dieselbe Zeit krallt sich de Castries Hand um den Hörer der Sprechfunkanlage. Am anderen Ende der Verbindung ist Cogny in Hanoi, der von Aushalten und Durchhalten spricht, von geplanten Containerabwürfen, von der klugen Verwendung der in der Festung verbliebenen Artillerie. Er erkundigt sich auch, ob alle Verwundeten aus den auf dem Ostufer verlorenen Stützpunkten geborgen werden konnten. Als gäbe es keine genauen Berichte darüber, wie es in der Festung tatsächlich aussieht.

De Castries ahnt dumpf, daß dieses Gespräch aufgezeichnet wird, daß der schlaue Cogny für sich die Glaubwürdigkeit vorbaut, nämlich die tatsächlich aussichtslose Lage in Dien Bien Phu nicht gekannt zu haben.

Er hat Analysen und Luftaufnahmen vorliegen, mit modernstem amerikanischem Gerät hergestellt, auf denen erkennbar ist, daß der Spielraum von de Castries auf ein Quadrat von etwa fünfhundert Metern Seitenlänge geschrumpft ist.

«Wenn wir ...» bringt de Castries nach einer Weile heraus, «angenommen, wir können uns noch bis zum Einbruch der Dunkelheit halten – geben Sie Ihre Zustimmung, daß ich dann mit den Resten der Besatzung irgendwie durchzukommen versuche?»

Cogny verweigert seine Zustimmung nicht. Er phantasiert sogar davon, der am weitesten südlich gelegene, noch leidlich besetzte, aber völlig isolierte Stützpunkt «Isabelle» solle den Ausbruch mit Artilleriefeuer unterstützen. «Isabelle», so meint Cogny, wider seine eigene Überzeugung schwafelnd, könne sich allein weiter halten, er könne zum Grundstock einer neuen Befestigung im Tal werden.

«Sie haben da noch über zweitausend Schuß Artilleriemunition!» ruft er de Castries zu. Der gibt sarkastisch zu bedenken, «Isabelle» verfüge allerdings nur über ein einziges Geschütz. Das aber überhört Cogny. Da schmeißt de Castries unwirsch den Hörer hin. Cogny hält es für eine Störung und beendet seinerseits das Gespräch mit der Versicherung, er werde sich im Laufe des Tages wieder melden.

«Langlais!» ruft de Castries. Als sein Stellvertreter den Deckenvorhang am Bunkereingang beiseite schiebt, fordert er ihn auf, alles vernichten zu lassen, was dem Gegner Hinweise auf strategische Überlegungen Frankreichs geben könnte, ebenso alle persönlichen Dokumente bis hin zu den Verleihungsurkunden der Orden.

Der Oberstleutnant brennt sich schweigend eine Zigarette an, dann läßt er den Funker an alle noch erreichbaren Einheiten den Befehl durchgeben. Ohne de Castries' Erlaubnis einzuholen, befiehlt er, die Waffen unbrauchbar zu machen und im Falle eines Angriffs keine Gegenwehr mehr zu leisten. Er spricht nicht von Kapitulation und doch versteht ihn jeder. Die Reste der Festung erwarten den Gnadenstoß. Wer hungrig ist, todmüde, schwerverletzt, oder wen die Ruhr plagt, der sehnt das Ende herbei, so oder so. Es soll Schluß sein, endlich.

Um 15 Uhr erfolgt ein letzter konzentrierter Feuerschlag der vietnamesischen Artillerie auf die Widerstandsnester, aus denen noch geschossen wird. Zum ersten Mal feuern die Salvengeschütze einige Lagen Raketengeschosse ab, die heulend heranorgeln und dort, wo sie einschlagen, den letzten Widerstand brechen. Am Ostufer des Flusses stoßen die Zugführer der Volksarmee die Fäuste in die Luft und geben damit das Zeichen zum Sturm.

Im Laufschritt überwinden die Stoßabteilungen die letzten Meter zur Muong-Thanh-Brücke. Die Soldaten können den Sieg schon spüren; sie merken, daß vom Gegner kein Feuer mehr kommt. Ihre grünen Hosen haben sie, wie es die Bauern auf den Reisfeldern tun, bis an die Knie hochgerollt. Sie laufen barfuß in dem zähen Schlamm, in den sich die Erde nach tagelangem Regen verwandelt hat. Ohne auf Widerstand zu stoßen, überwin-

Die Fahne der Sieger weht über dem Bunker von de Castries; der Kampf ist zu Ende

den die ersten Trupps die mit Holzbohlen beplankte Stahlbrücke. Drüben gibt es nur noch ein paar Löcher, aus denen sich gegnerische Soldaten erheben, die Hände über den Köpfen. Hier und dort flattern weiße Fetzen. Auch über der Wellblechabdeckung des Kommandobunkers weht weißes Tuch. Niemand ist zu sehen.

Der Zugführer des Stoßtrupps, der als erster den Bunker des französischen Kommandanten erreicht, heißt Chu und ist zwar jung an Jahren, aber bereits ein Veteran vieler Gefechte. Es ist kurz nach 17 Uhr, als Zugführer Chu vor dem Bunker de Castries seine Soldaten in Deckung gehen läßt. Er weiß nicht, daß sich der General vor einer halben Stunde noch gewaschen, rasiert und eine neue Uniform angelegt hat. Auf dem Kopf trägt er das rote Képi der Spahi-Einheit, die er früher kommandiert hat. Von Cogny hatte er sich wenige Minunten zuvor verabschiedet: «Auf Wiedersehen. Ich gebe auf.»

Eilfertig hatte dieser ihn ein letztes Mal erinnert: «Alter Freund, Wiedersehen! Hören Sie, keine weiße Fahne! Keine Kapitulation! Die offizielle Version lautet, Ihr Gefechtsstand sei vom Gegner überrannt worden. Wir geben das jetzt gleich an die Presse. Klar?»

«Mir ist alles klar», hatte de Castries geantwortet. Es scherte ihn nicht, ob es weiße Fahnen gab oder nicht. Vom Lazarett wehte der süßliche Verwesungsgeruch der vielen Leichen herüber, und aus der Ferne konnte er schon die Siegesrufe der Vietnamesen hören. Er stellte sich mit den wenigen Stabsoffizieren einfach in seinem Bunker hin und wartete.

Zugführer Chu überlegte ein paar Sekunden, ob man der weißen Flagge auf dem Wellblechdach wohl trauen könnte. Zu oft hatten die Franzosen mit Tricks operiert, die schlimme Verluste verursachten, wenn man auf sie hereinfliel. Aber Chu entschied sich, nicht weiter zu zögern. Das Bewußtsein, vor der Zitadelle des Gegners zu stehen, beflügelte ihn. Er überprüfte den Sitz des Magazins in seiner Maschinenpistole, dann rief er auf Französisch: «Kommen sie heraus! Sie sind Gefangene der vietnamesischen Volksarmee. Der Krieg ist aus!»

Damit schlug er die vor dem Eingang hängende Decke zurück. Er sah französische Offiziere ohne Waffen, in strammer Haltung, den Blick gesenkt. Chu erkannte de Castries und bedeutete ihm voranzugehen. Es gab keine Überraschungen mehr. Frankreichs kriegserprobte Offiziere hatten begriffen, daß sie von solchen jungen Vietnamesen wie dem, der da mit der einen Hand die Decke hielt, mit der anderen die Maschinenpistole, besiegt worden waren. Was jetzt kam, war der Marsch in die Gefangenschaft.

Wenig später entfernten Chus Soldaten die weiße Flagge vom Dach des Bunkers und pflanzten dort ihre Regimentsfahne auf, in die die Losung «Entschlossen zu kämpfen und zu siegen» eingestickt war. Überall standen abgerissene, müde, hoffnungslose französische Soldaten. Ohne daß es ihnen befohlen wurde, sammelten die Gehfähigen sich in Trupps, um eine Marschkolonne für den Weg in die Gefangenschaft zu formieren. Aus den stolzen Herren der Kolonie waren mit einemmal folgsame Besiegte geworden.

Doktor Nguyen Duong Quang, von Keng begleitet, erschien beim Kommandobunker. Er war erleichtert, weil der letzte Angriff weniger Verluste gekostet hatte, als er insgeheim befürchtete. Aber was er jetzt hier sah, im Zentrum des französischen

Widerstandes, ließ ihn erschauern: Hunderte von nur dürftig versorgten Verletzten auf blanker Erde, im Schlamm, überall Leichen, meist schon im Zustand beginnender Verwesung. Dazwischen die ratlosen Besiegten.

Er lief zu dem als Lazarett gekennzeichneten Bunker und sah, daß die Ärzte ihn schon erwarteten. Es schien, als hätten auch sie sich abmarschbereit gemacht.

«Sind Sie der Arzt Grauwin?» fragte er einen glatzköpfigen Hünen, der eine Nickelbrille trug und der Beschreibung entsprach, die man ihm gegeben hatte.

«Ich bin Grauwin, ja.»

«Dann fordere ich Sie auf, Ihre Arbeit wieder aufzunehmen.»

«Aber – wir haben nichts mehr! Keine Verbände, kein Catgut, keinen Gips, nichts ...»

Nguyen Duong Quang war von Professor Tung beauftragt worden, das Lazarett vorläufig weiterarbeiten zu lassen und das Personal mit dem Nötigsten zu versorgen. Jetzt handelte er schnell und umsichtig. Er sprach mit Zugführer Chu: «Bitte, beschlagnahmen Sie im Kommandobunker alle Lebensmittel, allen Kaffee, Schnaps und Tabak und stellen Sie die Dinge dem Lazarett zur Verfügung. Außerdem brauche ich drei Ihrer Genossen ...»

Eine Stunde später, als es dunkel wurde, tranken die französischen Ärzte heißen Kaffee während einer Arbeitspause. Zum ersten Mal war er nicht mit schmutzigem Flußwasser gebrüht worden, sondern mit kristallklarem, das die Soldaten der Volksarmee aus den Bergen im Osten hatten holen lassen. Quellwasser.

Im letzten Tageslicht suchten die drei von Chu abgestellten Soldaten zusammen mit einigen französischen Sanitätern und Feldscheren das Trümmerfeld der Festung nach Containern mit Sanitätsmaterial ab.

Noch immer existierte zu dieser Zeit weit im Süden des Talkessels jener völlig eingeschlossene Stützpunkt «Isabelle», in den sich einige hundert französische Soldaten geflüchtet hatten. Aber dort gab es weder Wasser noch Verpflegung, und die Stimmung unter den Soldaten war düster. In den ersten Nachtstunden schossen die Granatwerfer der Volksarmee ein paar Lagen in

Der Weg in die Gefangenschaft. Tausende traten ihn nach der Niederlage von Dien Bien Phu an. Vietnam hielt seine Zusage, die Gefangenen nach Einstellung der Kämpfe ohne Verzug in die Heimatländer zu entlassen

General Cogny besieht sich einen französischen Soldatenfriedhof im Norden Vietnams, bevor er – nach der Niederlage von Dien Bien Phu – Tongking verläßt. Der Vietnam-Krieg kostete Frankreich außer unzähligen Soldaten und ausländischen Söldnern ganze Jahrgänge von Absolventen französischer Offiziersschulen dieses letzte Widerstandsnest. Es kam nur wenig Feuer zurück. Daraufhin stellten die Granatwerfer den Beschuß zeitweilig ein. Gaston Janville wurde gerufen. Er nahm sein Megaphon und kroch bis auf Hörweite an die ersten Barrikaden heran. Dann rief er: «An die Besatzung von ‹Isabelle›: Der Kampf um Dien Bien Phu ist beendet. General de Castries und sein Stab sowie alle anderen Überlebenden befinden sich in vietnamesischer Gefangenschaft. Sie werden anständig behandelt und können nach Ende des französischen Feldzuges in die Heimat zurückkehren. ‹Isabelle› ist eingeschlossen und hat keine Chance. Wir fordern euch auf, kein Blut mehr zu vergießen und den Kampf ebenfalls, unter den gleichen Bedingungen wie die übrige Besatzung, einzustellen. Wir senden einen Offizier und zwei Begleiter, um mit eurem Kommandeur den Waffenstillstand zu beschließen. Schießt eine gelbe Leuchtkugel, wenn ihr bereit seid …»

Wenig später hing eine gelbe Leuchtkugel am Fallschirm über «Isabelle». Als sie herabgesunken war, machten sich drei Angehörige der Volksarmee auf den Weg. Es fiel kein Schuß mehr. Noch vor Mitternacht legte die Besatzung des letzten Stützpunktes der ehemaligen Festung Dien Bien Phu die Waffen nieder und begab sich in Gefangenschaft.

Im Frühlicht stand Gaston Janville, bleich und übernächtig, unrasiert und hungrig, aber glücklich neben dem Weg, auf dem die Kolonne der Überlebenden in Richtung Tuan Giao trottete.

Janville dachte daran, daß er nun wieder nach Hause gehen würde, in das Dorf, in dem er mit Bas Hilfe heimisch geworden war. Ich bin ein freier Mann, überlegte er, habe eine gute Frau, Freunde, und im übrigen habe ich mein Teil dazu getan, daß der schmutzige Krieg in Vietnam zu Ende geht. Was will ich denn noch mehr.

Er brannte sich eine Zigarette an und hoffte, Ba würde im Lazarett, wohin er jetzt zu gehen gedachte, einen Kaffee auftreiben können. Was ist ein Franzose ohne einen Kaffee am frühen Morgen! Er lachte in sich hinein. Dann blickte er wieder die Kolonne entlang. Plötzlich kam ihm ein Gesicht bekannt vor. Auch der Franzose, der da einen Fuß vor den anderen setzte, hatte Janville erkannt. Er war einer von denen, die sich im Lazarett von

Hanoi oftmals gutmütig und mit ein wenig Spott über die skurrilen Einfälle Janvilles amüsiert hatten.

«Gaston le Fou!» rief er, stehenbleibend.

«Ich kenne dich, aber ich weiß deinen Namen nicht …»

«Macht nichts. Wir lagen in Hanoi Zimmer an Zimmer. Du hast immer mit Commandant Prunelle Vingt-et-un gespielt.»

«Mit dem Einbeinigen, ja! Und du?»

«Ich habe manchmal gedacht, wenn man keine Menschen mehr totschießen will, müßte man einfach ein Narr werden, wie du.»

«Was hast du gegen Narren?» Janville lächelte.

«Nichts», erwiderte der andere. «Ich habe dich sogar über das Megaphon sprechen hören. Mir hat es an Mut gefehlt. Aber ich habe oft gedacht, in einer Zeit wie dieser sind Narren wie du wohl die besseren Franzosen.»

Er trottete weiter, den Kopf gesenkt. Ein Bewacher ging an Janville vorbei und blinzelte ihm zu. Wer mich hier alles kennt, dachte Janville. Dann begab er sich auf den Weg zu Ba.

Fünfundfünfzig Tage und Nächte hatte der Kampf um Dien Bien Phu gedauert. Er war zu Ende, mit ihm Frankreichs Herrschaft über Indochina.

Am 21. Juli 1954 unterzeichneten die in Genf versammelten Außenminister das Abkommen, das den endgültigen Abzug der Franzosen aus Vietnam, Laos und Kambodscha (Kampuchea) vorsah.

Zuerst würden sie in Vietnam ihre letzten Stützpunkte im Norden räumen. Am 17. Breitengrad sollte eine vorläufige Demarkationslinie gezogen werden. Aus den südlich dieser Linie gelegenen Landesteilen würde Frankreich seine Truppen ebenfalls stufenweise, im Einvernehmen mit den dortigen Verwaltungsorganen, abziehen. Bis spätestens am 20. Juli 1956, also zwei Jahre nach Abschluß des Genfer Abkommens, sollten in ganz Vietnam die Bürger über die Wiedervereinigung und die künftige Staatsform in allgemeinen Wahlen abstimmen. Das Abkommen sicherte Vietnam Souveränität, territoriale Integrität und internationale Anerkennung zu.

Es verbot das Verbringen von Waffen, Militärpersonal und militärischen Ausbildern aus dem Ausland nach ganz Vietnam.

Am 20. Juli 1956 war das Genfer Indochina-Abkommen, an das sich Frankreich gehalten hatte, bereits durch die Vereinigten Staaten von Amerika offiziell gebrochen. Sie lancierten im Süden des Landes einen Politiker ihrer Wahl zum sogenannten Staatspräsidenten und erklärten den «Kampf gegen den Kommunismus» zur künftigen

Hauptaufgabe in dieser Region. Sie versprachen auch, dafür ihre gesamte Militärmacht zu engagieren.

Wie die Anfänge dieses neuen, massiven Engagements aussahen, zeigt der erste Bericht der von Colonel Edward G. Lansdale geleiteten «Saigon Military Mission» (SMM), der hier in Auszügen folgt. (Die «Saigon Military Mission» war ein von CIA und Pentagon gemeinsam ab 1. Juni 1954, also nur drei Wochen nach dem Fall von Dien Bien Phu und einen Monat vor Abschluß des Genfer Indochina-Abkommens, in Südvietnam eingesetztes kombiniertes Team für verdeckte Kriegführung gegen die sozialistischen Kräfte in ganz Vietnam, vornehmlich aber im Norden des Landes.)

«An das Verteidigungsministerium der Vereinigten Staaten von Amerika

Die breitgefächerte Aufgabenstellung für das Team war, paramilitärische Operationen auszuführen und die politisch-psychologische Kriegführung zu organisieren ...

In enger Zusammenarbeit mit dem Chef des US-Information Service in Saigon, George Hellyer, wurde das Konzept einer psychologischen Kriegführungskampagne für die (süd)vietnamesische Armee und gegen die Regierung von Hanoi entworfen. Sofort wurde ein Kursus für psychologische Kriegführung begonnen, in dem (süd)vietnamesisches Militärpersonal geschult wird ...

Die erste Gerüchte-Kampagne bestand in einer geschickt in Umlauf gebrachten Geschichte, derzufolge ein rotchinesisches Regiment in einem Vietminh-Dorf in Tongking vietnamesische Mädchen vergewaltigt hatte. Dabei wurde an das undisziplinierte Verhalten nationalchinesischer Ordnungstruppen angeknüpft, die 1945 nach Nordvietnam entsandt worden waren. Einige Wochen später ereiferten sich in Tongking Dorfbewohner tatsächlich über das gemeine Verhalten angeblicher (rot)chinesischer Truppen in Vietminh-Gebiet. Es stellte sich heraus, daß die Aufregung durch das von uns ausgestreute, von Vietnamesen weiter aufgebauschte Gerücht entstanden war ...

Die Bestrebungen der Vereinigten Staaten, in Indochina, besonders in Vietnam, Fuß zu fassen, hatten eine lange Geschichte. Grundsätzlich waren die USA auch bereit, die französische Kolonialmacht durch verschiedene Tricks an der Rückkehr in die ehemalige Kolonie zu hindern, wenn sich der Einsatz für sie lohnte.

1944, als revolutionäre Partisanen-Einheiten unter dem Kommando Ho Chi Minhs und Vo Nguyen Giaps in Vietnam gegen die Japaner kämpften, schickte die US-Armee ein Team hoher Geheimdienstoffiziere ins Hauptquartier Ho Chi Minhs, um dort Verhandlungen zu führen. Vordergründig wurde Waffenhilfe im gemeinsamen Kampf gegen die Japaner angeboten. Sie sollte allerdings mit der Zusicherung Ho Chi Minhs verknüpft sein, daß die Vereinigten Staaten nach siegreicher Beendigung des zweiten Weltkrieges an die Stelle Frankreichs treten würden.

Ho Chi Minh machte den amerikanischen Unterhändlern klar, daß Vietnam entschlossen sei, unabhängig zu werden. Er lehnte das Ansinnen der USA ab, in Vietnam als Hegemonialmacht das Erbe Frankreichs anzutreten. Das neue Vietnam würde, wie mit jedem anderen Staat in der Welt, auch mit den USA normale, gleichberechtigte Beziehungen anstreben.

Daraufhin flog die Mission, die den Decknamen «Deer» trug, unverrichteterdinge wieder ab. Jegliche Waffenhilfe für Ho Chi Minh und seine gegen die Japaner kämpfenden Partisanen blieb aus

Major Lucien Conein und sein Team für verdeckte Kriegführung wurden sofort in die Nordgebiete entsandt, unter der Tarnung, daß sie in Hanoi und Haiphong neben anderen Aufgaben die Aufsicht über das Ausfliegen von Umsiedlern und französischen Heimkehrern ausüben sollten. Coneins Team sammelte eine Gruppe von Vietnamesen um sich, die früher der (projapanischen) Partei Dai Viet angehört hatten und weiterhin Kaiser Bao Dai verehrten. 13 von ihnen konnten bereits unbemerkt über den Hafen Haiphong nach dem Süden verbracht werden, wo sie gründliche Ausbildung in verdeckter Kriegführung und entsprechende Ausrüstung erhalten, bevor sie zurückgeschleust werden ... (So) erfuhren wir, daß die größte vietnamesische Druckerei im Norden verblieben war und für die Vietminh arbeiten würde. Von SMM wurde ein Versuch unternommen, die modernen Druckpressen zu zerstören, aber Vietminh-Sicherheitsleute vereitelten das Unternehmen, das von einem vietnamesischen Agenten (Deckname Trieu) unter Anleitung von Cpt. Arundel ausgeführt werden sollte ...

Unser im Norden verdeckt operierendes SMM-Team benutzte die letzten Tage vor der Übergabe Hanois an die Vietminh, um die Treibstoffvorräte für die dortigen öffentlichen Verkehrsmittel mit einer Substanz zu vermischen, die bei späterer Benutzung des Treibstoffs eine Zerstörung der Motoren zur Folge haben sollte. Des weiteren traf das Team Vorbereitungen für spätere Sabotage des Eisenbahnnetzes (in Zusammenarbeit mit einer Spezialistengruppe der in Japan stationierten CIA-Kräfte, die diese Aufgabe brillant löste).

Außerdem registrierte das Team systematisch Ziele für spätere paramilitärische Aktionen. Das Team geriet in eine kritische Lage, als es die zerstörende Substanz in die Treibstoffvorräte mischte. Es mußte bei Nacht in geschlossenen Räumen operieren.

Als sich durch den Zusatz unerwartet Dämpfe entwickelten, gerieten die Team-Mitglieder an den Rand der Bewußtlosigkeit...

Eine Figur im Spiel der USA um Vietnam war Ngo Dinh Diem, Zögling US-amerikanischer Universitäten. Er wurde nach der Ziehung einer vorläufigen Demarkationslinie zwischen Nord- und Südvietnam von Eisenhower und John Foster Dulles zum künftigen Diktator Vietnams aufgebaut, der die Interessen der USA sichern sollte

Eine Anzahl SMM-Mitglieder bereisten Länder in der Pazifik-Region, um Vietnamesen zu bestimmten Ausbildungszentren zu bringen, wo diese für Untergrundarbeit trainiert werden. Oder sie organisierten die Verschiffung von Sabotagematerial nach Nordvietnam, wo es für künftige Aktionen versteckt wird. Auf den Philippinen gelang es, neue Unterstützung für SMM zu mobilisieren. Es wurde dort die «Freedom Company» gegründet, ein eingetragener Verein unter der Schirmherrschaft von Präsident Magsaysay. Die Organisation wird Filipinos anwerben, die Erfahrungen bei der Bekämpfung der einheimischen kommunistischen HUK-Bewegung gesammelt haben und bereit sind, in Vietnam (und anderswo) zu operieren ...

SMM konnte zu Vertrauensleuten im Operationsgebiet Norden, die der (chinesischen) Minderheit der Hoa ange-

Wenige Monate nach der Schlacht von Dien Bien Phu bereits etablierten die Vereinigten Staaten unter Verletzung des Genfer Abkommens in Saigon eine Militärmission. Ihr Leiter war General John O'Daniel (links). Botschafter in dem von den USA geschaffenen Separatstaat wurde Frederick Reinhardt (sitzend, Mitte). Ganz rechts Ngo Dinh Diem. Der US-Oberst, der auf dem Bild gerade seine Mütze abnimmt, ist Edward Lansdale. Er war im Auftrag der CIA in Saigon, um verdeckte Aktionen gegen die Volksmacht im Norden zu organisieren

hören, bisher 8,5 Tonnen Kriegsmaterial schmuggeln (1 US-Tonne = 907,185 kg). Darunter befinden sich 14 Agentenradios, 300 Karabiner mit 90000 Schuß Munition, 50 Pistolen mit 10000 Schuß Munition sowie 300 Pounds Sprengstoff (1 US-Pound = 454 Gramm). 2,5 Tonnen von dem Sprengstoff wurden an Hoa-Agenten in Tongking geliefert, der Rest wurde entlang dem Roten Fluß von SMM-Agenten mit Hilfe unserer Marine-Spezialisten in Verstecken deponiert ...»

Inhaltsverzeichnis

5   Vorher...
14   Gaston Le Fou
38   Navarre holt aus
67   Keng, der Unsichtbare
95   Berge und Dschungel
129   C'est la guerre
169   Operation «Vulture»
185   Das linke Ufer
223   Mort pour la France
252   Der letzte Bunker